박 회계사의
완벽한 재무제표 활용법

박 회계사의 완벽한 재무제표 활용법

초판 발행 · 2019년 11월 18일
초판 5쇄 발행 · 2021년 3월 2일

지은이 · 박동흠
발행인 · 이종원
발행처 · (주)도서출판 길벗
브랜드 · 더퀘스트
출판사 등록일 · 1990년 12월 24일
주소 · 서울시 마포구 월드컵로 10길 56(서교동)
대표전화 · 02)332 – 0931 | **팩스** · 02)322 – 0586
홈페이지 · www.gilbut.co.kr | **이메일** · gilbut@gilbut.co.kr

기획 및 편집 · 유예진(jasmine@gilbut.co.kr), 김세원, 송은경, 오수영 | **디자인** · 강은경
제작 · 이준호, 손일순, 이진혁 | **마케팅** · 정경원, 최명주, 김진영, 장세진
영업관리 · 김명자 | **독자지원** · 송혜란

교정 · 이새별 | **CTP 출력 및 인쇄** · 북토리 | **제본** · 신정문화사

©박동흠, 2019
ISBN 979-11-6050-963-2 (03320)
(길벗 도서번호 090140)

정가 : 26,000원

독자의 1초를 아껴주는 정성 길벗출판사
길벗 | IT실용, IT/일반 수험서, IT전문서, 경제실용서, 취미실용서, 건강실용서, 자녀교육서
더퀘스트 인문교양서, 비즈니스서
길벗이지톡 | 어학단행본, 어학수험서
길벗스쿨 | 국어학습서, 수학학습서, 유아학습서, 어학학습서, 어린이교양서, 교과서

페이스북 www.facebook.com/market4.0
네이버 포스트 post.naver.com/thequestbook

은행, 증권사, 투자자 모두가 열광하는
최고의 재무제표 강의

박 회계사의
완벽한
재무제표
활용법

박동흠 지음

더 퀘스트

첫 책《박 회계사의 재무제표 분석법》을 출간한 지 벌써 5년 가까이 흘렀다. 그사이 독자와 수강생의 요청에 따라 업종별로 재무제표를 보는 방법과 관련해 2권의 책을 썼다. 제조업, 도·소매업, 건설업, 제약·바이오업을 다룬 《박 회계사의 사업보고서 분석법》과 서비스업 재무제표 분석을 다룬《박 회계사의 재무제표로 보는 업종별 투자전략》이 그것이다. 또 10년 넘게 공모주에 투자하며 쌓은 노하우를 담은《박 회계사처럼 공모주 투자하기》도 출간했다. 이렇게 4권의 책을 낸 뒤 나는 저술 활동을 멈추었다. 첫 책은 힘든 줄도 모르고 썼지만 이후 저술의 고통을 깨달으면서 다시는 그 고통을 겪지 않겠노라 다짐했던 것이다.

책이 널리 알려지면서 강의 요청이 쇄도했고 내로라하는 증권사, 은행 등의 금융기관, 언론사, 공공기관, 대학원, 교육기관 등에서 수년간 재무제표와 사업보고서 분석·주식 평가·공모주 투자 등을 주제로 강의를 했다. 지방에 있는 은행 연수원에서 8시간짜리 강의를 마치고 부랴부랴 서울로 올라와 저녁에 일반투자자 대상 교육기관에서 3시간 동안 강의하는 일도 비일비재했다. 몸은 부서질 만큼 힘들었지만 필요해서 불러주는 것이니 그것만큼 고마운 일도 없다고 생각해 요청이 들어오면 나는 어디든 달려갔다. 더구나

가는 곳마다 내 책을 들고 와 저자사인을 요청하거나 그동안 재무제표와 관련해 궁금했던 부분을 해소하려는 사람들이 항상 있어서 그럴 수밖에 없었다. 어느 순간 내게 독자를 향한 부채負債의식이 생기기 시작했다. 투자자에게든 금융권 종사자에게든 단순히 궁금증을 풀어주는 것을 넘어 새로운 정보를 알려주고 도움을 주어야겠다는 생각이 계속 부담으로 다가온 것이다.

책을 출간하고 나면 나는 늘 아쉬움이 남아 졸저로 여겼으나 독자들은 소중한 지식창고로 받아들인 모양이다. 현장에서 사인을 받기 위해 가져오는 책을 보면 줄을 쳐가면서 몇 번씩 본 흔적이 역력해 항상 내 마음을 무겁게 했다. 그뿐 아니라 정말 어려운 취업 경쟁을 뚫고 당당히 금융권에 입사한 많은 금융인이 내 책으로 재무제표 분석을 공부하고 또 새로운 책을 더 내달라고 지속적으로 요청하면서 결국 나는 다시 고통의 시간 속으로 내 몸을 밀어 넣기로 결심했다. 이 책을 쓰는 내내 또다시 고통의 시간을 견뎌야 했지만 덕분에 내 부채를 조금은 내려놓았으니 마음의 안식은 얻은 셈이다.

이 책의 특징을 간단히 소개하면 이렇다.

첫째, 하나의 기업을 분석할 때 어떻게 접근해야 하는지 다뤘다. 가령 특정 기업을 선정해 분석할 때 반드시 체크해야 하는 포인트를 크게 5가지로 잡아 접근하는 방식으로 구성했다. 통상 우리는 기업 재무구조가 튼튼한지, 수익과 이익이 잘 나고 있는지를 가장 많이 훑어본다. 이 밖에 앞으로 이익을 극대화할 수 있을지, 회사가 돈을 충분히 벌고 있는지, 투명한 기업인지도 살펴본다. 이로써 우리는 사업보고서에 공시한 재무제표와 각종 정보를 잘 조합해 놓치는 것 없이 완벽한 기업분석을 할 수 있다.

둘째, 한 단원의 학습을 끝낸 뒤 마지막에 요점 정리로 복습하게 했다. 그리고 설명한 주제와 관련해 내가 기고한 회계 칼럼을 다루는 것으로 마무리했다.

셋째, 독자에게 좀 더 와 닿도록 하기 위해 가능한 한 사례를 상장기업들의 최근 사업보고서에서 캡처해 수록했다. 아쉽게도 캡처한 크기가 서로 다르다. 똑같은 크기로 일목요연하게 정리하는 것이 보기에 좋겠지만 기업들이 실제로 작성한 사업보고서 원문을 해치지 않으려는 취지이므로 양해 바란다.

넷째, 내용이 딱딱하지 않도록 본문에 수많은 기업 사례를 수록하고 부록으로 대한약품과 컴투스, 이 두 기업을 종합 분석하는 자리도 마련했다.

사업보고서의 어디에서 어떻게 찾아야 하는지 또 어떻게 해석해야 하는지 돕기 위해서다. 최대한 객관적인 시각에서 분석하려 했으나 불가피하게 내 주관이 개입되었을 수도 있다. 서로 관점이 다르니 당연히 해석이 갈릴 수 있다는 점을 이해해주기 바란다.

내가 운영 중인 블로그(http://blog.naver.com/donghm)는 앞으로도 계속 회계·투자와 관련해 소통 창구 역할을 할 것이다. 여기에 기업분석, 뉴스, 회계 등의 글을 꾸준히 올릴 예정이니 책을 읽은 뒤 궁금한 사항이 있으면 언제든 질문을 올려주기 바란다.

2019년 겨울이 오는 길목에서
박동흠

시작하기에 앞서

기업가치와
재무제표 분석

가치 있는 기업은 어떤 기업인가. 기업가치는 자산가치와 수익가치의 합으로 나타낼 수 있다. 쉽게 말해 기업이 '얼마를 보유하고 있고 얼마를 버는가'로 요약할 수 있다는 말이다. 경우의 수로 따질 경우 다음 4개로 압축이 가능하다.

　① 돈이 많고 돈을 잘 버는 기업

　② 돈은 많은데 돈을 못 버는 기업

　③ 돈은 없는데 잘 벌고 있는 기업

　④ 돈도 없고 잘 벌지도 못하는 기업

돈이 많고 돈을 잘 버는 기업

아마 ①번 기업이 가장 좋아 보인다는 데 반론을 제기할 독자는 없을 것이다. 이 기업은 지금도 부자고 앞으로도 부자회사로 지낼 가능성이 크다. 투자자라면 누구나 이 기업을 탐낼 테고 은행(금융권)과 이 기업을 거래처로 둔 기업도 전혀 염려할 필요가 없다. 돈 떼일 가능성이 0%니 말이다. 삼성전자 같은 기업이 여기에 해당한다. 삼성전자는 2018년 말 기준으로 보유한 순금융자산만 110조 원에 이르고 2018년 약 59조 원의 영업이익을 거뒀다. 여기서 순금융자산이란 보유한 현금, 예금, 적금, 주식, 채권 등에서 갚아야 하는 차입금과 사채 등을 차감한 것을 말한다. 110조 원의 돈을 보유하고 59조 원의 영업이익을 내고 있으니 돈이 많고 돈을 잘 버는 기업이라고 표현하는 게 당연하다.

돈은 많은데 돈을 못 버는 기업

②번 기업은 현재 시점에서는 괜찮지만 앞으로는 장담하기 어렵다. 돈이 많으므로 당장 망할 염려는 없다. 그러나 돈을 잘 벌지 못한다는 말은 벌어놓은 것을 까먹는 단계로 진입했다는 의미다. 만약 금융자산이 많아 여기서 발생하는 이자수익, 배당수익, 임대료수익 등으로 회사가 먹고살 수 있다면 망할 가능성은 없다. 이 경우 채권자와 이 회사를 거래처로 둔 기업 입장에서는 크게 불안하지 않다. 반면 투자자 입장에서는 매력도가 떨어질 수밖에 없는 기업이다. 돈이 많다는 것은 분명 큰 장점이지만 자산가치만 크고 돈을 못 버는 상황이라면 기업가치가 더 오르리라고 기대하기 어렵기 때문

이다.

예를 들어 주류제조업체 A회사는 보유한 순금융자산만 1,300억 원에 이른다. 이 기업은 한때 돈을 많이 벌었으나 지금은 그렇지 않다. 편의점에서 수입산 맥주와 와인을 싼값에 판매하고 막걸리 제조사도 워낙 많다 보니 경쟁이 치열한 탓이다. 여기에다 예전처럼 부어라 마셔라 하는 술문화가 사라지면서 매출액이 계속 줄어들어 4년째 영업적자에 시달리고 있다. 다행히 벌어놓은 돈이 많고 금융자산에 알차게 투자한 덕분에 영업적자를 금융수익으로 메우는 중이다. 그렇지만 영업이익을 내지 못하는 바람에 상장 유지에 빨간불이 켜졌다. 4년 연속 영업적자라 코스닥 상장 규정상 코스닥 시장에서 관리종목으로 지정되었고 한 해 더 적자를 낼 경우 상장폐지 대상에 오른다. 본연의 사업에서 영업이익을 내지 못한다면 상장을 유지할 이유도 없을 것이다. 이 회사는 1,300억 원이 넘는 순금융자산을 보유하고 있으나 시가총액은 600억 원대에 머물고 있다. 이는 적자가 이어지면서 벌어놓은 돈을 까먹을 것으로 예상하다 보니 시장에서 기업가치를 높게 쳐주지 않는다는 뜻이다.

돈은 없는데 잘 벌고 있는 기업

③번 기업은 괜찮다. 빚이 많다고 반드시 나쁜 것은 아니다. 특히 제조업체나 설립한 지 얼마 지나지 않은 기업은 재무구조가 좋을 리 없다. 공장이 필요한 제조업은 시설 투자에 많은 돈이 들어가므로 빚을 끌어 써야 한다. 또 이들 기업은 규모의 경제에 도달해 안정적인 이익을 내기까지 시간이 걸

리기 때문에 역시 초반에 재무구조가 좋지 않다. 이러한 기업이 확실한 수익 모델을 바탕으로 돈을 잘 벌고 있으면 재무구조는 금방 좋아진다. SK하이닉스도 몇 년 전까지 ③번의 모습이었다. 즉, 반도체 공장에 수조 원의 시설 투자를 하느라 보유한 금융자산보다 갚아야 하는 빚이 훨씬 더 많았다.

주주에게 증자를 받으면 자본이 늘어나 재무구조가 좋아지겠지만 금리도 낮고 이자비용에 따른 절세 효과도 있으므로 차입이 더 나은 대안일 수 있다. 유상증자를 할 경우 주식수가 늘어나 기존 주주의 가치를 떨어뜨리니 투자자 입장에서는 매력이 줄어들 수 있다. 아무튼 현재 재무구조가 썩 좋지 않아도 돈을 잘 벌고 있고 앞으로도 그럴 것이라는 게 확실하면 투자자, 채권자, 거래처 모두 ③번 기업을 크게 염려하지 않는다.

돈도 없고 잘 벌지도 못하는 기업

④번 기업은 최악이다. 돈도 없고 잘 벌지도 못하면 몇 년 내에 망할 수 있다는 예상이 가능하니 말이다. 이 경우 투자자, 채권자, 거래처 모두 불안에 떨 수밖에 없다. 채권자 입장에서는 추가로 돈을 빌려주기 어려울 테고 거래처는 외상대금을 받지 못할 수 있으니 외상거래를 하지 않을 확률이 높다. 주주 역시 이런 기업을 투자 대상으로 삼으면 안 된다. 그런데 현실을 보자면 ④번에 속하는 기업에 투자하는 투자자가 꽤 많다. 지금은 버는 게 없지만 앞으로 잘 벌 것이라는 기대를 해서 그렇다. 기업도 은행 문턱이 높아 이왕이면 주주에게 투자를 받아 사업을 이어가려 한다. 물론 사업이 잘되어 극적으로 나아지는 경우도 있으나 그렇지 않은 경우가 더 많다. 투자자 입

장에서 굳이 불확실한 미래에 베팅할 필요가 있을까? 극적으로 나아질 경우 주가가 급등해 큰 폭의 투자수익을 거두겠지만 낮은 확률과 불확실성을 떠안아야 하니 밤에 두 발 뻗고 편하게 자려면 ①번과 ③번에서 고르는 게 낫다.

기업의 재무제표를 보면 적게는 수백억 원, 많게는 수백조 원의 숫자로 표시되어 있다. 재무제표는 어떻게 보느냐에 따라 눈에 잘 들어오기도 하고 그렇지 않기도 한다. 재무제표 첫 줄부터 아래로 내려가며 훑을 경우 큰 숫자와 많은 계정과목 때문에 잘 정리되지 않는다. 그러다 어느 순간 제자리에서 맴돌고 만다.

재무제표 정보이용자들의 목적은 거의 비슷하다. 그들은 기업이 돈을 얼마나 보유하고 있고 또 얼마나 벌고 있는지 궁금해 한다. 얼마나 빚이 많고 얼마나 벌지 못하는지 보는 경우도 있다. 여기까지는 조금만 시간을 들이면 누구나 정보를 확인하고 확신할 수 있다.

그러면 좀 더 나아가보자. 우리가 재무제표로 얻을 수 있는 정보는 무궁무진하다. 무엇보다 기업이 여윳돈을 남길 만큼 많이 버는지, 앞으로도 그렇게 벌 수 있을지 봐야 한다. 이익은 발생하는데 현금흐름이 좋지 않아 문제가 생길 여지가 있는지 또는 일감몰아주기 같은 문제로 기대했던 것보다 이익이 나지 않는지도 재무제표에서 찾아봐야 한다.

분명 저마다 여러 가지 목적 아래 재무제표를 살펴볼 것이다. 어떻게 하면 기업을 효율적이고 효과적으로 분석할 수 있을 것인가는 모든 재무 정보이용자의 공통 화두다. 앞으로 제시할 5가지 커다란 주제로 여기에 접근해 보기 바란다. 이제 기업 재무제표를 볼 때 이렇게 접근하면 짧은 시간 내에 거의 모든 내용을 확인해 만족할 만한 분석 결과를 얻을 수 있을 것이다.

재무비율 분석은
기업을 이해할 수 있는 도구인가

기업분석을 할 때는 흔히 여러 재무비율을 계산하거나 금융 사이트에서 이미 계산해놓은 수치를 들여다본다. 재무비율을 보고 기업을 확신할 수 있으면 천만다행이다. 실제로는 확신하지 못하는 경우가 더 많고 오히려 뒤통수를 맞기도 한다.

먼저 확신하지 못하는 경우부터 살펴보자. 당기 숫자가 전기 대비 얼마나 증감했는지는 누구나 계산할 수 있다. 손익계산서를 볼 때 가장 먼저 확인하는 자료는 대체로 매출액증가율과 영업이익증가율이다. 유명 기업은 분기별 혹은 연초에 실적을 발표할 때 기본적으로 이들 숫자를 보여준다.

$$\text{매출액증가율} = \frac{\text{당기매출액} - \text{전기매출액}}{\text{전기매출액}}$$

$$\text{영업이익증가율} = \frac{\text{당기영업이익} - \text{전기영업이익}}{\text{전기영업이익}}$$

이 두 숫자는 +값(증가)이 나오는 게 좋다. −값(감소)이 나와야 좋다고
말하는 독자는 아마 없을 것이다. 그럼 이것을 기업 숫자로 계산해보자.

◆ **아세아제지 매출액과 영업이익**

(단위: 원)

	2018년	2017년	증감	증감률
매출액	775,844,757,501	728,592,248,661	47,252,508,840	6%
영업이익	98,275,263,481	5,360,013,677	92,915,249,804	1,733%

위 표는 유가증권 시장에 상장한 아세아제지의 매출액과 영업이익 수치
를 나타낸 것이다. 2018년 매출액이 2017년 대비 6% 증가했는데 영업이
익은 무려 1,733%나 늘어났다. 영업이익 증가폭이 매출액 증가와 비교조
차 안 될 정도로 엄청나게 크다. 비율을 계산한 뒤 그냥 그런가 보다 하고 끝
내면 산수만 한 것일 뿐 분석했다고 볼 수 없다. 왜 증가했는지 그 답을 찾아
야 진정한 분석이고 앞으로도 그럴 것인가를 알아내야 분석의 고수 경지에
오를 수 있다.

회사는 어느 부분에서 비용을 줄였는가

매출액과 영업이익 사이에는 매출원가, 판매비와관리비가 있다. 이 중 이익은 수익에서 비용을 차감한 값을 말한다. 회사가 영업활동에서 이익을 내려면 수익(매출)이 매출원가, 판매비, 관리비 같은 비용보다 커야 한다. 매출액 증가보다 이익 증가가 크다는 것은 비용이 감소했음을 의미한다. 그러므로 회사가 어디에서 비용을 절감했는지 살펴봐야 한다. 이때 원재료비, 인건비, 감가상각비, 전력비, 판매수수료 같은 여러 비용 중에서 큰 숫자부터 뽑아본다. 수치가 작은 비용을 절감한다고 이익이 크게 증가하지는 않기 때문이다.

그다음으로 비용을 변동비와 고정비 성격으로 나눈다. 다시 말해 제품 하나를 팔 때마다 비례해서 발생하는 변동비인지, 아니면 제품 판매량과 관계없이 발생하는 고정비인지 구분해야 한다. 대표적인 변동비에는 원재료비가 있고 인건비와 감가상각비는 대표적인 고정비다. 보통 기업의 손익구조를 보면 이 3가지 비용이 가장 많이 발생한다. 업종에 따라 판매수수료, 경상개발비 등 다른 비용이 더 핵심일 수도 있는데 자세한 것은 'Point 3. 이익을 극대화할 수 있는가(손익계산서 분석)'에서 집중적으로 다룬다.

이 회사의 경우에는 원재료비 숫자가 가장 크고 2018년 원재료가격이 2017년 대비 큰 폭으로 하락했다. 그리고 앞으로도 원재료가격이 오를 가능성은 낮아 보인다. 이 모든 자료는 사업보고서에 나와 있다.

사업보고서에 나와 있는 주요 정보와 재무제표 숫자, 주석사항 등을 참고해 자료를 뽑아보니 왜 회사의 영업이익이 큰 폭으로 증가했는지 알 수 있었다. 나아가 앞으로도 원재료비 절감으로 큰 이익을 만들어낼 것이라는 확신이 들었다. 이 확신은 증가율 계산이 아니라 사업보고서를 들여다보고 분석해서 얻은 것이다. 재무비율만 보면 그냥 늘었구나 혹은 줄었구나 하는 정도의 확인밖에 할 수 없다. 왜 증감했는지, 앞으로 어떻게 될 것인지까지 분석하려면 결국 사업보고서를 펼쳐야 한다.

재무비율을 살펴보자

이번에는 재무비율 분석으로 오히려 뒤통수를 맞는 경우를 살펴보자. 은행이나 주주가 기업 안정성 확인 차원에서 많이 보는 재무비율에는 이자보상비율과 부채비율이 있다.

$$\text{이자보상비율} = \frac{\text{영업이익}}{\text{이자비용}}$$

흔히 이자보상비율이 1 이상이면 좋다고 판단한다. 즉, 영업이익이 이자비용보다 커야 한다. 이는 회사가 1년 동안 사업해서 번 이익으로 이자비용을 감당할 수 있음을 의미한다.

$$\text{부채비율} = \frac{\text{부채}}{\text{자본}}$$

부채비율은 낮은 것이 좋고 또 매년 감소하는 것이 바람직하다. 부채보다 자본이 많아야 재무건전성이 좋다고 판단하며 이익을 많이 내면 자본이 증가하므로 부채비율은 감소한다. 2014년 가전업체 모뉴엘과 상장기업 우양에이치씨가 부도처리되었다. 그러면 이 2군데 회사의 부도 발생 2년 전 이자보상비율과 부채비율을 살펴보자.

◆ 모뉴엘

	2012년	2013년
부채비율	195.3%	177.9%
이자보상비율	1451.7%	1,365.5%

◆ 우양에이치씨

	2012년	2013년
부채비율	260.1%	187.3%
이자보상비율	205.9%	271.0%

두 회사 모두 부채비율이 전년도보다 낮아지고 있고 이자보상비율은 100%를 초과한다. 모뉴엘은 1,300%가 넘는데 이는 연간 지급하는 이자비용의 13배를 영업이익으로 벌었다는 의미다. 수치상으로는 절대 망하지 않을 것처럼 보이는데 왜 두 회사는 부도가 났을까?

답은 현금흐름에 있다. 기본적으로 거래나 사건이 발생한 시점에 손익계산서에서 수익·비용을 잡고, 재무상태표에서 자산·부채 처리를 한다. 다시 말해 돈이 들어올 때 수익·자산을 잡고, 돈이 나갈 때 비용·현금 처리를 하는 게 아니다. 현금이 미리 들어오든 나중에 들어오든 상관없이 거래가 이뤄지고 사건이 발생하면 회계처리를 한다.

그러다 보니 회사가 마음만 먹으면 분식회계를 저질러 숫자를 좋게 만들 수 있다. 그처럼 좋게 만든 숫자로 재무비율을 계산할 경우 수치는 당연히 잘 나온다. 부도나거나 상장폐지된 기업의 특징 중 하나가 분식회계를 저질러 재무비율이 끝내주게 잘 나온다는 것이다. 결국 재무비율 분석으로는 위험을 판단하는 것이 어려우며 오히려 괜찮을 것이라고 생각한 기업이 뒤통수를 치는 경우도 허다하다.

유동비율만으로는 알 수 없는 것

$$유동비율 \ = \ \frac{유동자산}{유동부채}$$

$$당좌비율 \ = \ \frac{유동자산 - 재고자산}{유동부채}$$

유동비율은 유동자산을 유동부채로 나눈 값이다. 당좌비율은 유동자산에서 재고자산을 차감하고 유동부채로 나누어 계산한다. 유동비율이 높다는 것은 1년 내에 현금화할 자산이 1년 내에 갚아야 하는 부채보다 많다는 것을 의미한다.

당좌비율은 재고자산이 잘 팔리지 않으면 현금화하는 것이 불확실하니 재고자산을 빼고 측정해보자는 취지다. 역시 당좌비율이 높다는 것은 유동비율만큼 안정성과 유동성 측면에서 좋은 신호로 볼 수 있다.

코스닥에 상장한 G사의 2018년 3분기와 연말의 유동비율, 당좌비율을 계산해보면 다음과 같다.

◆ 코스닥에 상장한 G사

	2018년 3분기	2018년 말
유동비율	250%	51%
당좌비율	237%	44%

이 회사의 2018년 3분기 유동비율은 무려 250%에 이르고 당좌비율은 237%에 달한다. 1년 내에 갚아야 하는 부채보다 1년 내에 현금화가 가능한 자산이 2배 이상이니 상당히 안전해 보인다. 그런데 이 회사는 3개월이 지난 연말 결산에서 감사의견 거절을 받았고 상장폐지 대상에 올랐다. 그 탓에 유동비율은 51%로 떨어졌고 당좌비율도 44%로 내려갔다.

유동비율이 50%대라는 말은 1년 내에 갚아야 하는 부채가 1년 내에 현금화할 자산보다 2배 많다는 뜻이다. 어떻게 3개월 만에 이런 날벼락이 떨어졌을까?

3분기 비율 분석 결과치로는 위험을 미리 감지하는 것이 불가능하다. 이 회사의 3분기 재무상태표에는 충분히 힌트가 있었다. 1년 내에 현금화할 것으로 예상할 수 있는 유동자산의 구성 내역이 좋지 않았던 것이다. 회사에 현금이 많아 유동성이 풍부한 게 아니라 회수 불가능할 것으로 보이는 대여금 숫자가 커서 유동비율이 좋았을 뿐이다. 이 대여금은 연말에 회수 불가능한 것으로 밝혀져 대규모 대손충당금이 쌓였다. 이처럼 유동자산이 확 쪼그라드니 유동비율이 급격히 악화하는 것은 당연하다.

결국 몇 가지 재무비율 분석으로 기업을 이해하거나 확신하기는 매우 어렵다. 기업을 제대로 이해하려면 다소 시간이 걸려도 의미 있는 숫자와 사업보고서에 나오는 정보로 차근차근 분석해봐야 한다. 나는 증권사나 은행 등에서 재무제표 분석 관련 강의를 할 때 재무비율은 아예 거론하지 않는다. 가끔 요청을 받기도 하는데 그럴 때는 재무비율 공식 내용보다 왜 재무비율 분석을 열심히 할 필요가 없는지부터 설명한다. 수학 공식처럼 이뤄져 있어서 뭔가 답을 줄 것 같지만 실제로는 위와 같은 한계점이 더 많기 때문이다. 이제 재무비율이 아닌 진짜 재무제표를 보며 심도 있게 기업을 분석해보자.

돈이 많은 기업인가
(비영업자산, 금융부채)

재무상태표의
자산 보는 방법을 바꿔라

회계 서적이나 기업의 재무상태표를 보면 보통 다음과 같이 구성되어 있다.

◆ **일반적인 재무상태표**

	당기		전기	
자산				
Ⅰ. 유동자산	Xxx		xxx	
Ⅱ. 비유동자산	Xxx		xxx	
자산합계		XXX		XXX
부채				
Ⅰ. 유동부채	Xxx		xxx	
Ⅱ. 비유동부채	Xxx		xxx	

자본	Xxx		xxx	
Ⅰ. 자본금	Xxx		xxx	
Ⅱ. 자본잉여금	Xxx		xxx	
Ⅲ. 이익잉여금	Xxx		xxx	
Ⅳ. 기타자본				
부채와 자본 합계		XXX		XXX

재무상태표는 자산, 부채, 자본순으로 보여준다. 보여주는 방법은 유동자산, 비유동자산순이다. 단, 회계기준에 재무제표를 반드시 유동자산부터 보여주라는 법은 없으므로 가끔 반대로 보여주는 경우도 있다. 가령 현대홈쇼핑의 재무상태표는 비유동자산부터 시작하고 유동자산, 자본, 부채순이다.

◆ **현대홈쇼핑 2018년 연결 재무상태표**

(단위: 원)

	제 18 기	제 17 기	제 16 기
자산			
비유동자산	1,534,815,398,400	1,063,724,181,272	930,827,505,406
유형자산	338,840,826,240	130,158,117,268	109,423,581,184
무형자산	253,553,830,118	4,653,335,948	4,710,033,374
관계기업및공동기업투자	855,351,755,049	785,450,071,412	767,296,830,147
장기투자자산	37,395,569,291	40,888,777,918	44,213,263,240
기타금융자산	1,007,000,000	94,560,456,460	1,008,000,000
기타비금융자산	1,620,118,019	1,416,403,325	1,356,474,581
장기매출채권 및 기타채권	12,369,436,211	3,798,117,563	2,819,322,880
확정급여자산		2,798,901,378	
이연법인세자산	34,676,863,472		
유동자산	1,012,879,657,058	811,702,737,011	972,167,900,840
재고자산	155,972,909,676	34,667,094,640	27,104,558,386

일반적인 재무상태표만 보다가 반대로 나타낸 재무제표를 보면 익숙하지 않아 보기 싫을지도 모른다. 이것은 현대홈쇼핑의 잘못이 아니다. 상장기업에 적용하는 회계기준인 국제회계기준^{IFRS}의 기본 철학은 기업의 자율성을 최대한 보장한다는 것이다. 다시 말해 유동자산, 비유동자산 등의 구분 원칙만 지키면 순서를 어떻게 나타내든 개의치 않는다. 유동성부터 보여주는 것이 일반적인 작성 방법이라 기업들은 대부분 일반적인 형식을 따르고 있으나 현대홈쇼핑 같은 재무제표도 있다. 우리 사회가 다양성을 존중하듯 재무제표도 일률적이지 않다. 참고로 외국의 많은 유명 기업도 재무제표를 현대홈쇼핑처럼 나타낸다.

이번에는 재무상태표의 자산 구성 항목을 조금 더 세분화해보자.

◆ 자산과 주요 계정

구분	자산	주요 계정과목
유동자산	당좌자산	현금및현금성자산, 단기금융상품, 매출채권, 미수금
	재고자산	상품, 제품, 재공품, 원재료
비유동자산	투자자산	장기금융상품, 상각후원가금융자산, 기타포괄손익– 공정가치금융자산, 당기손익– 공정가치금융자산, 투자부동산
	유형자산	토지, 건물, 기계장치, 차량운반구, 건설중인자산
	무형자산	영업권, 개발비, 특허권, 회원권
	기타비유동자산	보증금, 이연법인세자산

자산 구성 내역을 풀어놓고 보니 정말 종류가 많지 않은가. 회계에서 각 구성 내역을 계정과목이라고 부른다. 회계를 공부하거나 재무제표를 볼 때

우리는 보통 유동자산, 비유동자산으로 구분하고 각 계정과목을 확인한다. 1년 이내에 만기가 도래하거나 현금화가 가능하면 유동자산, 1년 이후 만기가 도래하거나 현금화가 가능하면 비유동자산이라고 한다.

재무상태표에는 여러 종류의 자산이 있다

이제 정보이용자 입장에서 재무상태표의 수많은 자산을 생각해보자. 회사는 왜 이토록 많은 자산, 즉 다양한 계정과목을 보유하는 걸까? 단순히 대답하자면 정답은 '돈을 벌기 위해서'다. 그들은 돈을 어떻게 버는가? 사업을 해서 번다. 사업은 어떻게 하는가? 회사의 자산과 부채를 이용해서 한다. 회사는 공장을 돌려 제품을 생산하고 그렇게 생산한 제품을 판매한다. 이때 유형자산(공장), 재고자산(제품), 판매 후 매출채권이 각각 자산에 속한다.

영업자산과 비영업자산

단, 모든 자산을 회사의 사업에 동원하는 것은 아니다. 예를 들어 건축자재 전문기업 KCC는 제품 생산·판매를 위해 공장과 사옥 같은 유형자산만 2조 7,000억 원 이상 보유하고 있는데 삼성물산, 현대중공업 등 상장주식도 2조 원 이상 갖고 있다. KCC는 건축자재를 생산해 판매하는 사업을 하므로 공장 같은 유형자산이 대표적인 영업자산이고, 삼성물산 주식은 사업에 투입하지 않으니 비영업자산이다. 물론 회사가 어려워져 제품을 생산할 돈이 부족하면 삼성물산 주식을 매도해 현금화하겠지만 회사 현금흐름상 그럴 가능성은 낮아 보인다. 이처럼 사업에 투입하는 자산을 영업자산, 사업에 투입하지 않는 자산을 비영업자산이라고 한다. 회사는 보통 많은 자산을 갖고 있는데 이는 영업에 투입하느냐 그렇지 않느냐로 구분한다.

예를 들어 과자를 만들어 파는 회사를 생각해보자. 과자를 만들려면 공장이 필요하고 공장 건물을 짓기 위해서는 토지가 있어야 한다. 여기에다 과자를 생산할 기계장치와 운반할 차량도 필요하다. 이들 토지, 건물, 기계장치, 차량운반구 등을 합쳐 유형자산으로 표시하는데 앞서 말한 대로 유형자산은 회사의 대표적인 영업자산이다.

과자를 만들기 위해 구입한 원재료, 포장지 그리고 이미 만들어놓은 과자 등은 재고자산으로 분류하며 이 역시 대표적인 영업자산이다. 만약 과자를 차량에 실어 대형마트에 납품하고 다음 달에 돈을 받기로 했으면 회사에 매출채권이 생긴다. 이를 통상 외상대 또는 외상매출금이라고 하는데 정확한 명칭은 매출채권이다. 이것도 영업자산 성격이다.

회사가 유형자산으로 재고자산을 생산해 판매하는 과정을 거치면 매출채권이 발생하며 종국적으로 돈으로 회수할 경우 하나의 영업 사이클이 끝난다.

맛있는 과자를 만들어 판매한 회사는 벌어들인 돈으로 회사 영업활동을 위해 운영자금부터 쓴다. 즉, 과자를 만들려면 원재료를 구입해야 하고 직원 급여도 매달 나가야 한다. 영업과 관련된 이런저런 운영자금을 쓴 뒤 남은 돈은 사업에 재투자한다. 여기서 말하는 재투자는 운영자금과는 성격이 다르다. 회사는 공장에 새로운 시설도 만들고 기계장치도 다시 들여와야 한다. 이러한 재투자에는 큰돈이 들어가므로 회사는 반드시 영업활동으로 돈을 벌어야 한다.

잉여현금 재테크

영업활동으로 돈을 벌어 사업에 재투자한 뒤에도 돈이 남으면 회사는 그동안 빌린 돈을 갚고 주주에게 배당금도 지급한다. 이렇게 여기저기 쓰고도 돈이 남을 경우 그 돈은 회사의 여윳돈이다. 여윳돈이 생길 경우 회사도 개인처럼 재테크를 하는 것이 좋다. 원금 이상으로 불리는 게 좋다는 것은 두말하면 군소리다.

개인이 재테크를 할 때 선택지는 매우 다양한데 이는 기업도 마찬가지다. 대개는 위험 선호와 회피 기질에 따라 행동하며 재테크 지식을 갖춘 쪽에 먼저 눈길을 보낸다. 만약 위험을 싫어하고 금융과 부동산을 잘 모르면 은행 적금이나 예금에 가입한다. 어느 정도 위험을 받아들이고 금융지식이 있을 경우 주식이나 채권을 선호한다. 또 금융자산보다 실물자산을 원하면 부동산에 투자한다.

과자를 만들어 파는 이 회사가 고심 끝에 여윳돈으로 삼성전자 주식 10만 주를 사고 서울 강남의 부동산을 사는 식으로 분산투자했다면? 회사가 삼성전자 주식과 부동산을 샀다는 것은 당장 이 돈을 회사 영업활동에 투입하지 않을 것이라는 의미다. 이것은 비영업자산으로 분류한다. 회사는 영업활동으로 계속 돈을 벌고 사업에 재투자한 후 남는 돈을 다른 곳에 투자해 불려나간다. 이렇게 남는 돈을 가리켜 잉여현금Free Cash이라고 한다. 잉여현금은 계속 쌓아두거나 다른 사업에 투입할 수 있다. 돈을 계속 모을 경우 안정감은 있으나 기업가치 향상에 한계가 따르고 사업 자체에 위기가 올 수도 있으므로 경영진은 대체로 사업을 더 키우려고 한다.

신규 투자와 비영업자산 활용

국내에서만 생산·판매하던 이 과자회사가 제품을 전 세계에 수출하기로 결정하고 중국과 베트남에 생산기지와 영업망을 갖추기로 했다면 어떨까? 또 과자 외에 빙과류 사업도 시작하기로 했다면? 회사 경영진이 이런 의사결정을 하면 투자자금이 많이 필요해진다. 이때 경영진이 보수적일 경우 그동안 모아놓은 돈을 찾아 투자할 테고 그렇지 않으면 부동산을 담보로 은행에서 돈을 빌릴 것이다. 어떻게 자본조달을 하든 회사는 많은 자금 투입으로 잉여현금이 줄어들 수밖에 없다. 물론 회사는 사업에 투자한 것 이상으로 뽑아낼 수 있다는 믿음으로 괜찮다고 생각한다.

사업이 생각대로 술술 풀려 나가면 좋겠지만 항상 그런 것은 아니다. 공교롭게도 회사의 강력한 경쟁기업이 더 맛있는 과자를 더 싸게 팔기 시작했다고 해보자. 그 탓에 회사의 제품 판매량이 감소하면서 현금흐름에 문제가 발생했다. 즉, 과자를 판매해서 번 돈으로 과자 생산을 위해 투입하는 원재료비, 인건비, 기타 경비를 겨우 감당하는 수준으로 주저앉았다.

판매량이 점점 줄어들어도 공장의 기계장치는 다시 들여오고 시설은 보수해야 한다. 운영자금도 겨우 감당하는 상황인데 어쩔 수 없이 기계장치와 시설을 위한 투자자금까지 마련해야 하는 셈이다. 이럴 경우 회사는 비영업자산에 손을 댈 수밖에 없다. 회사 신용이 좋다면 아직 덜 오른 삼성전자 주식이나 부동산을 팔기보다 은행 차입을 선택하는 게 낫다. 물론 은행도 회사 손익이 악화되고 있음을 간파하기 때문에 확실한 담보를 요구하거나 대출 한도를 줄일 것이다. 결국 회사는 보유한 주식, 채권, 부동산을 팔아 자금을 마련할 가능성이 크다.

기업은 자산으로 얼마나 벌어야 할까

타이어업체 금호타이어는 2018년 7월 최대주주가 중국 자본 싱웨이코리아로 바뀌었다. 금호아시아나그룹이 금호타이어를 지배한다고 생각하는 사람도 있겠지만 이미 2010년부터 우리은행, 산업은행 등 채권단의 관리 절차를 밟아왔다. 다시 말해 2010년부터 은행이 금호타이어의 최대주주였다. 한마디로 금호타이어는 금호그룹과 관련이 없는 회사가 되었다.

최대주주가 출자전환한 이유

금호타이어에 계속 돈을 빌려주던 은행은 원리금 상환이 불가능해지자 결국 출자전환을 했다. 받아야 할 원리금을 포기하고 회사의 주주가 되었다는 얘기다. 오랜 기간 회사의 기업가치를 키워 주식을 매각할 경우 받지 못한 돈을 회수할 수도 있으므로 출자전환이 반드시 나쁜 방법은 아니다. 문제는 출자전환을 할 정도로 재무구조가 악화된 기업이라 회사가 속한 업황이 확 좋아지지 않는 한 기업가치를 끌어올리는 게 쉽지 않다는 데 있다. 아무튼 은행은 받아야 할 돈 대신 주식을 받는 출자전환을 선택했다.

은행이 주주가 되었지만 오랜 시간이 흘러도 회사 상황은 쉽게 나아지지 않았다. 은행 역시 화수분이 아닌 이상 회사에 계속 돈을 지원해줄 수 없고 출자전환한 주식에서 배당이나 시세차익으로 원금을 회수해야 하는데 그것도 불가능했다. 결국 은행은 중국 기업에 회사를 매각해 턱없이 모자라

◆ **2017년 금호타이어 요약현금흐름표**

연결 현금흐름표
제 15 기 2017.01.01 부터 2017.12.31 까지
제 14 기 2016.01.01 부터 2016.12.31 까지
제 13 기 2015.01.01 부터 2015.12.31 까지

(단위 : 원)

	제 15 기	제 14 기	제 13 기
영업활동현금흐름	71,303,133,759	188,347,713,416	225,039,855,012
유형자산의 취득	289,852,203,449	365,465,455,589	675,758,291,222

긴 했지만 일정 금액을 회수했다.

이러한 내부 사정을 잘 모르는 제3자도 이 회사의 재무제표, 특히 현금흐름표만 봐도 회사 상황이 얼마나 좋지 않았는지 알 수 있다.

회계를 흔히 머리 아프고 복잡하다고 여기지만 현금흐름은 그렇지 않다. 1월 1일부터 12월 31일까지 1년 동안 들어온 돈에서 나간 돈을 뺀 것이 현금흐름표 개념이다. 들어온 돈이 나간 돈보다 많으면 돈을 잘 버는 회사, 들어온 돈보다 나간 돈이 많으면 돈을 못 버는 회사다. 회계학을 배우지 않아도 이 정도는 누구나 안다.

영업활동현금흐름으로 유형자산 취득도 못한다면?

금호타이어 입장에서 영업활동은 타이어를 생산해 판매하는 것을 말한다. 원재료인 고무를 사와 기계와 사람을 투입해 가공하면 타이어가 만들어진다. 이를 위해서는 재료비와 인건비 외에 각종 경비를 투입해야 한다. 이렇게 만든 타이어를 판매할 경우 판매대금이 들어온다.

회사는 판매대금에서 각종 비용을 차감해 제15기인 2017년 713억 원을 벌었다. 이를 제14기, 제13기와 비교하면 벌어들이는 돈은 점점 줄고 있지만 어쨌든 타이어를 생산·판매해 돈을 벌었으니 문제가 없어 보인다. 타이어를 만드느라 들어가는 돈보다 판매해서 번 돈이 많기 때문이다. 문제는 이 돈으로 유형자산 취득, 즉 타이어 공장에 들어가는 시설, 기계장치 같은 투자비를 감당하지 못한다는 데 있다. 제15기에 회사는 타이어 영업과 관련해 713억 원을 벌었으나 유형자산 취득에 2,898억 원을 투입했다. 물론 한 해만 이러면 상관이 없지만 3년 내내 같은 현금흐름을 보이고 있다.

3년간의 현금흐름만 합치면 회사는 영업활동으로 총 4,846억 원을 번 셈이다. 문제는 같은 기간 동안 유형자산 취득에 총 1조 3,310억 원을 쓴 것으로 나온다는 점이다. 영업에서 번 돈으로 사업에 재투자해도 8,464억 원이나 모자란다. 이 돈을 어떻게 마련해야 할까? 당연히 은행 문부터 두드릴 것이다. 그런데 은행 입장에서도 연간 영업활동에서 벌어들인 돈으로 사업에 재투자(유형자산 취득)도 못하고 있으니 원금과 이자 상환은 아예 불가능해 보인다. 은행이 마냥 추가 대출을 해줄 수는 없는 노릇이다.

최소한 재투자할 만큼은 벌어야 한다

금호타이어의 요약현금흐름표에는 나오지 않지만 전자공시시스템에 공시한 회사의 재무제표로 현금흐름을 좀 더 살펴보면 예금, 주식, 채권, 투자부동산 등을 부지런히 매각해 자금을 조달하고 있는데 이마저 제15기가 되면 거의 바닥을 드러낸다. 2017년 말 회사는 총차입금이 2조 4,000억 원 이상인데 보유한 금융자산은 1,900억 원 수준에 불과하다. 이 상황에서 2018년으로 넘어가면 자동차 판매량이 줄고 있어서 영업활동현금흐름은 더 감소할 테고 사업에 또 수천억 원을 재투자해야 하니 돈은 점점 더 마를 수밖에 없다. 이처럼 영업활동에서 번 돈으로 사업에 재투자하는 것이 계속 불가능해지면 그동안 모아놓은 비영업자산을 까먹고 만다. 직장을 그만두어 소득이 감소하거나 없을 경우 그동안 벌어놓은 돈을 쓰는 개인의 삶이나 기업 행태나 전혀 다를 게 없다.

기업은 영업자산으로 돈을 벌어야 한다. 얼마나 벌어야 하느냐고? 최소한 자기 사업에 재투자할 수 있을 만큼 벌어야 한다. 만약 그렇지 못하면 그동안 벌어서 모아놓은 비영업자산을 까먹거나 차입금을 써야 한다. 몇 년간 그렇게 고생하다가 다시 돈을 벌면 괜찮지만 그 상태가 이어질 경우 기업의 재무구조 악화를 넘어 존립 자체가 위협받을 수 있다.

비영업자산 중
무위험자산을 확인하라

기업의 재무상태표 자산 구성은 영업자산, 비영업자산 2개밖에 없다. 유동자산, 비유동자산으로 분류하기 때문에 눈에 들어오지 않을 뿐 사업에 투입하느냐 그렇지 않느냐로 구분한다. 이 중 영업자산보다 비영업자산부터 찾는 것이 쉽다. 왜냐하면 금융상품, 금융자산, 투자부동산밖에 없기 때문이다. 이는 우리가 재테크를 할 때 예금, 주식, 채권, 부동산에 투자하는 것과 마찬가지다. 이들을 제외한 나머지는 대부분 영업자산이다.

문제는 비영업자산이 재무상태표 여기저기에 흩어져 있고 너무 짧게 표시하는 바람에 재무제표 주석사항을 잘 찾아야 한다는 데 있다. 재무제표 주석사항을 건너뛰고 재무상태표만 보면 찾기가 어렵다. 국제회계기준을 도입한 이후 재무제표는 재무상태표와 손익계산서 표시는 점점 짧아지고 주석사항은 점차 늘어나는 특징을 보이고 있다.

기업들이 쓰는 계정과목명이 일률적이지 않다는 것도 문제다. 앞서 설명한 일반적인 재무상태표의 유동자산과 비유동자산 계정과목은 표준계정과목이다. 많은 기업이 표준계정과목을 쓰지만 모든 기업이 반드시 이 계정과목명을 쓰는 것은 아니다. 예를 들어 단기금융상품은 1년 이내에 만기가 도래하는 예금과 적금을 의미한다. 이는 기업이 은행의 1년짜리 정기적금에 가입하고 재무상태표에 단기금융상품으로 표시했다는 얘기지만 반드시 이 명칭을 쓸 필요는 없다. 금융기관예치금으로 표시하거나 다른 계정과목과 묶어서 기타금융자산으로 표시할 수도 있다. 이것은 회사의 선택에 달렸다.

국제회계기준은 복잡한 산업과 기업 환경 속에서 재무제표를 일률적으로 만드는 게 아니라 기업 상황에 맞게 만들도록 자율성을 많이 부여하는 것이 기본 철학이다. '1년 이내에 만기가 도래하는 자산은 유동자산으로 분류한다'는 원칙에 어긋나지 않는 선에서 계정과목명은 회사 상황에 맞게 선택해도 괜찮다.

이제는 여러 기업의 재무제표를 놓고 단순 비교하는 것이 불가능하다. 엄밀히 말해 국제회계기준은 투자자를 비롯한 재무제표 정보이용자를 보호해주지 않는다. 결국 정보이용자가 스스로 재무제표를 보며 비슷한 계정과목을 유추해야 하는데 그럴 바에는 차라리 재무제표 주석사항에서 찾아보는 것이 낫다. 재무제표 주석사항에서는 그나마 설명과 표를 자세히 제공하므로 정확한 정보 확인이 가능하다.

이처럼 정보를 확인하는 방법부터 쉽지 않은 것이 현실이다. 그러면 지금부터 각 계정과목의 의미와 그 숫자가 어디에 있고 어떻게 확인해야 하는지 차근차근 살펴보자.

무위험자산의 종류

재테크에서 위험Risk을 극도로 싫어하는 사람은 주식, 채권, 부동산보다 안전한 예금과 적금을 선호한다. 위험회피도는 타고난 개인의 기질과 금융 이해도에 따라 달라진다. 이것은 기업도 마찬가지다. KCC나 조광피혁처럼 여유자금을 대부분 상장주식에 투자하는 기업도 있고 경방이 그렇듯 투자 부동산에 집중하는 기업도 있다. 아니면 강원랜드 같이 1조 5,000억 원 이상의 여유자금을 예금과 적금으로 보유하는 기업도 있다. 이렇게 기업의 재무제표를 보면 투자 성향까지 파악할 수 있다.

무위험자산은 현금및현금성자산, 단기금융상품, 장기금융상품이다.

현금및현금성자산의 쓰임새

예금이나 적금에 가입할 때 우리는 일단 위험이 낮다고 판단한다. 완벽한 무위험자산이라고 보기는 어렵지만 예금자보호법에 따라 5,000만 원까지 보호를 받고 은행이 망하지 않는 이상 만기에 원금과 이자를 수령할 것으로 기대한다. 기업 역시 같은 생각으로 예금이나 적금에 가입하는데 자금이 갑자기 필요한 경우도 있고 한동안 필요치 않을 수도 있으니 만기는 그에 따라 결정한다.

3개월 이내에 수시로 입출금이 가능한 자유예금이나 CMA^{Cash Management Account}, MMF^{Money Market Fund} 등에 가입할 경우 이는 현금및현금성자산으로 처리한다. 현금및현금성자산은 말 그대로 현금^{Cash} 또는 현금 성격을 띠는 모든 것을 말하는데, 요즘에는 기업이 대부분 현금및현금성자산으로 자유예금이나 당좌예금을 보유한다. 금융이 나날이 발전하다 보니 옛날처럼 일정 현금을 금고에 보관하거나 우편환, 양도성예금증서^{CD}처럼 특이한 현금성자산을 보유하는 경우는 별로 없다.

회사의 영업활동이 정상적으로 돌아가면, 즉 제품을 판매해서 들어오는 대금으로 사업을 운영하는 게 충분히 가능하면 딱히 보유한 현금및현금성자산에 손을 댈 이유는 없다. 반대로 영업활동이 정상적으로 돌아가지 않을 경우, 다시 말해 제품을 생산해 판매하느라 발생하는 비용이 제품을 판매해서 들어온 돈보다 더 많이 들 경우 회사는 각종 경비와 인건비, 재료비 등을 지불하기 위해 보유한 현금및현금성자산에 손을 댄다.

개인의 경제활동에 대입해보면 이는 당연한 얘기다. 소득이 생활비보다 많고 소득 내에서 생활비를 쓰고도 돈이 남으면 예금은 계속 증가한다. 반대로 소득이 없거나 생활비보다 덜 벌 경우 부족한 돈을 예금에서 꺼내 쓸 수밖에 없다. 그런 생활이 지속되면 언젠가 예금이 바닥을 드러내면서 빚으로 살아야 할지도 모른다.

그러면 돈을 얼마나 벌어야 할까? 개인 입장에서는 벌어들인 소득에서 생활비를 쓰고 수년간 모은 돈으로 집도 사고 차도 사야 한다. 물론 한국은 부동산이 너무 비싸 수년간 소득에서 생활비를 제하고 남는 돈을 열심히 모아도 집을 사기가 어렵다. 이에 따라 먼저 빚으로 집을 산 다음 소득에서 생활비를 쓰고 남는 돈으로 빚을 갚아 나가는 가구가 많은 게 현실이다.

기업도 수익에서 비용을 쓰고 남는 돈으로 사업에 재투자한다. 즉, 공장을 늘리거나 연구개발에 투자한다. 그런데 이를 위해서는 많은 이익을 남겨야 한다. 만약 삼성전자 같이 돈을 잘 버는 기업이 아니라면 개인처럼 차입금으로 투자한 뒤 벌어서 갚아 나가는 방법을 선택한다. 벌어서 갚을 능력이 있으면 차입금을 쓰는 게 반드시 나쁘지는 않다. 특히 금리가 높지 않은 상황에서는 이자비용 부담이 낮고 또 이자비용은 세법에서 비용으로 인정하므로 절세 효과도 있다. 여하튼 현금및현금성자산을 비영업자산으로 인정받으려면 수익에서 비용과 재투자를 제하고도 돈이 충분히 남을 만큼 현금흐름이 좋아야 한다.

유명 기업들의 요약현금흐름

다음은 유명 기업들의 요약현금흐름을 정리한 것이다. 앞서 금호타이어 사례에서 살펴본 내용과 똑같다. 현금흐름 관련 내용은 'Point 4. 돈을 충분히 벌고 있는가(현금흐름표 분석)'에서 다시 다룰 예정이니 여기서는 가볍게 흐름만 살펴보자.

기간: 2018년 1월 1일부터 12월 31일까지　　　　　　　　　　　　　　　　(단위: 억 원)

	삼성전자	LG디스플레이	신라젠
영업활동현금흐름	670,319	44,841	-484
유·무형자산 취득	-305,769	-84,228	-3

　　위 표는 2018년 1월 1일부터 12월 31일까지 삼성전자, LG디스플레이, 신라젠의 요약현금흐름을 보여준다. 아직 현금흐름표 보는 법을 공부하지 않았어도 이 표를 보는 게 어렵지 않을 것이다. 기업이 공시하는 재무제표가 분량도 많고 숫자가 커서 그렇지 막상 중요한 것만 뽑아서 보면 누구나 이해가 가능하다. 더구나 우리는 이미 금호타이어 내용을 봤으니 이번에 복습을 해보자.

　　기간은 2018년 1월 1일부터 12월 31일까지로 1년간의 현금흐름을 보여준다. 영업활동현금흐름은 회사의 영업활동과 관련해 '들어온 돈 − 나간 돈'으로 표시한다. 회사가 제품을 판매할 경우 회사에 돈이 들어온다.

　　삼성전자의 주요 제품은 스마트폰, 반도체, 가전제품이고 LG디스플레이는 TFT-LCD 및 OLED 패널이다. 신라젠은 아직 신약 개발 단계라 판매하는 제품이 없기 때문에 들어오는 돈은 거의 없고 나가는 돈만 많다. 이에 따라 영업활동현금흐름에 484억 원 현금유출로 표시했다.

　　여기서 나간 돈은 제품 생산과 판매를 하느라 발생하는 비용을 의미한다. 다시 말해 제품 생산과 판매에서 발생한 재료비, 인건비, 각종 경비가 여기에 해당한다. 당연한 얘기지만 사업을 해서 이윤을 추구하는 회사라면 영업활동현금흐름이 0보다 커야 한다. 즉, 이 숫자가 (+)로 나와야 한다. 이것이 (−)라는 것은 제품을 생산해서 판매하느라 발생하는 비용이 제품 판매로 수금한 돈보다 더 많이 들었다는 뜻이므로 결국 1년 동안 헛농사를 지었다는 이야기다.

물론 신라젠은 아직 수익모델이 없고 영업활동현금흐름을 거의 대부분 개발비로 썼으므로 좀 더 지켜봐야 한다. 지금은 돈을 벌지 못하지만 신약 개발에 성공하고 미래에 상업적으로 성공을 거두면 그때 큰돈을 벌 수도 있다.

각 기업의 구체적 상황

삼성전자는 표에 나온 것처럼 2018년 한 해 동안 영업활동에서 67조 원을 벌었다. 이는 스마트폰, 반도체, 가전제품 등을 팔아 들어온 돈으로 생산에 필요한 재료구입비·인건비·경비 등을 지급하고도 67조 원을 남겼다는 의미다. 회사는 공장 재투자, 각종 특허 취득, 개발비 투입 등 유·무형자산에 30조 원을 썼다. 67조 원을 벌어서 30조 원을 사업에 재투자했으니 37조 원이 남는다. 이 돈으로 삼성전자는 각종 금융자산을 취득하거나 주주에게 배당금을 지급하고 주주가치를 제고하고자 자기주식을 취득할 수 있다.

반면 LG 디스플레이는 한 해 동안 4조 4,000억 원을 벌었으나 유·무형자산 취득에 8조 4,000억 원이 들어갔다. 벌어들인 돈 이상으로 투자가 이뤄진 셈이다. 벌어들인 돈보다 더 많은 돈을 투자에 쓸 경우 회사는 당장 돈이 부족해져 보유한 돈을 꺼내 써야 한다. 그래도 부족하면 은행차입금도 쓴다. 이 회사는 현금및현금성자산을 영업에는 투입하지 않아도 투자활동에는 투입할 수밖에 없다. 한마디로 돈이 쌓이는 기업은 아니다. 2018년 현재 LG디스플레이의 재무상태표에 따르면 보유한 현금및현금성자산과 금융기관 예치금(단기금융상품, 장기금융상품)은 2조 4,000억 원인데 갚아야 하는 차입금과 사채는 8조 5,000억 원이다.

신라젠은 제품 양산 전 개발 단계라 신약 제조를 위해 공장을 대규모로 차릴 필요가 없다. 즉, 투자활동에 딱히 큰돈이 들어가지 않는다. 대신 회사의 연구개발활동에 큰돈을 지출하는데 이를 영업활동으로 분류하기 때문에 투자활동에 숫자가 크게 잡히지 않는다. 이 회사는 보유한 현금및현금성자산을 영업활동에 쓰고 있다고 봐야 한다. 이는 비영업자산이 아닌 영업자산 성격을 띠며 역시 돈이 쌓이는 구조가 아니다. 임상실험에 성공하고 FDA의 판매승인을 받는 때가 언제일지 불확실하지만 그때까지는 계속 돈을 쓰는 구조일 수밖에 없다. 신약 개발 자금을 계속 투자받는 것은 물론 반드시 신약 개발에 성공하고 상업적으로도 대박이 나야 자금 회수가 가능할 것이다.

결국 현금이 비영업자산인 곳은 삼성전자뿐이다. 이 회사는 영업활동에서 (+)현금흐름을 보이고 벌어들인 돈으로 유·무형자산 취득까지 해결하고 있다. LG디스플레이도 영업활동에서 (+)현금흐름을 보이면서 벌어들인 돈으로 운영자금은 충분히 해결하지만 사업에 재투자할 돈이 부족하다. 영업활동에서 번 돈 4조 4,000억 원에 보유한 현금과 차입금까지 더해 4조 원을 더 부담해야 투자활동에 8조 4,000억 원 투입이 가능하다. 신라젠은 영업활동에서 (−)의 현금흐름, 즉 순유출 상태이므로 영업자산이 된다. 쉽게 말해 이 회사는 보유한 돈으로 운영자금을 해결한다.

위 3개 회사 중 삼성전자만 계속 현금이 쌓이고 있다. LG디스플레이는 2019년부터 큰돈을 벌어야 현금흐름에 숨통이 트인다. 신라젠은 시간이 더 걸릴 테고 불확실성도 있지만 결국 신약 개발에 성공하고 판매가 원활하게 이뤄지면 미래에 돈이 쌓일 것이다. 아무튼 현금흐름을 보면 현재까지는 삼성전자만 꾸준히 돈이 쌓이는 구조임을 알 수 있다. 삼성전자는 쌓이는 현금을 무위험자산 성격인 현금및현금성자산, 단기금융상품, 장기금융상품에 투자하고 주식과 채권 등에도 골고루 분산투자했다. 이것을 재무상태표와 주석사항에 어떻게 표시했는지 하나씩 살펴보자.

주석사항에서 세부 내용 확인하기

재무제표 어디에서 찾을 것인가

개념을 이해해도 막상 재무상태표에서 찾으려면 눈에 잘 들어오는 기업도 있고 그렇지 않은 기업도 있다.

게보린으로 유명한 기업 삼진제약의 재무상태표를 보면 굵은 선으로 표시한 부분처럼 현금및현금성자산, 단기금융상품, 장기금융상품이 한눈에 들어온다. 일단 계정과목명을 확인하고 숫자 3개를 더하면 된다. 삼진제약은 자유롭게 입출금이 가능한 예금으로 306억 원, 1년 이내에 만기가 도래

하는 예금·적금인 단기금융상품에 46억 원, 만기가 1년이 넘어가는 장기금
융상품에 45억 원을 예치하고 있다. 이 숫자 3개를 합치면 보유한 예금·적
금이 397억 원이다.

◆ **삼진제약 2018년 재무상태표**

(단위: 원)

	제 51 기	제 50 기	제 49 기
자산			
Ⅰ.유동자산	163,511,008,888	157,270,717,246	145,839,148,696
(1)현금및현금성자산	30,699,756,378	21,914,820,466	11,910,000,616
(2)단기금융상품	4,655,000,000	6,500,000,000	7,120,000,000
(3)매출채권 및 기타유동채권	64,200,630,432	76,498,550,424	83,784,223,497
(4)재고자산	61,723,910,130	51,436,534,213	42,312,375,923
(5)기타유동자산	2,231,711,948	920,812,143	712,548,660
Ⅱ.비유동자산	86,760,894,455	84,576,694,373	81,733,758,002
(1)장기금융상품	4,594,000,000	4,356,174,095	3,960,500,000

앞서 말했듯 계정과목이 반드시 단기금융상품, 장기금융상품으로 일원
화된 것은 아니다. 사실은 기업마다 천차만별이다. LG디스플레이를 비롯한
일부 기업은 '금융기관예치금'이라는 계정과목을 쓰고, 빙그레를 포함한 또
다른 기업은 '단기금융자산'이라는 명칭을 쓴다. 아무튼 이 계정과목이 의미
하는 바가 예금·적금이라는 것은 주석사항에서 확인이 가능하다.

◆ **빙그레 2018년 연결재무상태표**

(단위: 원)

	제 53 기	제 52 기	제 51 기
자산			
유동자산	385,844,008,835	362,178,312,852	346,249,737,846
현금및현금성자산	32,463,618,172	22,970,169,432	21,131,680,645
단기금융자산	236,879,279,175	203,489,256,205	195,568,553,684

빙그레의 재무상태표(51쪽)를 보면 현금및현금성자산으로 324억 원을 보유하고 있음을 확인할 수 있다. 그런데 그 아래에 있는 단기금융자산 2,368억 원은 재무상태표만 봐서는 내용을 알기 어렵다. 어떤 회사의 단기금융자산은 주식, 채권이고 또 어떤 회사는 예금·적금이다. 기업마다 분류 방법이 다르므로 반드시 관련 주석사항을 찾아봐야 한다.

◆ 빙그레 2018년 연결재무제표 주석사항

7. 단기금융자산
당기말과 전기말 현재 단기금융자산의 내역은 다음과 같습니다.

(단위: 백만원)

구 분	당 기	전 기
단기금융상품(*)	236,879	203,489

(*) 중소기업은행의 단기금융상품 5,000백만원은 동반성장 협력대출 예탁금과 관련하여 사용이 제한되어 있습니다.

빙그레의 단기금융자산이 의미하는 바는 전액 단기금융상품이다. 그렇다면 그냥 연결재무상태표에 단기금융상품 2,368억 원을 표시하면 그만일 텐데 이 회사는 단기금융자산이라는 계정과목을 썼다. 이것은 빙그레의 회계정책이니 재무제표 정보이용자는 그대로 받아들일 수밖에 없다. 그저 주석사항을 열심히 찾아보며 내용을 정리하는 게 우리가 할 수 있는 최선이다.

동화약품

또 다른 사례를 살펴보자.

◆ **동화약품 2018년 연결재무상태표**

(단위: 원)

	제 90 기	제 89 기	제 88 기
자산			
유동자산	227,887,463,293	234,500,029,735	151,491,847,872
현금및현금성자산	40,614,514,850	31,588,170,227	35,730,376,719
기타유동금융자산	63,444,816,506	98,442,201,326	31,176,260,526
매출채권 및 기타채권	79,057,837,892	66,444,843,150	57,670,873,952
재고자산	43,717,602,702	36,606,243,054	26,577,326,534
기타유동자산	1,052,691,343	1,418,571,978	337,010,141
비유동자산	142,711,779,500	132,725,103,693	173,112,688,778
매도가능금융자산	13,740,748,230	9,219,019,530	6,893,292,430
지분법적용 투자주식	9,886,571,567	9,609,969,223	8,437,279,616
기타비유동금융자산	12,872,437,777	3,128,916,860	6,068,537,893

업력 90년을 자랑하며 독립운동 자금까지 지원한 것으로 알려진 민족 기업 동화약품의 연결재무상태표를 보면 현금및현금성자산 406억 원만 보인다. 유동자산에서 현금및현금성자산 말고는 딱히 눈에 띄는 게 없다.

과연 동화약품은 이 돈만 보유하고 있는 걸까? 동화약품은 후시딘, 까스

활명수, 판콜 등 수많은 스테디셀러로 오랫동안 안정적인 이익 창출을 해온 터라 재무구조가 아주 좋다. 하지만 이 표만 놓고 보면 파악이 쉽지 않다. 현금및현금성자산 밑에 기타유동금융자산 634억 원이 보이고 비유동자산에도 기타비유동금융자산 128억 원이 있다. 이 기타금융자산은 무엇일까?

'기타'의 사전적 의미는 그 밖에 또 다른 것을 의미한다. 아마도 금융자산과 관련된 것을 합쳐서 모아놓았을 가능성이 크다. 흥미롭게도 국제회계기준을 도입하고 재무상태표가 짧아지면서 계정과목에 '기타'가 많이 붙고 있다. 회사의 재무상태표가 말하는 기타의 내용을 자세히 알려면 결국 주석사항을 살펴봐야 한다. 이 회사의 연결재무제표에 관한 주석사항을 찾아보면 다음과 같이 나와 있다.

◆ **동화약품 2018년 연결재무제표 주석사항**

7. 기타금융자산
(1) 당기말과 전기말 현재 기타금융자산의 내역은 다음과 같습니다.

(단위:천원)

구 분	당기말	전기말
유동:		
단기금융상품	54,920,000	95,020,000
당기손익인식금융자산	8,132,421	3,003,262
단기대여금	200,883	894,554
대손충당금	(185,883)	(824,554)
미수수익	377,396	348,939
소 계	63,444,817	98,442,201
비유동:		
장기금융상품	11,755,521	2,012,000
보증금	1,116,917	1,116,917
소 계	12,872,438	3,128,917
합 계	76,317,255	101,571,118

연결재무상태표의 기타유동금융자산 634억 원 중 549억 원은 단기금융상품이고, 기타비유동금융자산 128억 원 중 117억 원은 장기금융상품이다. 회사는 연결재무상태표에 단기금융상품, 장기금융상품을 표시하지 않고 이렇게 기타금융자산에 포함했다. 이처럼 연결재무상태표에 보이지 않던 숫자를 주석사항에서 확인할 수 있다. 여기서 한 가지 주의할 사항은 회사마다 기타금융자산에 포함하는 계정과목이 서로 다를 수 있다는 점이다.

동화약품은 예금·적금 성격인 장·단기금융상품이 대부분을 차지하고 채권투자 성격인 당기손익인식금융자산 그리고 금융과 관련이 없어 보이는 대여금, 미수수익, 보증금까지도 금융자산으로 분류했다. 주로 최대주주나 계열사 등 특수관계자에게 자금을 대여해서 발생하는 대여금, 임직원 사택과 사무실의 전·월세 임차보증금까지도 회사는 금융자산으로 보는 셈이다. 금융자산 성격이 아닌 듯 보이지만 각 회사의 회계정책을 자유롭게 정하도록 하는 국제회계기준 특성을 고려하면 별 문제는 없다. 다만 우리는 회사마다 기타금융자산에 포함하는 계정과목이 서로 다르기도 하며 모두 금융성격이 아닐 수 있음을 기억해야 한다.

신세계와 KCC

백화점 기업 신세계의 연결재무제표 주석사항(56쪽)을 찾아보면 기타금융자산만 4,434억 원인데 이 중 4,023억 원은 임차보증금이고 8억 원은 대여금, 나머지 403억 원만 금융투자 관련 부분이다. 임차보증금은 회사의

8. 기타금융자산

(1) 당기말 및 전기말 현재 기타금융자산의 내역은 다음과 같습니다.

(단위: 백만원)

구 분	당기말		전기말	
	유동	비유동	유동	비유동
단기금융상품	36,301	–	30,000	–
전환상환우선주(주1)	–	837	–	677
장기금융상품	–	3,035	–	2,345
대여금	782	66	458	56
임차보증금	5,517	396,842	171,680	148,100
합 계	42,600	400,780	202,138	151,178

(주1) 당기말 현재 연결실체는 상기 전환상환우선주와 관련하여 피투자회사의 현금및현금
성자산에 질권을 설정하였습니다.

백화점 건물 임차 관련 보증금으로 보이며 이는 성격상 영업용 자산이다. 기타금융자산에서 4,434억 원 중 금융 관련 자산은 403억 원에 불과할 정도로 금액이 매우 적다.

건축 내외장재 전문기업 KCC의 2018년 연결재무상태표를 보면 기타금융자산이 유동자산과 비유동자산에 각각 10억 원, 2조 6,644억 원이 있다. 기타금융자산이 KCC의 총 자산총계 8조 9,654억 원에서 30%나 차지할 정도로 숫자가 크다. 이 기타금융자산 내용도 연결재무제표 주석사항에서 확인해보자.

◆ KCC 2018년 연결재무제표 주석사항

(단위: 천 원)

구 분	당기말		
	유동성	비유동성	합 계
〈기타금융자산〉			
당기손익-공정가치측정금융자산	-	2,647,083,310	2,647,083,310
국공채	976,631	7,226,939	8,203,570
파생상품자산	123,360	10,154,019	10,277,379
소 계	1,099,991	2,664,464,268	2,665,564,259

이 회사는 전액 금융과 관련된 자산만 기타금융자산으로 분류했다. 그러나 계정과목은 동화약품과 달리 예금·적금 성격의 장·단기금융상품은 아예 없고 뒤의 '위험자산'에서 설명하는 주식, 채권 성격과 파생상품만 모아 기타금융자산으로 분류했다. 또한 신세계처럼 영업자산 성격인 보증금 같은 계정과목이 없다.

이제 기타금융자산이 전부 금융기관에 예치하거나 금융기관을 통해 투자한 자산이 아님을 알았을 것이다. 또한 우리는 회사의 단기금융상품, 장기금융상품은 재무상태표에서 확인이 가능한 경우도 있고 기타금융자산처럼 묶여 있는 경우도 있음을 확인했다. 이처럼 재무상태표와 계정 분류는 기업이 통일해서 쓰는 게 아니다. 결국 재무제표 정보이용자가 주석사항을 일일이 찾아보며 확인하는 것 외에는 뾰족한 방법이 없다. 이 결론은 앞으로 나오는 모든 계정과목에도 동일하게 적용된다.

비영업자산 중
위험자산을 확인하라

무위험자산은 은행에서 취득하고, 위험자산은 증권사에서 취득한다고 표현해도 될 법하다. 기업에서 재테크를 위해 투자하는 위험자산은 대부분 채권, 주식, 간접상품이다. 채권과 주식에 직접 투자하는 기업도 있고 증권사에서 판매하는 간접상품을 취득하는 기업도 있다. 채권과 주식 그리고 그것으로 운용하는 간접상품 모두 원금이 보장되지 않는 위험자산이다. 기업은 본연의 사업에 충실해야 하므로 위험한 파생상품에 적극 투자하는 일은 드물며 채권과 주식을 빈번하게 트레이딩하는 것도 현실적으로 불가능하다. 따라서 보통 한 번 매수하면 오래 보유하는 편이다.

위험자산의 종류

위험자산은 채권과 주식이 대표적인데 이것을 재무상태표에 분류하는 방식이 생각보다 복잡하다. 계정과목명도 너무 길어서 재무상태표를 보다가 그냥 넘길 수도 있지만 어떤 기업은 현금, 예금 등 금융상품보다 채권이나 주식 같은 금융자산을 더 많이 보유하고 있으므로 반드시 살펴봐야 한다. 여기서는 정보이용자가 이해하기 쉽도록 위험자산에 금융자산시리즈라는 이름을 붙였다. '시리즈'라고 표현한 이유는 계정과목명이 길고 분류 방식이 여러 가지라 어려운 까닭에 쉽게 이해하도록 하기 위해서다. 일단 재무상태표에 '금융자산'이라는 계정과목이 나오면 정보이용자는 이 회사가 채권이나 주식을 보유했을 것이라고 판단해도 좋다.

채권, 주식 분류를 정리하면 다음 그림과 같다.

◆ **채권, 주식 분류**

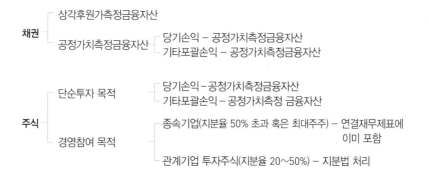

보다시피 계정과목명이 복잡하고 엄청나게 길다. 회사 재무상태표나 주석사항에서 이 같은 계정과목명이 보이면 채권, 주식 또는 그것으로 운용하는 간접상품이라고 봐도 무방하다. 그럼 비교적 간단한 채권부터 하나씩 살펴보자.

채권(채무증권)

회사가 보유한 채권에는 국채, 지방채, 특수채, 회사채 등이 있다. 이는 재테크를 위해 여유자금으로 구입하기도 하고 자산 구입이나 입찰 등에 참여할 때 매입하는 경우도 있다. 채권은 기본적으로 이표(이자지급교부표)와 원금으로 이뤄져 있다. 만약 지금 채권을 매입하면 일정 시점마다 이자를 받고 만기에 원금을 돌려받는다. 이 목적으로 채권을 보유할 경우 회사는 이것을 상각후원가측정금융자산으로 분류한다. 만기 원리금 수취 목적이 아니라 중도에 매각할 의도가 있으면 공정가치측정금융자산으로 분류한다.

채권도 주식처럼 자본 시장에서 형성된 가격으로 거래할 수 있으니 만기까지 기다리지 않고 중도 매각이 가능하다. 단, 국제회계기준에서는 채권의 공정가치 측정에 따라 발생하는 평가손익을 손익으로 인식할지 말지 회사가 결정하도록 했다. 이에 따라 명칭도 당기손익-공정가치측정금융자산, 기타포괄손익-공정가치측정금융자산으로 나뉜다. 시세가 오르거나 채권 값이 떨어질 경우 그 차이를 당기손익 혹은 기타포괄손익(자본)에 반영할 수 있다. 시세차익이 많을 때는 당기손익에 반영하는 것이 좋고 손실을 많이 볼 때는 아무래도 기타포괄손익에 반영하는 게 낫다.

그렇다고 회사가 매년 계정과목을 바꿀 수는 없으며 일관성 있게 하나의 방법으로 정해야 한다. 여러 기업의 재무제표를 보면 분류 방식이 서로 제각각인데 아마도 기업은 자사의 상황에 맞게 신중하게 결정했을 것이다. 예를 들어 삼성전자는 채권 2조 3,000억 원 이상을 모두 당기손익-공정가치측정금융자산으로 분류했고 엔씨소프트는 1,600억 원어치 채권을 상각후원가측정금융자산으로, 5,428억 원어치는 당기손익-공정가치측정금융자산으로 분류했다. 포스코는 보유한 채권을 각각 상각후원가측정, 당기손익-공정가치측정, 기타포괄손익-공정가치측정 금융자산으로 골고루 처리했다.

이는 회사마다 투자한 채권의 성격과 보유 목적이 서로 달라서 벌어지는 일이다. 회계 정보이용자는 이런 분류법에 크게 신경 쓰지 않는 것이 좋다. 어차피 채권은 비영업자산이므로 회사가 어떻게 분류하든, 평가손익을 어떻게 인식하든 상관없다. 이것은 회사의 펀더멘털과도 관계가 없으므로 오로지 시세를 반영한 회사의 비영업자산 규모가 어느 정도인지만 알면 그만이다. 채권 만기로 원금을 돌려받든 중도에 매도해 현금화하든 재무상태표에 표시한 금액 이상으로 현금화할 것이므로 우리는 자산가치에만 집중하면 된다. 즉, 회사가 채권을 얼마나 보유했는가만 보면 된다는 얘기다.

주식(지분증권) – 단순투자 목적

주식은 분류 방법이 채권보다 복잡하다. 일단 기업이 주식을 매수하는 목적은 크게 단순투자와 경영참여로 나눌 수 있다. 먼저 단순투자 목적부터 확인해보자. 회사는 경영참여 목적으로 계열사나 종속기업(자회사) 주식을 취득하는 게 아니라 단순투자 목적으로 삼성전자 같은 상장기업 주식이나 JTBC 등의 비상장주식을 취득하기도 한다.

상장주식은 주식시장에서 매일 거래가 이뤄지므로 언제든 가격을 확인할 수 있다. 비상장주식은 거래가 활성화하지 않아 비상장주식을 보유한 기업은 결산기에 주식가치를 평가받는다. 예를 들어 A회사가 삼성전자 주식을 보유했다면 주식시세판을 보며 회사의 보유자산 가치가 얼마인지 즉시 평가가 가능하다. 그런데 B회사가 비상장기업 JTBC 주식을 취득한 경우에는 시장가치가 없어서 가격 측정이 쉽지 않다. 이때 B회사는 회계법인에 의뢰해 비상장주식 가치 평가를 받아 재무제표에 반영한다.

기업은 보유한 주식을 빈번하게 매수하거나 매도하지 않고 대부분 오랜 기간 보유한다. 결산기말마다 변동이 일어난 보유 주식의 공정가치에 걸맞게 재무제표에 반영하는데 회사는 채권과 마찬가지로 이 평가손익 부분을 어떻게 반영할지 결정한다. 앞서 나온 채권, 주식 분류에서처럼 당기손익–공정가치측정금융자산 또는 기타포괄손익–공정가치측정금융자산 중 하나를 택해 재무상태표에 표시한다. 즉, 채권과 마찬가지로 시세차익을 당기손익에 반영할지 자본(기타포괄손익)에 포함할지 결정한다.

주식을 많이 보유한 기업 입장에서는 의사결정이 쉽지 않다. 주가 상승기에는 큰 이익을 당기손익에 넣어야 기업가치에 좋은 영향을 줄 듯하고, 주가 폭락기에는 큰 손실을 손익이 아닌 자본(기타포괄손익)에만 반영하는 게 나아 보인다. 그렇다고 매년 왔다 갔다 할 수는 없고 일관성 있게 하나의 방법만 적용해야 한다.

주식도 채권과 마찬가지로 비영업자산이라 여기서 발생한 손익이 기업의 펀더멘털에 영향을 주지 않으므로 재무제표 정보이용자는 회사 평가 방법을 깊이 고민할 필요가 없다.

KCC

앞서 이야기한 KCC 사례(56쪽)를 다시 살펴보자. KCC는 주식과 채권, 파생상품을 2조 6,655억 원어치 보유했고 이것을 기타금융자산으로 분류했다. 총자산 약 9조 원 대비 30%가 타회사 상장주식일 정도로 이 기업은 여유자금을 주식 운용에 투입했다. 그런데 안타깝게도 2018년 하반기에 국내 주식시장이 좋지 않았다. 2018년 시작과 함께 2,607포인트를 찍던 코스피는 2018년 10월 2,000포인트가 깨졌다. 2018년 마지막 장을 2,041포인트로 끝내는 바람에 KCC를 포함해 주식을 많이 보유한 투자자는 손실이 컸다. 주식을 보유한 투자자마다 이러한 평가손실을 바라보는 시각은 저마다 다를 것이다. 그해 손실로 판단하는 투자자도 있을 테고 처분할 때까지는 미실현손실이므로 크게 개의치 않는 투자자도 있을 터다.

기업 역시 판단이 다르다. 당기손익에 반영하는 기업도 있고 기타포괄

◆ KCC 2018년 연결손익계산서

(단위: 원)

	제 61 기	제 60 기	제 59 기
매출액	3,782,162,955,964	3,863,990,044,651	3,490,487,870,757
매출원가	2,936,557,694,914	2,939,064,835,947	2,561,388,413,991
매출총이익	845,605,261,050	924,925,208,704	929,099,456,766
판매비와관리비	602,080,896,474	595,090,237,504	602,516,355,165
영업이익	243,524,364,576	329,834,971,200	326,583,101,601
지분법손익	16,631,711,225	(9,636,873,104)	13,992,513,378
순금융손익	(251,362,339,604)	(142,645,394,179)	(9,708,582,119)
금융수익	317,187,413,021	290,676,824,164	91,641,315,651
금융원가	(568,549,752,625)	(433,322,218,343)	(101,349,897,770)
기타영업외손익	(21,088,152,485)	(83,689,300,228)	(98,876,908,280)
기타이익	36,879,621,873	39,700,520,552	24,563,905,405
기타손실	(57,967,774,358)	(123,389,820,780)	(123,440,813,685)
법인세비용차감전이익	(12,294,416,288)	93,863,403,689	231,990,124,580
법인세비용	10,809,137,076	51,563,770,123	79,028,250,917
당기순이익(손실)	(23,103,553,364)	42,299,633,566	152,961,873,663

손익에 반영하는 기업도 있는데 KCC는 당기손익에 반영했다.

KCC의 2018년 손익계산서를 보면 당기순손실을 기록했다. 회사는 건축 내·외장재 사업으로 영업이익 2,435억 원을 달성했으나 보유한 주식에서 평가손실이 크게 발생해 순손실을 냈다. 금융원가라고 표시한 부분을 주석사항에서 찾아보면 당기손실-공정가치측정금융자산평가손실이 4,462억 원에 달한다. 금융자산 관련 회계 처리를 잘 모르는 사람은 손익계산서만 보고이 회사가 차입금이 많아 이자비용이 큰 것으로 착각할 수 있지만 사실은 보유 주식의 평가손실이 금융원가의 대부분을 차지했다.

회사가 당기순손실을 냈어도 사업적 문제가 아니라 비영업자산에서발생한 부분이라 주식시장에서 KCC의 주가는 급락하지 않았다. 비록 영업이익이 줄긴 했지만 재무구조가 견실하고 보유 주식을 당장 매각해 손실을 확정지을 것도 아니며 계속 보유하다 보면 다시 평가이익이 나올 수도 있기 때문에 사실 오랜 기간 주식을 보유하는 회사 입장에서는 괘념치 않을 수 있다.

조광피혁

이제 KCC만큼 총자산 중 상장기업 주식 비중이 높은 조광피혁의 재무상태표를 살펴보자.

◆ 조광피혁 2018년 재무상태표

(단위: 원)

	제 53 기	제 52 기	제 51 기
자산			
자산총계	250,578,186,641	244,713,604,081	226,636,414,657
유동자산	82,401,305,446	83,713,895,299	102,077,050,249
현금및현금성자산	18,987,613,032	15,893,857,529	21,127,395,189
매출채권 및 기타유동채권	21,611,836,984	18,557,270,536	25,712,960,705
기타유동금융자산	2,940,030,127	27,226,201	26,738,463
재고자산	38,617,078,182	48,950,669,100	54,901,443,779
기타유동자산	244,747,121	284,871,933	308,512,113
비유동자산	168,176,881,195	160,999,708,782	124,559,364,408
기타포괄손익-공정가치금융자산	121,451,091,901		

조광피혁은 전체 자산총계 2,505억 원 중 기타포괄손익-공정가치금융자산만 1,214억 원에 달한다. 관련 주석사항을 찾아보면 전액 주식으로 구성되어 있고 그것도 대부분 상장주식이다. 앞서 살펴본 KCC는 재무상태표에 기타금융자산으로 표시했고 주석사항에서 이것이 주식, 채권 등으로

구성되어 있음을 확인했는데 조광피혁은 재무상태표에서 기타포괄손익-공정가치금융자산이라는 계정과목을 썼다.

기타포괄손익-공정가치금융자산 관련 주석사항을 찾아보면 조광피혁은 워런 버핏이 최대주주인 버크셔 해서웨이와 애플 같은 미국 주식과 포스코, 광주신세계 등 국내 주식을 두루 보유하고 있음을 알 수 있다. 2018년 주가 급락이 있었지만 회사는 큰 피해 없이 넘어갔다. 그런데 이 회사는 KCC와 다른 방식으로 평가손실을 반영했다. 계정과목명 기타포괄손익-공정가치금융자산답게 평가손실도 기타포괄손익(자본)에 반영한 것이다. 즉, 이 회사는 당기순이익을 건드리지 않았다.

조광피혁의 손익계산서를 보면 금융원가 숫자가 매우 작다. 관련 주석

◆ **조광피혁 2018년 손익계산서** (단위: 원)

영업이익(손실)	14,977,804,929	24,558,859,589	26,479,429,796
기타이익	2,626,131,689	2,818,255,193	3,122,030,616
기타손실	565,689,842	1,267,799,473	1,115,504,827
금융수익	967,299,903	3,692,088,002	820,156,977
금융원가	5,502,952	502,167,144	308,226,465
법인세비용차감전순이익(손실)	18,000,043,727	29,299,236,167	28,997,886,097
법인세비용	4,352,674,502	7,280,222,548	7,061,742,395
당기순이익(손실)	13,647,369,225	22,019,013,619	21,936,143,702
기타포괄손익	(2,158,722,352)	1,947,835,055	6,211,850,436
당기손익으로 재분류될 수 있는 항목(세후기타포괄손익)		1,947,835,055	6,562,559,929
매도가능금융자산평가손익		2,497,224,429	8,413,538,371
법인세효과		(549,389,374)	(1,850,978,442)
당기손익으로 재분류되지 않는 항목(세후기타포괄손익)	(2,158,722,352)		(350,709,493)
확정급여제도의 재측정손익(세후기타포괄손익)			(449,627,555)
기타포괄손익-공정가치금융자산평가손익	(2,767,592,759)		
법인세효과	608,870,407		98,918,062
총포괄손익	11,488,646,873	23,966,848,674	28,147,994,138

사항을 찾아보면 이 회사는 차입금에 따른 이자비용만 금융원가로 분류했다. 앞서 살펴본 KCC처럼 보유한 주식에서 발생한 평가손실을 손익계산서의 금융원가, 즉 비용으로 처리하지 않았다는 얘기다.

조광피혁도 KCC처럼 연말에 보유한 주식에서 평가손실이 발생했다. 미국주식 투자 비중이 높아 KCC만큼 평가손실이 크지는 않지만 그래도 수십억 원에 이른다. 그 부분은 어디에 반영했을까?

손익계산서를 보면 당기순이익(손실) 아래 기타포괄손익이 있다. 이 부분은 회사의 실현손익이 아닌 미실현손익 발생분만 모아 표시한 곳이다. 이것은 정보이용자에게 당기순이익에 영향을 주지 않는 미실현손익이 있음을 보여준다. 조광피혁의 기타포괄손익은 대부분 표에서 보는 것처럼 기타포괄손익-공정가치금융자산평가손익으로 표시한다. 이는 회사가 보유한 주식에서 발생한 2018년 평가손실 부분이다. 이 평가손익 누적치는 재무상태표 자본에 집계한다.

만약 조광피혁이 KCC처럼 주식 평가손익을 당기손익으로 분류했어도 회사의 내재가치에 큰 영향을 주지는 않았을 것이다. 비영업자산에서 평가손실이 발생한 것일 뿐 회사 사업에서 큰 손실이 생긴 게 아니기 때문이다.

여기서 기업분석은 사업에서 어떤 방법으로 어느 정도 이익을 내고 현금흐름을 창출하는지, 얼마나 많은 순비영업자산 또는 순차입금을 보유하고 있는지로 나눠서 이뤄진다. 한마디로 기업의 수익가치와 자산가치에 초점을 둔다. 기업이 보유한 주식과 채권의 평가손익 부분을 당기손익에 반영하든, 기타포괄손익에 반영하든 그것은 크게 중요하지 않다. 중요한 것은 기말 현재 공정가치로 평가한 주식과 채권의 잔액이므로 이 금액만 확인하면 된다.

종속기업과 관계기업

종속기업 – 경영참여 목적

기업이 다른 회사의 주식을 많이 보유한 경우도 있다. 그 목적은 아예 회사를 지배하거나 계열사로 보유하는 데 있다. 이는 미묘한 차이지만 재무제표 표시에는 중요한 영향을 준다.

CJ와 CJ대한통운

흔히 '모회사가 자회사를 지배한다'는 표현을 쓰는데 정확히 말하자면 '지배기업이 종속기업을 지배한다'고 해야 한다. 예를 들어 CJ는 CJ대한통운 지분을 50.46% 보유하고 있다. 이 경우 CJ대한통운이 발행한 주식의 50%를 초과 보유한 CJ가 실질적으로 지배한다고 볼 수 있다. 한마디로 CJ는 지배기업, CJ대한통운은 종속기업이다.

사실상 둘은 하나의 회사로 보며 CJ는 재무제표를 작성할 때 CJ대한통운과 합쳐서 만든다. 이를 '연결재무제표'라고 한다. CJ가 CJ대한통운 주식을 얼마나 보유하고 있는지는 재무제표에 나타나지 않는다. 두 회사의 자산, 부채, 손익을 합쳐 연결재무제표를 만들기 때문이다. 연결재무제표가 주재무제표이므로 우리는 CJ의 자산, 부채 등은 CJ대한통운의 숫자와 합쳤다고 인식해야 한다.

CJ와 CJ대한통운을 하나의 회사로 간주하긴 하지만 이는 CJ 입장에서 경제적으로 하나라는 의미며, 법적으로는 당연히 별개의 회사다. CJ대한통운은 CJ의 지배를 받고 있으나 법적으로는 하나의 독립 회사이므로 스스로 재무제표를 만든다.

이러한 기업 지배는 지분율이 50% 미만이어도 가능하다.

◆ **CJ 2018년 연결재무제표 주석사항**

1.2 종속기업의 현황

회 사 명	소재지	당기말 의결권 지분율(%)
씨제이제일제당(주)(*1)	대한민국	45.64
씨제이브리딩(주)	대한민국	94.88
씨제이헬스케어(주)	대한민국	-
씨제이프레시웨이(주)(*1)	대한민국	47.11
(주)프레시원미트(구, (주)프레시원인천)	대한민국	100.00

위 표는 CJ의 연결재무제표 주석사항 중 종속기업 현황을 보여준다. CJ는 상장한 씨제이제일제당㈜ 주식을 45.64% 보유하고 있고 씨제이프레시웨이㈜ 주식도 47.11% 보유하고 있다. 모두 50%가 넘지 않지만 CJ는 이

들 기업도 종속기업으로 분류했다. 2대주주 밑으로 주식이 분산되어 있어서 지분율이 50%가 넘지 않아도 실질적으로 지배한다고 보는 것이다. 씨제이제일제당, 씨제이프레시웨이는 각각 독립 기업으로 각자 재무제표를 만든다. CJ는 이들도 하나의 회사로 보기 때문에 자산, 부채 등을 합쳐 연결재무제표를 만든다.

요약하면 지분율이 50%를 초과하거나 50%가 넘지 않아도 실질적으로 지배할 경우 지배기업이 종속기업의 재무제표와 합쳐서 연결재무제표를 만들기 때문에 종속기업에 해당하는 주식가치는 재무제표에 표시하지 않는다.

관계기업 – 경영참여 목적

SK텔레콤과 SK하이닉스

SK텔레콤은 SK하이닉스의 주식 20.1%를 보유하고 있지만 지분율이 50%를 넘지 않는다. 이에 따라 SK텔레콤은 SK하이닉스의 인사권, 이사회 결의 등에서는 영향력 행사가 가능해도 완전히 지배하지는 못한다. SK하이닉스 주주총회에서 SK텔레콤이 특정 안건에 찬성해도 국민연금과 여러 운용사의 주주들이 반대하면 무산될 수 있다. 이렇게 지배 – 종속 관계가 아니라 단순히 계열사로 분류할 때 회사는 관계기업 주식으로 처리한다.

SK텔레콤의 연결재무제표에서 SK하이닉스의 주식가치는 'SK하이닉스 주식 취득액＋SK하이닉스의 실적과 자본 변동×지분율'만큼 반영한다. 2018년 말 현재 SK텔레콤은 SK하이닉스의 주식을 재무제표에 약 11조 원으로 표시했다. 11조 원의 계산 근거는 SK텔레콤이 SK하이닉스 주식을 취득할 때 지불한 금액 3조 4,000억 원에 그동안 SK하이닉스에서 발생한 이익과 자본 변동 금액의 20.1%만큼 가산한 수치다. 즉, SK하이닉스의 20.1%는 SK텔레콤 소유라는 논리로 회계처리한다. 그리고 SK텔레콤은 매년 SK하이닉스가 벌어들인 이익의 20.1%를 관계기업투자이익으로 손익에 반영한다.

이는 회계가 그렇다는 얘기고 재무제표 정보이용자 입장에서는 좀 더 간단하게 생각할 수 있다. SK하이닉스의 시가총액이 44조 원이면 이 중 20.1%는 SK텔레콤이 보유한 부분이므로 SK텔레콤의 관계기업 주식가치를 약 8조 8,000억 원으로 보는 식이다. 이 정보는 연결재무제표 주석사항에도 표시한다.

◆ SK텔레콤 2018년 연결재무제표 주석사항

(2) 당기말과 전기말 현재 시장성 있는 관계기업투자의 시장가격은 다음과 같습니다.

(단위: 주, 백만원)

관계기업명	당기말			전기말		
	주당공정가치	주식수	시장가격	주당공정가치	주식수	시장가격
(주)나노엔텍	4,235원	7,600,649	32,189	5,950원	6,960,445	41,415
에스케이하이닉스(주)	60,500원	146,100,000	8,839,050	76,500원	146,100,000	11,176,650
(주)에스엠컬처앤콘텐츠	2,020원	22,033,898	44,508	2,700원	22,033,898	59,492

단, 비상장기업 주식을 보유한 경우 시가 정보가 없으므로 연결재무제표에 있는 관계기업 주식 금액만큼의 가치를 보유했다고 봐야 한다. SK텔

레콤은 비상장 관계기업으로 하나카드㈜의 지분 15%를 보유하고 있다. 하나카드㈜는 비상장기업으로 시가 정보가 없다. SK텔레콤은 연결재무제표에 하나카드 관계기업 주식가치를 2,884억 원으로 표시했다. 그 계산 근거는 앞서 말한 대로 '하나카드 주식 취득액＋하나카드의 실적과 자본 변동×지분율' 방식에 있다.

관계기업 주식도 회사가 보유한 비영업자산의 일부이므로 계열사를 많이 보유한 회사라면 관련 재무제표 주석사항을 반드시 살펴보기 바란다.

비영업자산 중
유형자산과 투자부동산을 확인하라

기업이 부동산을 취득하는 이유는 크게 2가지, 즉 사업에 쓰거나 투자 목적
으로 보유하기 위해서다. 제조업에 속하는 기업은 제품을 생산해야 하므로
공장을 갖추고 있어야 한다. 물론 전량 외주 생산할 경우에는 공장이 없어도
상관없다. 본사 사옥은 있어도 그만, 없어도 그만이다. 있는 게 좋긴 하지만
없어도 오피스 빌딩을 임차하면 되므로 필수요소는 아니다.

영업활동에 필요한 공장, 본사 사옥은 유형자산으로 분류한다. 유형자
산은 대표적인 영업자산으로 제조업의 재무제표에서 큰 수치로 자리 잡고
있다.

포스코

◆ 포스코 2018년 연결재무상태표

(단위: 원)

	제 51 기	제 50 기	제 49 기
(5)투자부동산	928,614,810,815	1,064,914,478,074	1,117,720,389,187
(6)유형자산	30,018,272,832,167	31,883,534,694,593	33,770,338,870,920
(7)영업권 및 기타무형자산	5,170,825,270,969	5,952,268,760,816	6,088,728,964,307
(8)순확정급여자산	1,488,545,949	8,224,146,274	83,701,679,125
(9)이연법인세자산	1,381,030,905,068	1,419,226,083,659	1,476,872,719,536
(10)기타비유동자산	508,764,339,521	489,010,929,303	567,681,023,104
자산총계	78,248,265,216,732	79,024,959,079,531	79,762,994,519,614

자산총계 78조 원인 포스코의 2018년 연결재무상태표에서 유형자산은 30조 원에 달한다. 주석사항을 살펴보면 토지와 건물이 6조 9,000억 원이고 기계장치, 구축물 등이 나머지를 차지한다. 철강 생산과 판매를 위해 사옥과 공장을 보유한 포스코는 이를 유형자산으로 분류했다.

그 외에 포스코는 9,286억 원어치의 투자부동산도 보유하고 있다. 투자부동산은 말 그대로 투자 목적으로 취득한 부동산을 의미하며 포스코의 영업활동에는 사용하지 않는다. 포스코는 이것을 임대수익이나 시세차익을 얻을 목적으로 구입했다. 만약 투자부동산이 위치한 지역의 땅값이 오르면 회사는 이를 매각할 수도 있다.

회사는 투자부동산을 1조 818억 원에 취득했고 그동안 1,532억 원을 감가상각해 장부금액, 즉 재무제표에 9,286억 원이 남아 있다. 오래전에 취득해 시간이 많이 흘렀으니 그동안 부동산가격이 많이 올랐을 것이다. 여기

13. 투자부동산

(1) 당기말과 전기말 현재 투자부동산의 내역은 다음과 같습니다.

(단위: 백만원)

구 분	제 51(당) 기			제 50(전) 기		
	취득원가	감가상각누계액과 손상차손누계액	장부금액	취득원가	감가상각누계액과 손상차손누계액	장부금액
토지	295,328	(16,743)	278,585	360,402	–	360,402
건물	681,518	(110,183)	571,335	727,022	(92,982)	634,040
구축물	3,327	(1,919)	1,408	7,717	(1,436)	6,281
건설중인자산	101,665	(24,378)	77,287	64,191	–	64,191
합 계	1,081,838	(153,223)	928,615	1,159,332	(94,418)	1,064,914

당기말 현재 투자부동산의 공정가치는 1,498,136백만원입니다.

에는 매각 목적도 있으므로 재무제표 정보이용자 입장에서는 예전에 구입한 취득원가보다 지금의 부동산 시세가 더 궁금할 터다. 국제회계기준에서는 이 점을 고려해 투자부동산을 보유한 기업은 주석사항에 공정가치 정보를 표시할 것을 요구한다.

포스코의 투자부동산 주석사항에 나오는 것처럼 당기말 현재 투자부동산의 공정가치는 무려 1조 4,981억 원에 이른다. 회사 재무제표 금액 대비 5,695억 원이나 오른 셈이다. 매각해서 현금을 확보하는 것은 경영진의 의사결정 사항이라 예측이 어렵지만 투자부동산의 보유 목적 자체가 임대, 매각이므로 가능성은 있다. 만약 그렇게 하면 회사는 1조 5,000억 원에 가까운 돈을 확보할 수 있다.

실제로 투자부동산을 보유한 많은 기업이 최근 몇 년간 부동산가격이 크게 오르는 동안 매각을 했다. 가령 삼성물산은 2018년 투자부동산을 매각했다. 강남역 삼성타운 3개 동 중 하나가 삼성물산 소유였는데 2018년 8월 자산신탁사에 7,484억 원에 매각했다는 뉴스가 나왔다. 삼성물산의 2018년 연결재무제표 주석사항에서 투자부동산을 살펴보면 실제로 처분했음을 알 수 있다.

삼성물산

◆ **삼성물산 2018년 연결재무제표 주석사항**

14. 투자부동산 :

가. 당기와 전기 중 투자부동산의 변동내역은 다음과 같습니다(단위:백만원).

구 분	2018년			2017년		
	토지	건물	합계	토지	건물	합계
기초 순장부금액	475,184	196,477	671,661	88,197	28,084	116,281
처분	(441,772)	(186,525)	(628,297)	–	(527)	(527)
감가상각비	–	(2,816)	(2,816)	–	(4,071)	(4,071)
대체	–	–	–	386,987	174,616	561,603
기타증감(*)	–	399	399	–	(1,625)	(1,625)
기말 순장부금액	33,412	7,535	40,947	475,184	196,477	671,661

삼성물산은 처분에 6,282억 원을 표시했다. 이 부동산은 서울 강남의 랜드마크이자 삼성그룹의 상징이라 제3자들은 매각까지 생각해본 적은 없을 것이다. 그런데 의외로 회사는 매각을 진행했다. 이처럼 투자부동산은 회사의 비영업자산 성격이라 매각에서 자유로운 편이다. 반면 영업자산 성격

인 유형자산은 매각에서 자유롭지 못하다.

포스코처럼 생산활동을 위해 반드시 갖춰야 하는 공장은 투자부동산이 아닌 영업자산이다. 포항과 광양의 땅값이 아무리 올라도 포스코가 공장을 매각할 가능성은 0%다. 공장을 취득한 목적 자체가 추후 부동산 매각이 아닌 철을 생산·판매해 수익을 창출하는 데 있다. 땅값이 올랐다고 공장을 매각하면 다시 다른 곳에 공장을 지어야 하는데 회사 영업활동에 지장을 주면서까지 유형자산에 속하는 공장으로 부동산 시세차익을 노리는 경영자는 없을 것이다.

유형자산에 속하는 사옥은 다르다. 사옥에는 생산시설이 없고 사람과 집기, 비품이 대부분이라 본사 이전 자체가 물리적으로 전혀 어렵지 않다. 경영진의 의사결정만 있으면 매각도 충분히 가능하다. 지역 균형 발전을 위해 한국전력이 2015년 서울 삼성역의 사옥을 현대차그룹에 매각하고 전남 나주로 내려갔듯 사옥은 팔 수 있는 자산이다. 사옥에서 임직원이 열심히 판매와 관리 활동을 하며 회사의 수익창출에 기여하므로 성격은 영업자산이지만 현금화해 회사의 자산가치에 기여하는 것도 가능하다. 한국전력은 2015년 유형자산 처분으로 얻은 8조 원이 넘는 차익을 손익계산서에 반영했다.

서비스기업

서비스기업은 생산시설이 없어서 사옥이 있어도 그만, 없어도 그만이다. 대형게임사 넷마블과 엔씨소프트는 사옥을 보유하고 있지만 사옥이 없는 컴투스는 오피스를 임차해서 쓰고 있다. 컴투스의 자산 규모는 9,093억 원인데 유형자산은 29억 원에 불과하다. 유형자산 명세를 주석사항에서 찾아보면 차량운반구, 비품, 시설뿐이고 토지와 건물은 아예 없다. 예금, 적금, 국공채 등 보유한 금융자산만 8,000억 원에 육박해 사옥을 장만할 만도 한데 회사는 소유하지 않기로 한 모양이다. 대신 투자부동산을 288억 원어치나 보유하고 있다. 이 회사는 생산시설이 없어서 굳이 유형자산을 보유할 필요가 없고 여유자금을 잘 굴려야 하니 투자부동산을 취득한 듯하다. 투자부동산의 공정가치를 주석사항에서 찾아보면 323억 원으로 나오는데 장부가액 대비 35억 원이나 올랐다. 그만큼 회사가 여유자금을 알차게 운용하는 셈이다. 넷마블과 엔씨소프트도 사옥이 위치한 지역의 부동산가격이 많이 오르면 사옥을 매각할 가능성도 있다. 현금화해서 다른 지역으로 옮겨가거나 임차 오피스로 가는 게 어렵지 않기 때문이다.

결국 회사가 보유한 부동산의 자산가치는 보유 목적과 매각 가능성 등을 고려해서 판별해야 한다.

재무상태표의
부채 보는 방법을 바꿔라

이번에는 부채를 살펴보자. 먼저 재무제표의 부채 구성 항목을 세분화하면 다음과 같다.

◆ **재무제표 부채 구성 항목**

구분	부채	주요 계정과목
유동부채	영업부채	매입채무, 선수금, 미지급비용, 미지급금
	차입부채	단기차입금, 유동성장기부채
비유동부채	영업부채	판매보증충당부채, 반품충당부채, 퇴직급여충당부채
	차입부채	사채, 장기차입금, 리스부채

부채 계정과목도 풀어놓으면 자산만큼 많다. 회계를 공부하거나 재무

제표를 볼 때 우리는 보통 유동부채, 비유동부채로 구분하고 각 계정과목을 확인한다. 1년 이내에 지급예정이면 유동부채, 1년 이후에 지급예정이면 비유동부채라고 한다.

이제 재무제표를 분석하는 정보이용자 입장에서 재무상태표를 살펴보자. 회사는 왜 이렇게 많은 부채, 즉 다양한 계정과목을 보유했을까? 이번에도 정답은 '돈을 벌기 위해서'다. 회사가 차입금을 쓰는 이유는 사업에 투자해 돈을 벌기 위해서다. 가령 대한항공은 사업에 투입할 비행기를 구입하는데, LG디스플레이는 OLED패널 생산 공장을 짓는 데 큰돈을 필요로 한다.

당연한 얘기지만 빌린 돈은 사업으로 벌어서 갚으면 그만이다. 은행에서 돈을 빌릴 때 회사가 보유한 부동산을 담보로 제공하지만 담보물을 처분해서가 아니라 벌어서 갚아야 회사는 정상 운영이 가능하다. 공장 토지, 건물 같은 부동산을 처분할 경우 사업을 할 수 없으므로 당연히 벌어서 갚아야 한다.

은행에서 차입하거나 회사채를 발행하면 회사에 돈이 들어온다. 삼성전자처럼 현금·예금만 100조 원 가까이 쌓아둔 기업에도 차입금이 있고, 대한항공처럼 보유한 현금보다 갚아야 할 차입금이 몇 배에 이르는 기업도 있다. 삼성전자는 보유한 비영업자산에서 차입금을 차감해도 100조 원 넘게 남는다. 대한항공은 차입금 종류만 15조 원이 넘는 탓에 보유한 비영업자산을 다 합쳐도 13조 원이 모자란다.

다시 말해 삼성전자는 회사 돈으로 차입금을 당장 다 갚아도 100조 원이 남는 상황이고 대한항공은 13조 원을 벌어서 갚아야 한다. 삼성전자는 매년 사업에서 돈을 벌면 100조 원보다 더 늘어나는 반면 대한항공은 매년 사업에서 돈을 벌어도 빚을 갚기 바쁘다. 만약 돈을 벌지 못할 경우 빚은 더 늘어날 것이다.

차입부채와 영업부채

기업을 이런 방식으로 판단하기 위해 부채를 차입부채와 영업부채로 나눠보자. 간단하게 비영업자산과 차입부채를 같이 묶고 또 영업자산과 영업부채를 묶어서 보면 된다. 부채에서는 차입부채를 먼저 찾되 나머지는 모두 영업부채로 간주해도 좋다.

먼저 영업부채 몇 가지를 살펴보자. 매입채무는 주로 영업 관련 재화를 외상으로 사올 때 발생한다. 대개 도·소매업을 하는 기업은 상품을, 제조업체는 제품 생산에 필요한 원재료를 외상으로 사온다. 외상으로 들여오고 나중에 갚는 것이 일반적인 상거래 모습으로 회사는 갚을 금액을 매입채무로 표시한다.

회사가 제품을 판매하거나 서비스를 제공하기 전에 먼저 돈을 받은 경우 선수금이 발생한다. 예를 들어 우리는 해외여행을 갈 때 비행기를 예약하는데 일반적으로 몇 달 전에 항공권을 구입한다. 항공사는 비행기도 태워주지 않고 돈부터 받는 셈이다. 회사는 당연히 선입금을 매출로 인식하지 않는다. 고객에게 항공서비스를 아직 제공하지 않았으니 오히려 돈을 받는 순간부터 고객에게 서비스를 제공할 의무가 발생한다고 봐야 한다. 이 선입금 부분을 선수금이라 하고 부채로 표시한다.

회사가 공장의 수도·전기 등을 사용하고 아직 요금을 납부하지 않았다면 미지급비용, 공장에 기계장치를 들여놓고 아직 대금을 결제하지 않았다면 미지급금으로 처리한다. 이것은 모두 영업활동을 위해 발생한 부채 성격을 띤다.

비유동부채로 분류하는 대표적인 영업부채도 마찬가지다. 회사에 제품을 판매하고 A/S를 해줘야 할 의무가 있다면 판매보증충당부채를 잡고 반품에 대비해 반품충당부채도 잡아야 한다. 이는 모두 제품을 판매하는 영업활동으로 발생하는 부채다. 또 임직원이 회사의 영업활동에 열심히 기여했으므로 이들의 퇴직급여충당부채도 영업부채 성격에 속한다.

이처럼 영업부채 성격에 해당하는 계정과목이 많으므로 차입금과 사채부터 찾는 것이 편하다. 차입금과 사채(회사채)를 제외한 나머지 부채는 영업부채로 간주한다.

기업의 돈인가, 은행의 돈인가

만약 서울 시내에 10억 원짜리 아파트를 샀는데 모아둔 돈이 3억 원밖에 없어서 7억 원의 은행 빚이 있다면 이 사람의 재무제표는 자산 10억 원, 부채 7억 원, 자본 3억 원이다. 남에게 과시하고 싶을 때는 "내 재산은 10억 원이야!"라고 말하겠지만 내심 '이 아파트가 은행 것이지 내 것인가' 하는 자조 섞인 생각이 든다.

회사의 재무구조를 논할 때 주주는 당연히 자산에서 부채를 빼고 봐야 한다. 회사 자산은 부채와 자본으로 구성되어 있고 부채는 반드시 갚아야 하는 부분이므로 주주 몫인 자본(자산 − 부채)에 집중할 필요가 있다. 다시 말해 자산 쪽에서 현금및현금성자산, 금융상품, 금융자산시리즈, 투자부동산만

헤아리고 끝낼 것이 아니라 반드시 갚아야 하는 금융부채까지 살펴야 한다.

개중에는 차입금을 극도로 싫어하는 기업도 많고 삼성전자처럼 우량기업이지만 재무관리 전략에 따라 차입금을 일부 쓰는 기업도 있다. 가장 경계해야 하는 기업은 보유한 비영업자산보다 갚아야 하는 차입금이 더 많은데 실적을 내지 못하는 기업이다.

기업분석을 할 때는 앞으로 돈을 벌 수 있는지에 초점을 두고 기업을 봐야 한다. 앞으로도 돈을 버는 게 힘들다면 몇 년 안에 회사가 사라질 수도 있다. 가진 돈도 없고 벌어들일 능력도 없어서 빚을 갚지 못하는 상황이라면 기업이 존속할 것이라고 기대하기 어렵기 때문이다.

차입금시리즈

은행에서 돈을 빌려오면 회사는 재무상태표 부채에 차입금으로 표시한다. 즉, 회사가 돈을 빌려주면 대여금, 빌려오면 차입금이다. 대여금은 회사가 돈을 빌려주고 나중에 돌려받을 것이므로 자산 성격이다. 차입금은 회사가 돈을 빌려오고 나중에 다시 돌려줘야 하므로 부채다.

참고로 우리는 상가나 집을 임대한다고 하는데 임대는 빌려주는 사람이 쓰는 용어고, 빌리는 사람은 임차라고 해야 정확한 표현이다. 따라서 월세를 계약할 때 집을 빌리는 임차인이 지급하는 계약금을 임차보증금, 매월 내는 월세를 임차료라고 한다. 반대로 집주인이 세입자에게 계약 당시 받는 보증금을 임대보증금, 매월 월세로 받는 돈을 임대료라고 한다. 부동산을 빌리는 사람의 입장에서 임차보증금은 추후 돌려받을 것이므로 이는 자산에 속한다. 반면 집주인은 추후 돌려줘야 하므로 임대보증금을 부채로 인식한다.

재무상태표 부채에 표시하는 차입금은 크게 3가지이며 만기에 따라 결정한다. 차입 당시 은행에서 만기 1년 이내로 빌리면 단기차입금, 1년을 초과하는 차입금은 장기차입금으로 구분한다. 만약 장기차입금으로 빌려왔는데 만기가 1년 이내로 도래할 경우 회사는 유동성장기부채라는 계정과목을 쓴다. 그 간단한 사례를 살펴보자.

삼성전자

삼성전자의 2018년 연결재무상태표 부채(86쪽)를 보면 유동부채에 차입 당시 만기가 1년 이내인 단기차입금 13조 원, 장기차입금이었다가 만기가 1년 이내로 도래한 유동성장기부채 333억 원이 나타나 있다. 그리고 비유동부채에는 차입 당시 만기가 1년을 초과하는 장기차입금 850억 원이 있다. 장기차입금은 1년을 초과하므로 비유동부채로 분류하는데 이 장기차입금 중 만기가 2019년에 도래할 예정인 333억 원은 2018년 말 현재 만기가 1년도 남지 않아 회사는 유동부채로 분류했다. 이때 계정과목명을 유동성장기부채로 표기했다.

재무상태표를 보면 삼성전자처럼 보기 편하게 차입금시리즈에 속하는 3가지 계정과목으로 표기하는 경우가 많지만 반드시 그런 것은 아니다. 역

부채			
유동부채	69,081,510	67,175,114	54,704,095
매입채무	8,479,916	9,083,907	6,485,039
단기차입금	13,586,660	15,767,619	12,746,789
미지급금	10,711,536	13,899,633	11,525,910
선수금	820,265	1,249,174	1,358,878
예수금	951,254	793,582	685,028
미지급비용	20,339,687	13,996,273	12,527,300
미지급법인세	8,720,050	7,408,348	2,837,353
유동성장기부채	33,386	278,619	1,232,817
충당부채	4,384,038	4,294,820	4,597,417
기타유동부채	1,054,718	403,139	351,176
매각예정분류부채			356,388
비유동부채	22,522,557	20,085,548	14,507,196
사채	961,972	953,361	58,542
장기차입금	85,085	1,814,446	1,244,238

시 국제회계기준의 특성인 기업 재무보고의 자율성에 따라 표현 방법이 제 각각 다르다.

LG디스플레이

LG디스플레이는 금융부채라는 계정과목만 쓰고 만기에 따라 유동부채, 비유동부채로 분류했다. 즉, 재무상태표에 차입금이라는 계정과목이 아예 없다. 그렇다고 차입금이 정말로 없는 무차입기업이라고 단정해서는 안된다.

◆ LG디스플레이 2018년 연결재무상태표

(단위: 백만 원)

부채			
유동부채	9,954,483	8,978,682	7,058,219
매입채무	3,087,461	2,875,090	2,877,326
금융부채	1,553,907	1,452,926	667,909
미지급금	3,566,629	3,169,937	2,449,517
미지급비용	633,346	812,615	639,629
미지급법인세	105,900	321,978	257,082
충당부채	98,254	76,016	55,972
선수금	834,010	194,129	61,818
기타유동부채	74,976	75,991	48,966
비유동부채	8,334,981	5,199,495	4,363,729
비유동금융부채	7,030,628	4,150,192	4,111,333

　연결재무상태표만 보면 금융부채 안에 어떤 계정과목이 있는지 정확히 확인할 수 없다. 그러니 이 회사의 연결재무제표 주석사항(88쪽)에서 금융부채를 찾아보자.

　보다시피 유동부채에 있는 금융부채는 전액 유동성장기부채다. 이로써 장기차입금으로 빌렸는데 만기가 1년 내로 도래해 2019년 1조 5,539억 원을 상환해야 한다는 것을 알 수 있다. 비유동부채에 있는 금융부채 7조 306억 원은 각각 원화장기차입금, 외화장기차입금, 사채 등으로 구성되어 있다. LG디스플레이는 은행에서 빌려온 차입금과 회사가 발행한 회사채 등을 묶어 금융부채로 표시했다.

　차입금 개념 자체는 복잡하지 않지만 LG디스플레이 2018년 연결재무

◆ **LG디스플레이 2018년 연결재무제표 주석사항**

11. 금융부채

(1) 당기말과 전기말 현재 금융부채의 내역은 다음과 같습니다.

(단위: 백만원)

구분	당기말	전기말
유동부채		
유동성장기부채	1,553,907	1,452,926
비유동부채		
원화장기차입금	2,700,608	1,251,258
외화장기차입금	2,531,663	1,392,931
사채	1,772,599	1,506,003
파생상품부채(*)	25,758	–
합계	7,030,628	4,150,192

(*) 위험회피수단 미지정 파생상품으로, 외화차입금 및 외화사채에 대한 통화스왑 계약에서 발생하였습니다.

상태표처럼 재무상태표에서 눈에 띄지 않는 경우가 많다. 그럴 때는 관련 주석사항으로 확인해서 금융부채 종류와 금액 등을 확인해야 한다.

사채시리즈

여기서 사채란 그 무서운 사채私債가 아니라 회사가 발행한 회사채會社債를 말한다. 이는 차입금과 마찬가지로 돈을 빌린 뒤 이자와 원금을 지급하는 구조다. 다만 돈을 빌리는 곳이 은행이 아닌 사채권자고 규모가 큰 공모사채는 기관투자자나 개인도 인수와 거래가 가능하다는 특징이 있다. 비교적 작은 규모의 사채는 50인 이하로 모집하는 사모사채 형식으로 많이 발행한다.

사채 역시 차입금의 한 종류다. 자본을 조달한 뒤 정한 날짜에 이자를 지급하고 만기에 원금을 돌려줘야 하므로 현금흐름상 차입금과 유사하다. 재무상태표에 사채라고 표기하거나 LG디스플레이처럼 금융부채라는 계정과목 안에 포함하기도 한다. 개념, 재무제표의 현금흐름 표시 등에서 차입금과 비슷한 게 많아 내용상 어려운 부분은 없다.

메자닌

차입금 성격 중 가장 중요한 부분이자 가장 어려운 부분이 메자닌Mezza-nine이다. 이 상품의 매년 발행건수와 발행금액이 급증하면서 부작용이 속출하고 있기 때문이다. 흔히 전환사채CB, Convertible Bond, 신주인수권부사채BW, Bond with Warranty, 전환상환우선주RCPS, Redeemable Convertible Preference Shares를 가리켜 복합금융상품이라고 하는데 요즘은 메자닌이라는 표현을 더 많이 사용한다.

메자닌은 이탈리아어로 1층과 2층 사이의 중간 라운지 공간을 의미한다. 이곳은 1층 같기도 하고 2층 같기도 한 공간인데 복합금융상품 역시 주식 같기도 하고 채권 같기도 해서 메자닌이라 부른다. 예전에는 메자닌 대신 희석증권Dilutive Securities이라는 용어를 더 많이 썼다. 사채를 발행하면서 보통주로 전환할 수 있는 옵션을 포함하다 보니 이 권리행사 때문에 주식수가 늘어나 주주가치가 희석되어서다.

발행건수를 보면 전환사채가 압도적으로 많다. 신주인수권부사채는 과거만큼 많이 발행하는 편은 아니며, 전환상환우선주는 주로 상장 예정 기업이 많이 발행한다. 따라서 상장한 지 얼마 지나지 않은 기업이나 스타트업의 재무제표에서 눈에 많이 띈다. 그러면 가장 중요한 전환사채 위주로 살펴보고 신주인수권부사채와 전환상환우선주는 개념 위주로 간단히 들여다보자.

전환사채

예를 들어 회사가 전환사채를 1,000,000원어치 발행한다고 가정해보자. 이때 일반회사채처럼 사채권자에게 자금을 조달받고 채권을 지급한다. 이것은 회사채와 똑같이 만기에 원금을 돌려주고 정해진 시점마다 이자도 지급할 예정이다. 회사는 사채권자에게 원금과 이자 지급 외에 추가로 한 가지를 더 약속한다.

"만약 우리 회사 주가가 올라도 사채권자 당신은 보유한 채권을 한 주당 1,000원에 1,000주(1,000,000원 / 1,000원 = 1,000주) 주식으로 전환할 수 있습니다. 채권을 주식으로 전환하면 당연히 만기에 원리금은 돌려주지 않습니다."

회사 주식이 주식시장에서 2,000원에 거래되어도 이 사채권자는 채권을 주식으로 주당 1,000원에 1,000주를 전환하는 것이 가능하다. 이 사채권자는 만기에 원리금을 돌려받는 것을 포기하는 대신 주식으로 전환한 후 주식시장에 2,000원으로 매도하면 거의 2배 수익을 낼 수 있다. 당연히 사채권자는 주식으로 전환하는 옵션을 선택할 것이다.

회사 입장에서도 사채권자가 주식으로 전환하는 게 좋다. 주식으로 전환하지 않으면 만기에 원금 1,000,000원과 이자를 지급해야 하지만 주식으로 전환할 경우 그렇게 할 필요가 없다. 원리금을 돌려주지 않는 대신 주식을 발행해 지급했기 때문이다. 회사 자본은 늘어났는데 갚아야 하는 사채 원금은 사라졌으니 재무구조도 좋아지고 사채 발행 때 들어온 돈도 굳는다.

회사가 전환사채를 발행하면서 들어온 돈으로 사업에 투자해 더 많은 이익을 창출할 경우 기업가치는 자연스럽게 올라간다. 그렇지 않다면 회사의 기존 주주 입장에서 전환사채 발행은 악재로 여겨질 수밖에 없다. 이익이 증가하지 않는 상황에서 주식수만 늘어났으니 말이다.

가령 발행 주식수가 100만 주인 어떤 회사의 순이익이 1억 원이고, 순이익의 50%를 주주에게 배당한다고 가정해보자. 회사가 전환사채를 발행했는데 이 전환사채를 보유한 사채권자가 주식으로 전환해 회사가 25만 주의 신주를 새로 발행했다면 어떨까? 전환사채로 조달한 자금을 사업에 투자한 결과 이익이 매년 1억 원 수준에 머물 때 기존 주주의 득실을 따져보자.

회사의 1주당순이익EPS, Earning Per Share은 100원(1억 원/100만 주)에서 80원(1억 원/125만 주)으로 내려간다. '1주당순이익×PER'이라는 주가 공식에서 이 회사의 주가가 PER 10배로 매겨질 경우 이론상 주가는 1,000원(100원×10배)에서 800원(80원×10배)으로 내려간다. 실제로 기업이 전환사채를 발행하거나 전환사채에서 주식으로 전환된다는 공시가 나올 때 주식시장에서 주가가 많이 급락하는 모습을 자주 목격할 수 있다.

또한 회사는 순이익의 50%인 5,000만 원을 주주에게 배당하는데 기존에는 1주당 50원씩(5,000만 원/100만 주) 배당했으나 이제 주식수가 125만 주로 늘어났으니 1주당 배당금은 40원(5,000만 원/125만 주)으로 줄어든다. 이처럼 주식을 추가로 발행할 경우 1주당 순이익과 배당금은 줄어든다. 이는 주주가치가 희석되기 때문인데 예전부터 주식수가 늘어날 것으로 예상하는 전환사채 등을 가리켜 희석증권이라 불렀다.

이러한 전환사채는 주로 은행 문턱이 높다고 느끼는 담보력 약한 코스닥의 소규모 기업들이 자본조달 수단으로 애용한다. 주가가 오르면 사채권자는 원리금 상환이 아닌 주식 전환으로 출구 전략을 짜기 때문에 회사 입장에서는 원금을 돌려주는 부담은 줄이고 재무구조는 개선하는 1석2조 효과를 볼 수 있다. 사채권자 역시 전환사채 투자에 큰 매력을 느낀다. 주가가 오르면 주식으로 전환해 엑시트Exit가 가능하고 주가가 오르지 않아도 만기에 원리금을 상환받으니 리스크가 없다고 판단해서다.

저금리 시대에 갈 곳을 잃은 돈이 전환사채 투자로 많이 몰리면서 최근 몇 년간 전환사채 발행건수가 크게 늘었다. 회사와 사채권자(전환사채 투자자)가 서로 윈-윈이 가능하고 리스크가 없다고 판단하다 보니 그래프(93쪽)가 보여주듯 2016년을 기점으로 폭발적인 증가세를 보이고 있다.

2016년에 갑자기 5조 원대로 늘어나서 그렇지 사실 2014년도 2013년 대비 47% 증가하고, 2015년도 2014년 대비 33% 증가했으니 매년 크

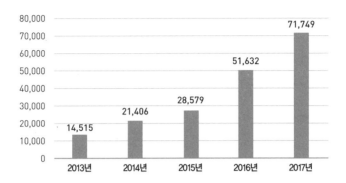

◆ 전환사채 권면총액 (단위: 억 원)

14,515 — 2013년
21,406 — 2014년
28,579 — 2015년
51,632 — 2016년
71,749 — 2017년

게 늘었다는 표현이 더 정확하다. 이처럼 기업은 자본조달을 위해 수조 원대의 전환사채를 발행하고 있다.

전환사채 발행이 문제가 되는 경우

이 전환사채 발행으로 조달한 자본을 기업 성장을 위해 제대로 투명하게 쓰면 전혀 문제될 것이 없다. 하지만 일부 부도덕한 기업은 이 자본으로 이상한 일을 벌이기도 한다. 전환사채로 자본조달에 성공한 회사가 이 돈을 완전히 회사 돈으로 굳히려면, 즉 만기에 원리금을 돌려주지 않으려면 주가가 올라 사채권자가 주식으로 전환해야 한다.

다시 말해 회사에 기업가치(주가)를 올려야 한다는 숙제가 주어진다. 주가는 기업 실적이 좋아지면 알아서 올라가므로 회사는 조달받은 돈으로 사업만 열심히 하면 그만이다. 문제는 기존 사업을 더 육성해 기업가치를 끌어

올리는 데 한계가 있는 회사가 다른 방법을 쓴다는 데 있다. 가장 많이 쓰는 방법이 계열사 확장이다. 기존 회사 사업으로 실적 향상이 어려우니 계열사를 늘려 실적을 높이거나 실적 관련 이슈를 만드는 식이다.

예를 들어 전통 전자부품을 제조하는 중소 코스닥기업이 전환사채로 200억 원을 조달했다고 해보자. 이 돈을 기존 사업에 모두 투자해 기업가치를 높이는 게 어려워 보이자 이 회사는 계열사를 세운다. 궁리 끝에 가장 핫한 업종인 바이오, 화장품, 헬스케어 계열사를 선택한다. 회사에 들어온 돈을 자본금으로 내주고 계열사 주식을 취득하는 방식이다. 계열사 규모는 그리 크지 않으며 사업 초기이므로 적은 돈으로 시작한다. 만약 사업자금이 다 떨어지면 추가로 투자해준다.

그런데 또다시 자본 납입을 하려면 일이 복잡해진다. 주식을 발행하고 주금을 납입하고 주주명부를 고치고 등기를 해야 한다. 이런 이유로 돈이 두 번째로 나갈 때는 대여금으로 처리하는 게 간편하다. 회사가 계열사와 자금 대여 계약서를 쓰고 계열사에 입금해주면 끝이다. 이렇게 돈이 한 번 더 나가고 돈을 빌려준 회사는 이 대여금을 자산으로 잡는다. 나중에 원리금을 회수할 것이니 자산 처리 요건에 문제는 없다. 돈을 빌려간 계열사는 나중에 돈을 돌려줘야 하므로 차입금 계정과목으로 부채에 표시한다.

출자와 대여금으로 돈을 받은 계열사가 사업을 잘하면 다행이지만 사업 초기라 실적을 올리는 게 만만치 않다. 대기업이 아닌 이상 회사를 세팅하고 최소 몇 년이 지나야 안정화 단계로 접어든다. 이처럼 회사는 실적을 금세 만들지는 못하지만 이슈를 만드는 것은 쉽다. 특히 중소기업 규모의 상장기업은 재료와 뉴스로 주가가 더 크게 움직이는 경우가 많다. 이를테면 계열사가 바이오 사업에서 임상 1상 진입 예정이라거나 화장품 사업이 중국이나 태국 쪽으로 진출할 거라는 등의 뉴스만 나와도 주가는 요동친다.

그러면 계열사의 실상은 어떨까? 기본적으로 출자해준 회사의 오너가 대표이사를 겸임하는 경우가 많다. 계열사 사장을 맡았으니 계열사에서 급여를 받고 법인카드도 쓴다. 회계감사를 받을 만한 규모가 아닌 작은 회사라서 마음만 먹으면 분식회계로 배임과 횡령도 가능하다. 그렇게 3~4년을 지내면서 수익은 나지 않고 경비만 쓰다 보면 완전자본잠식에 빠져 결국 계열사를 폐업한다. 이때 회사가 계열사에 출자해주고 받은 주식은 휴지조각이 되고 빌려준 대여금은 어쩔 수 없이 대손처리한다.

이런 소규모 기업이 의외로 많은데 개중에는 악의적으로 그렇게 행동하는 경우도 있다. 자세한 내용은 Point 5의 '2. 수상한 자금거래'에서 다룬다. 전환사채를 많이 발행해 자본조달을 했는데 사업이 아닌 엉뚱한 곳에 돈을 쓰는 기업이 있다면 반드시 주의하기 바란다.

신주인수권부사채

신주인수권부사채는 신주를 인수할 수 있는 권리를 부여한 사채를 의미한다. 신주인수권부사채를 인수한 사채권자가 사채에 붙어 있는 신주인수권을 행사할 경우 사채를 발행한 회사는 신주를 발행해 사채권자에게 지급한다. 바로 이 점에서 전환사채와 차이가 있다. 전환사채는 그것을 인수한 사채권자가 전환권을 행사할 경우 사채 원금을 돌려받는 것을 포기하고 주식으로 전환한다. 반면 신주인수권을 행사하면 사채권자는 신주 발행 부분을 납입하고 만기에 사채의 원금을 돌려받는다.

한마디로 신주인수권부사채는 전환사채와 현금흐름이 다르다. 전환권을 전량 행사하면 회사는 신주를 발행하고 만기에 원금을 돌려주지 않아도 된다. 그러나 신주인수권을 전량 행사하면 회사는 신주를 발행하고 만기에 원금을 돌려줘야 한다. 또 신주인수권을 행사할 경우 신주를 발행하는데 이때 사채권자에게 납입을 받는다.

만기에 원금을 돌려주지 않는다는 점을 고려하면 회사 입장에서는 전환사채를 발행하는 것이 신주인수권부사채를 발행하는 것보다 더 유리하다. 그럼에도 불구하고 왜 기업들은 신주인수권부사채를 많이 발행할까? 이 사채의 가장 큰 매력은 신주인수권을 분리해서 유통할 수 있다는 점이다. 사채권자는 신주인수권부사채를 인수한 뒤 제3자에게 신주인수권을 매각해 이자와 원금만 받는 구조를 택할 수 있다. 신주를 인수한 뒤 주가가 오르면 큰 폭의 이익을 남길 수 있는데 왜 사채권자는 신주인수권을 제3자에게 매각할까?

지금까지 신주인수권부사채를 발행한 기업의 사례를 보면 신주인수권은 대부분 사채 발행기업의 최대주주에게 넘어갔다. 신주인수권부사채를 공개모집이 아닌 사모펀드 등으로 인수한 뒤 사모펀드가 신주인수권만 최대주주에게 매각하는 식이다. 신주인수권을 손에 쥔 최대주주는 해당기업의 주가가 오르든 떨어지든 상관없이 일정 금액으로 신주를 인수해 지분을 확보할 수 있다.

최대주주가 신주인수권으로 지분을 확보하거나 2세 승계 수단으로 쓰는 등 악용 사례가 계속 나오면서 2013년 금융당국은 분리형 신주인수권부사채 발행을 전면 금지했다. 다시 말해 신주인수권을 분리할 수 없는 비분리형 신주인수권부사채 발행만 허용했다.

기업 입장에서 이 사채를 발행할 이유가 사라지자 이때부터 신주인수권부사채 발행건수가 급격히 줄었다. 이처럼 사채 발행건수가 줄어들어 자본시장이 너무 침체되면서 금융당국은 2015년 다시 분리형 신주인수권부사채 발행을 허용했다. 단, 분리형 신주인수권부사채를 발행할 때는 공개모집만 허용한다는 조건을 붙였다.

50인 이하 사채권자가 인수하는 사모私募는 불가능하다. 공개모집하면 50명 이상의 불특정 다수가 사채를 인수할 테고 그 많은 사채권자가 신주인수권을 최대주주에게 매각할 가능성은 저절로 낮아진다. 이제 사모로 신주인수권부사채를 발행하는 것은 비분리형만 가능하다. 즉, 사채권자가 신주인수권을 분리해서 매각하지 못하고 그대로 신주인수권을 행사해야 한다. 제도를 고친 뒤 신주인수권부사채는 발행건수가 점점 줄고 있다. 한국거래소에 따르면 2017년 전환사채는 발행건수 480건으로 7조 원 이상의 발행 실적을 기록했지만 신주인수권부사채는 28건으로 1조 6,000억 원 수준에 불과하다.

신주인수권부사채는 전환사채에 비해 발행건수가 적고 발행하는 기업도 많지 않으므로 이 정도 개념과 상황만 파악해도 충분하다.

전환상환우선주

전환상환우선주는 스타트업이나 상장 예정 기업에서 많이 발행하며 보통주가 아닌 우선주 형식이다. 우선주는 보통주에 비해 좀 더 많은 배당금을 받고 회사를 청산할 때 잔여재산분배청구도 더 많이 할 수 있다. 다만 주주총회에서 주주로서 의결권을 행사할 수 없다는 단점이 있다. 주주총회 참석이 불가능한 대신 보통주보다 더 많은 금전적 보상을 받는 셈이다.

전환상환우선주는 이러한 특징에 더해 전환권과 상환권이 붙어 있다. 전환권은 우선주에서 보통주로 전환이 가능하다는 것을 의미한다. 회사가 성장해 주식시장에 보통주 상장이 가시적이면 주주는 보통주로 전환해 출구 전략을 짤 수 있다. 상환권은 말 그대로 원금에 관한 상환청구권을 의미한다. 즉, 회사에 내 투자금을 다시 돌려달라고 청구하는 것이다. 주주 입장에서 이것은 확실한 안전장치다.

반대로 회사 입장에서는 상환 의무가 발생하므로 부담스런 일이다. 주주가 출자한 돈을 돌려달라고 요청할 경우 회사는 이에 응해야 하기 때문이다. 전환상환우선주를 발행한 회사 입장에서 이는 달가운 조항이 아니지만 자본조달이 어려운 스타트업이나 비상장기업은 투자자가 이런 요구를 할 때 응할 수밖에 없다.

우아한 형제들
비상장기업으로 유명 스타트업 배달의 민족을 운영하는 ㈜우아한형제들의 전환상환우선주를 살펴보자.

◆ **우아한형제들 2018년 재무제표 주석사항**

구 분	전환상환우선주 A
의결권	1주당 1개
배당	– 참가적, 비누적적 – 액면가의 1%
상환(*1)	– 상환청구: 발행일로부터 4년 경과 후부터 – 상환액: 인수가액+인수가액의 연 8% 복리 이자 – 기지급 우선주배당액
전환(*2)	– 전환기간: 발행일로부터 12년이 경과하거나, 그 이전기 간 내에 전환청구한 날 – 전환비율: 우선주 대 보통주 1:1

이 회사의 전환상환우선주 주주는 우선주 성격임에도 불구하고 특이하게 1주당 1개의 의결권을 갖고 있다. 앞서 말한 대로 우선주는 주주총회에서 의결권이 없는 게 원칙이지만 이 주식은 예외다. 이는 주주들이 회사 경영에서 일정 부분 목소리를 내겠다는 취지로 보인다. 상환 관련 사항을 보면 주식발행 후 4년 뒤부터 상환권을 부여하며 상환 청구를 할 때는 8% 복리 이자를 받는다. 복리는 이자에 이자가 붙는 개념이니 4년간 8% 복리이자는 누적으로 약 36%에 해당한다. 마지막으로 보통주로 1:1 전환이 가능하다는 내용까지 알차게 담겨 있다.

회사가 자본을 조달받고 4년 뒤부터 원리금 청구 압박을 받지 않으려면 열심히 사업을 해서 쑥쑥 성장하는 모습을 보여줘야 한다. 주주 입장에서 성장을 확신하지 못하면 언제든 투자금을 돌려달라고 할 수 있다. 결국 전환상환우선주는 투자자에게는 확실한 안전장치지만 기업 운영자에게는 큰 부담일 수밖에 없다.

상장하면 전환사채, 신주인수권부사채 등 다양한 방법으로 자본조달이 가능하므로 상장기업이 전환상환우선주를 발행한 사례는 거의 없다. 대부분 스타트업이나 상장 예정 기업이 이것을 발행한다.

한 가지 주의할 것은 전환상환우선주가 부채 성격이라는 점이다. 주주가 상환권을 행사할 경우 회사는 투자원금과 이자를 지급해야 한다. 그래서 전환상환우선주는 부채로 분류하는 것이 맞지만 비상장기업은 전환상환우선주를 자본으로 분류한다. 상장기업이 적용하는 국제회계기준에서는 상환권이 주주에게 있고 회사에 상환 의무가 있으므로 부채로 분류해야 한다고 본다. 반면 비상장기업이 적용하는 일반회계기준에서는 전환상환우선주를 자본으로 분류한다. 이것은 그냥 회계기준 차이로 이해하자.

셀리버리

2018년 11월 상장한 코스닥 바이오기업 셀리버리는 상장 전에 전환상환우선주로 자본조달을 했다. 상장 직전의 재무상태표를 보면 우선주도 자본으로 분류했음을 알 수 있다.

자본금은 주식 액면가액에 발행 주식수를 곱한 부분이고 주식발행초과금은 액면가액을 초과해서 주식을 발행할 때 초과 부분에 반영하는 계정과목이다. 예를 들어 회사의 기업가치를 한 주당 10,000원으로 인정받아 주식

◆ 셀리버리 상장 전 2017년 재무상태표

(단위: 원)

자본				
Ⅰ. 자본금(주1, 14)		2,961,651,500		2,643,467,000
보통주자본금	1,849,367,000		1,366,667,000	
우선주자본금	1,112,284,500		1,276,800,000	
Ⅱ. 자본잉여금(주14)		13,811,691,870		7,134,399,220
주식발행초과금	13,811,691,870		7,134,399,220	

을 발행하는데 이 회사의 주식 1주당 액면가액이 500원이라면 회사는 자본금 500원, 주식발행초과금 9,500원으로 처리한다.

이 회사의 자본금과 자본잉여금 관련 주석사항을 찾아보면 우선주는 모두 전환상환우선주고 주주에게 상환권이 있다. 그래서 부채 성격이지만 회사는 일반회계기준에 따라 전액 자본으로 처리했다. 그러다가 이 회사는 2018년 상장을 진행하면서 국제회계기준을 적용했고 자본으로 분류되어 있었던 전환상환우선주도 부채로 위치를 바꾸었다.

여기서는 전환상환우선주도 주식으로 전환하거나 원리금 상환이 가능하다는 점과 상장기업, 비상장기업 여부에 따라 적용받는 회계기준이 다르고 전환상환우선주 분류 역시 다르다는 것 정도만 숙지하기 바란다.

재무제표 어디에서 찾을 것인가

사채를 발행하면 부채에 사채라고 표시하는 게 원칙이지만 기업의 재무제표 표시 방법은 제각각이다. 앞서 LG디스플레이 사례(86쪽)처럼 금융부채 안에 사채를 포함하는 경우도 있고, 사채라고 공시했는데 주석사항을 확인해보니 사채 안에 전환사채가 들어간 경우도 있다.

한성기업

어묵과 맛살로 유명한 한성기업의 재무제표에서 부채 쪽을 보면 유동성사채 23억 원이 눈에 들어온다. 이것은 1년 이내에 만기가 도래하기 때문에 회사는 사채 앞에 '유동성'을 기재했다. 그런데 이 회사의 사채 관련 주석사항을 보면 이 사채는 일반회사채가 아니라 전환사채다.

◆ **한성기업 2018년 재무제표**

(단위: 원)

유동부채	146,667,497,308	135,276,870,497	154,341,316,880
단기차입금	85,247,765,314	72,563,828,329	89,433,504,398
유동성장기차입금	6,996,557,988	3,474,134,966	4,030,066,000
유동성사채	2,398,447,976	5,000,000,000	7,200,000,000

1주당 5,910원에 주식으로 전환이 가능하고 주식으로 전환하면 신주 423,011주가 나온다. 정보이용자가 재무상태표만 보고 사채를 으레 회사채라고 생각하면 뒤통수를 맞을 수 있다. 그렇다고 사채를 발행한 모든 기업의 사채 주석사항을 찾아볼 수는 없는 노릇이다. 이럴 때 가장 좋은 방법은 사업보고서 목차에서 자본금 변동사항을 클릭해 그 내용을 살펴보는 것이다.

◆ 한성기업 사업보고서 자본금 변동사항

미상환 전환사채 발행현황

(기준일 : 2018년 12월 31일   )

종류＼구분	발행일	만기일	권면총액	전환대상 주식의 종류	전환청구가능 기간	전환조건	
						전환비율 (%)	전환가액
제3회 무보증사모 전환사채	2017년 08월 16일	2020년 08월 16일	5,500,000,000	보통주	2018.08.16 ~ 2020.07.15	100	5,910
합 계	－	－	5,500,000,000	보통주	－	100	5,910

이것을 보면 재무상태표에 계정과목이 없더라도 전환사채, 신주인수권
부사채 발행 여부를 확인할 수 있고 앞으로 발행할 신주 물량과 기존 발행주
식수 대비 얼마나 더 나올지도 확인이 가능하다. 재무구조가 탄탄하고 실적
이 좋은 기업은 이런 사채를 잘 발행하지 않는다. 잘 모르는 중소기업을 분
석할 때는 이 자본금 변동사항을 반드시 확인하기 바란다.

기업의 순자산가치를
계산해보자

지금까지 재무상태표에 기재한 비영업자산과 차입부채 개념 그리고 그것을 찾는 방법을 살펴봤다. 이제 이 숫자를 상계Netting해보자. 비영업자산이 차입부채보다 많으면 일단 부자회사로 볼 수 있다. 반대로 차입부채가 비영업자산보다 많을 경우 부자회사는 아니다. 예금과 주식, 채권, 부동산을 많이 보유하고 갚아야 할 대출이 없으면 당연히 부자다. 이와 달리 예금과 주식, 채권, 부동산을 보유하긴 했어도 대출이 더 많을 경우 반드시 부자로 보기는 어렵다.

다음은 2018년 기업들의 재무상태표를 보고 집계한 내역이다.

2018년 12월 31일 현재 (단위: 억 원)

	삼성전자	포스코	대한항공
현금및현금성자산	303,405	26,438	15,039
장·단기금융상품	658,938	80,658	2,384
금융자산(주식, 채권 등)	130,207	16,140	1,702
투자부동산	–	14,981	4,089
관계기업주식	178,061	36,500	67
비영업자산 소계(a)	1,270,611	174,717	23,281
차입금및사채 등(b)	-146,671	-202,092	-157,392
순비영업자산(a-b)	1,123,940	-27,375	-134,111

흔히 현금및현금성자산과 단기금융상품의 합계를 차입금과 비교한다. 특히 주식시장에서 저평가기업을 찾을 때 현금및현금성자산과 단기금융상품의 합계에서 차입금을 뺀 금액이 시가총액보다 클 경우 저평가기업으로 분류하는 사람이 많다. 더 엄격히 따지면 그 자산들 외에 금융자산과 투자부동산도 포함하는 게 합리적이다. 왜냐하면 기업이 현금과 예금만 보유하는 것이 아니라 위 표처럼 주식, 채권, 투자부동산 등에 고루 분산해 자금을 운용하기 때문이다. 회사 재무관리 전략에 따라 보유한 주식, 채권, 투자부동산 등을 매각해 현금화하기도 하므로 이들 자산까지 포함해서 보는 것이 맞다.

보다시피 삼성전자는 현금및현금성자산, 금융상품, 금융자산 등으로 127조 원을 보유했고 차입금 14조 원을 갚아야 한다. 두 금액을 상계할 경우 삼성전자의 순비영업자산은 112조 원으로 삼성전자는 당연히 부자회사다.

포스코는 순비영업자산이 -2조 7,375억 원이다. 다시 말해 순차입금이 2조 7,375억 원이니 현재 보유한 돈보다 갚을 돈이 많다고 볼 수 있다. 다행히 매년 2조 원 내외의 순이익을 내고 있으므로 몇 년 지나면 삼성전자처럼 보유한 순비영업자산이 더 많은 모습으로 바뀔 것이다. 실적이 급격히 나빠지거나 대규모 투자를 하느라 차입금을 더 쓰지 않는 한 말이다.

대한항공은 순차입금만 13조 원이 넘어 생각보다 가난한 회사로 보인다. 포스코처럼 이익을 잘 내서 몇 년 후 차입금을 갚고 현금부자가 되면 좋겠지만 손익을 보니 이를 기대하기는 힘들 것 같다. 실은 2017년만 순이익을 기록했을 뿐 최근 5년간 순손실의 연속이었다. 가뜩이나 재무구조도 좋지 않은데 이익도 내지 못하는 상황이다. 그러면 이들 기업의 재무상 특성을 정리해보자.

삼성전자: 돈이 많고 돈을 잘 버는 기업

포스코: 빚이 많지만 돈을 잘 버는 기업

대한항공: 빚이 많은데 돈도 잘 벌지 못하는 기업

주식투자자나 채권단의 입장이라면 삼성전자와 포스코는 별로 걱정하지 않겠지만 대한항공은 그렇지 않을 것이다. 가뜩이나 빚이 많은데 계속 손실을 기록할 경우 빚은 더 늘어날 수밖에 없다.

재무제표에서 비영업자산과 차입금, 사채시리즈만 뽑아 정리하면 기업 재무구조의 특성을 쉽게 정리할 수 있다. 그다음으로 정보이용자는 영업자산과 영업부채로 얼마나 이익을 낼 수 있는 기업인지 판별해야 한다.

　삼성전자, 포스코, 대한항공은 모두 돈을 벌고 있다. 어떻게 벌까? 그들은 영업자산과 영업부채를 활용해서 돈을 번다. 아무리 어렵고 긴 재무제표라 해도 자산과 부채를 영업용, 비영업용으로 나눠서 큰 틀로 보면 복잡하지 않다.

　다음 장에서 기업들이 영업자산, 영업부채로 어떻게 돈을 벌고 있는지 살펴보자.

요점 정리

1 비영업자산은 회사 사업에 당장 투입하지 않는 현금및현금성자산, 금융상품시리즈, 금융자산시리즈, 투자부동산 등을 의미한다.

2 금융상품시리즈는 은행에 예치한 예금과 적금, 금융자산시리즈는 주식과 채권이 대부분이다.

3 기업은 주식과 채권을 공정가치로 평가하는데 평가손익을 인식하는 방식은 서로 다르다. 당기손익으로 인식하거나 포괄손익으로 처리할 수 있다. 평가손익을 어떻게 인식하든 이는 기업 펀더멘털에 영향을 주는 요소가 아니므로 재무 정보이용자는 보유한 비영업자산 금액만 확인하면 된다. 즉, 평가방법은 중요하지 않다.

4 투자부동산은 시세가 많이 오를 경우 회사가 매각해서 현금화할 수 있으므로 비영업자산 성격이다. 관련 재무제표 주석사항에서 공정가치 확인이 가능하다.

5 금융부채는 차입금시리즈, 사채시리즈로 나눌 수 있다. 은행에서 빌려오는 차입금은 만기에 따라 단기차입금, 장기차입금, 유동성장기부채로 나눈다. 회사가 발행하는 사채는 일반사채 외에 주식으로 전환이 가능한 메자닌 상품이 있다.

6 회사에 전환사채, 신주인수권부사채, 전환상환우선주 등이 있다는 것은 회사의 주가 상승에 따라 발행 주식수가 더 늘어날 수 있음을 의미한다.

7 전환사채 발행건수가 급증하는 추세이며 더불어 악용 사례도 늘고 있다.

8 회사에 돈이 많은지 빚이 많은지 판단하려면 반드시 회사가 보유한 비영업자산(현금및현금성자산, 금융상품시리즈, 금융자산시리즈, 관계기업주식, 투자부동산 등)에서 금융부채(차입금시리즈, 사채시리즈)를 차감하고 계산해봐야 한다.

9 돈이 많고 돈도 잘 버는 기업이 최고 기업이다. 빚이 많아도 돈을 잘 벌고 있으면 곧 잉여현금이 쌓일 테니 좋은 기업이다. 빚이 많은데 돈을 잘 벌지 못하는 기업은 당연히 좋은 기업이라고 평가하기 어렵다.

KCC와 조광피혁 사례로 본
기업의 주식투자와 회계처리

2018. 7. 3. 〈매경프리미엄〉 '직장인들이여, 회계하라'

1년 전 A회사는 여유자금으로 잘나가는 코스닥 상장기업 B회사 주식을 매수했다. 훈풍을 타고 계속 올라갈 줄 알았던 주가가 어느덧 힘을 잃더니 최근 매수가 대비 20% 빠지면서 손실을 보고 있다. A회사 최고재무책임자^{CFO}는 주식을 여유자금으로 매입했고 B회사 장래성을 보고 투자했기 때문에 당분간 매도할 생각은 없다. 그래도 증권계좌를 보고 있으면 큰 금액의 손실이 눈에 들어와 마음이 편치 않다.

이렇게 주식 매수가격 대비 현재 주가가 떨어져 손실을 입거나 반대로 주가가 올라 이익을 보고 있을 때 이를 어떻게 인식해야 할까? 이는 비단 기업만의 문제는 아니다. 개인이 주식투자를 하다 보면 미국과 중국의 무역전쟁 같은 대외 악재로 주가가 급락하거나 기업 실적과 상관없이 다른 호재로 주가가 급등하는 일을 겪기도 한다. 주가

가 급등락할 때마다 벌고 잃는 것에 일희일비하면 정신적으로 힘만 든다. 어차피 실현한 손실과 이익이 아니므로 괘념치 않는 게 차라리 낫다. 물론 반대로 미실현 상태지만 손실이나 이익으로 봐야 한다는 투자자도 있다. 매일 투자 실적을 결산하며 냉정하게 회계장부를 기록할 수도 있다.

기업도 매도 전에 손실 또는 이익이 발생 중인 계좌를 어떻게 회계처리해야 할지 같은 고민을 한다. 상장기업이 적용하는 한국채택국제회계기준$^{K-IFRS}$에서는 단기간에 매각할 목적으로 취득한 주식의 평가손익은 손익계산서에 반영하고, 그 밖에 매도가능금융자산으로 분류한 지분상품의 평가손익은 미실현손익 개념인 포괄손익에 표시하게 한다. 투자회사를 제외한 대부분의 일반기업이 주식을 취득할 때 트레이딩 목적이 아닌 장기투자 목적으로 투자하다 보니 기업은 대

개 주식을 취득하면 매도가능금융자산으로 분류한다. 그리고 이 주식에서 평가손익이 발생할 경우 당기손익이 아닌 포괄손익으로 인식한다.

이와 관련된 회계기준이 2018년 1월부터 바뀌었다. 새로 도입한 한국채택국제회계기준 1109호 '금융상품'에서는 트레이딩 목적이 아닌 투자 주식의 미실현 손익을 회사가 당기손익에 포함할지, 기존처럼 포괄손익으로 처리할지 선택하게 했다. 원칙 중심으로 기업의 자율성을 많이 보장하는 국제회

계기준의 특징을 이번에도 반영한 것이다.

이에 따라 기업의 손익계산서 모습도 각자 형태가 달라졌다. 다른 상장기업 주식을 많이 보유한 것으로 알려진 KCC가 1분기 보고서에 첨부한 연결재무제표 주석사항을 보면 다음과 같다.

KCC가 보유한 매도가능금융자산은 대부분 상장기업 주식인데 1분기 평가로 이익이 무려 4,387억 원에 이른다. 회사는 이 평가손익을 포괄손익이 아닌 당기손익으로 분류했다. 회사는 전년도 1분기보다 영업이익

◆ KCC 연결재무제표 주석사항

29. 순금융수익(원가)

당분기와 전분기 중 순금융수익(원가)의 내역은 다음과 같습니다.

(단위:천원)

구 분	당분기	전분기
금융수익:		
이자수익	5,333,938	3,584,605
배당금수익	38,316,207	12,430,012
매도가능금융자산평가이익	438,705,182	141,590,763
매도가능금융자산처분이익	1,126,588	-
파생상품평가이익	4,433,270	77,600
파생상품거래이익	760,813	639,317
통화스왑평가이익	-	4,564,321
외환차익	3,843,610	8,611,869
외화환산이익	7,010,326	28,154,545
금융수익 소계	499,529,934	199,653,032

이 약 21% 감소한 555억 원을 기록했지만 매도가능금융자산 평가이익 덕분에 분기 순이익은 무려 180% 가까이 증가한 3,763억 원이었다. 회사의 금융자산 투자는 영업 외적인 활동으로 영업이익 아랫단에 평가이익을 반영한다. 이에 따라 회사 본연의 사업에서 벌어들인 영업이익보다 순이익이 크게 증가한 것으로 나온다.

한편 KCC처럼 잉여현금의 많은 비중을 주식에 투자하는 조광피혁은 KCC와 다르게 회계처리했다. 조광피혁은 버크셔 해서웨이 주식 190주를 포함해 상장주식만 약 1,208억 원어치 보유하고 있는데, 이는 회사 전체 자산의 약 49%에 해당한다. 회사는 보유 주식에서 발생하는 평가손익을 당기손익이 아닌 포괄손익에 분류하기로 결정했다. 따라서 회사의 1분기 손익계산서를 보면 보유한 상장주식 평가이익을 아래처럼 포괄손익에 표시했다.

이처럼 기업마다 회계정책이 서로 다르기 때문에 투자 주식에서 똑같이 발생한 평가손익을 처리하는 방법도 제각각이다. 정보 이용자 입장에서는 새로 도입한 회계기준을 공부하지 못해 당황스러울 테고 기업 간 회계처리가 달라 비교 가능성이 떨어지니 더 혼란스러울 것이다. 그러나 크게 걱정할 필요는 없다. 기업이 어떤 회계정책을 채택했느냐보다 얼마나 좋은 금융상품에 투자해서 보유하고 있는지가 더 중요하니 말이다. 그 부분만 확인하면 된다. 평가손익을 어떻게 반영하는지 알아보는 것도 의미가 있겠지만 결국 투자 주식이 회사의 자산가치를 올려주는 데 중요한 역할을 하므로 재무제표 주석사항에서 어떤 주식을 얼마나 보유했고 매수가격은 얼마였는지 살펴보는 게 더 낫다는 얘기다.

◆ **조광피혁 손익계산서**

당기순이익(손실)	3,301,070,332	3,301,070,332	5,407,869,011	5,407,869,011
기타포괄손익	990,736,899	990,736,899	(569,540,657)	(569,540,657)
당기손익으로 재분류될 수 있는 항목(세후기타포괄손익)			(569,540,657)	(569,540,657)
매도가능금융자산평가손익(세후기타포괄손익)			(569,540,657)	(569,540,657)
당기손익으로 재분류되지 않는항목(세후기타포괄손익)	990,736,899	990,736,899		
기타포괄손익-공정가치 측정 지분상품 평가손익	990,736,899	990,736,899		
총포괄손익	4,291,807,231	4,291,807,231	4,838,328,354	4,838,328,354
주당이익				
기본주당이익(손실) (단위 : 원)	919	919	1,473	1,473

개인투자자도 마찬가지다. 특히 평가손실이 많이 발생하는 때는 단기간에 매각할 목적으로 취득한 주식이 아니면 미실현손익으로 스트레스를 받기보다 내가 얼마나 좋은 주식을 갖고 있는지 생각하고, 기업의 펀더멘털에 변함이 없으면 곧 시장에서 제값을 받을 거라는 믿음으로 마음 편히 기다리는 게 좋다.

부동산 부자기업을 찾는 법, 재무제표 주석에 있다

2017. 10. 24. 〈매경프리미엄〉 '직장인들이여, 회계하라'

기업이 부동산을 취득하는 이유는 크게 2가지다. 사업을 위해 사옥이나 공장을 취득하는 경우와 여유자금을 운용할 목적으로 부동산에 투자하는 경우다. 재무제표에서 전자는 유형자산, 후자는 투자부동산으로 분류한다. 생산활동을 위한 공장 토지와 건물 취득은 필수지만 사무공간은 임차하는 경우도 많으며 특히 서비스기업 중에는 유형자산에 토지와 건물이 없는 경우도 있다. 즉, 기업활동에서 부동산 취득은 필수요건이 아니다. 전자공시시스템DART에서 한국의 대표 소프트웨어기업 한글과컴퓨터, 게임기업 컴투스와 더블유게임즈의 재무제표를 찾아보면 유형자산에 토지와 건물이 아예 없다고 나온다.

토지를 제외한 유형자산은 감가상각을 하는데 이 감가상각비도 유형자산 사용처에 따라 분류 방법이 다르다. 유형자산을 생산

활동에 사용하면 감가상각비는 제품제조원가로 분류하고 관리나 영업 등 관련 부서에서 사용하면 판매비와관리비(판관비)로 분류한다. 투자부동산은 제품 제조가 아닌 기업의 임대수익 창출에 기여하므로 투자부동산 감가상각비는 보통 판매비와관리비로 분류한다.

이렇게 기업은 부동산 취득 목적과 용도에 따라 계정과목이 다르고 손익계산서상의 감가상각비 위치도 다르다. 기업이 사업 목적으로 취득한 유형자산은 특별한 경우가 아니면 매각 가능성이 별로 없다. 특별한 경우라 함은 한국전력처럼 지방 이전을 위해 본사 토지, 건물을 처분하거나 대우조선해양 같이 재무 정상화를 위해 유형자산 일부를 매각하는 것을 말한다.

사무공간에 해당하는 토지, 건물을 매각하면 기업은 해당 공간만큼 임차해서 쓰

거나 시세가 비교적 싼 다른 지역에서 부동산을 구입하면 된다. 반면 공장은 사업을 중단할 게 아니면 매각할 가능성이 매우 낮다. 공장 땅값이 올랐다고 부동산을 매각하고 사업을 접는 경영자는 없을 것이다. 또한 복잡한 생산라인을 갖춘 공장일수록 생산을 중단하고 다른 지역으로 옮기는 것이 현실적으로 쉽지 않다. 이처럼 유형자산으로 분류한 토지, 건물은 매각 가능성이 낮고 기업의 수익가치에 기여하는 영업용 자산 성격이므로 부동산 시세가 올랐다고 기업의 자산가치도 커졌다고 단정하기는 어렵다.

반면 투자부동산은 임대수익과 매각차익을 목적으로 구입한 토지, 건물이므로 시세가 오르면 기업의 자산가치에 긍정적 영향을 준다. 최초 취득가액 대비 현재 시세가 많이 오르고 임대수익보다 매각차익이 낫다면 투자금 회수를 위해 매각 의사결정을 할 가능성이 있기 때문이다.

그래서 기업이 정말 부동산 부자인지 알려면 큰 금액의 투자부동산을 재무상태표에 표시했는지 찾아봐야 한다. 업력이 오래된 기업일수록 부동산 부자일 가능성이 높다. 특히 오랜 세월이 지났으니 투자부동산 가치가 많이 올랐을 것으로 기대할 수 있다.

주로 선재와 로프 등을 생산해 판매하는 고려제강은 1945년 설립되었다. 이 기업의 2016년 사업보고서상 재무상태표를 보면 총자산 2조 4,546억 원 중 1,012억 원은 투자부동산으로 이뤄져 있다. 전체 자산에서 차지하는 비중이 4% 정도로 높지 않아 보이지만 이 기업의 시가총액이 6,400억 원대인 점을 고려하면 주주 입장에서는 의미 있는 수치다. 그런데 이 투자부동산의 가치 1,012억 원은 취득가액에서 감가상각비누계 등을 차감한 장부가액이다. 주주가 알고 싶어 하는 정보는 이 장부가액이 아닌 실제 부동산의 공정가치다. 기업의 열성 주주들은 기업이 보유한 부동산의 공정가치를 알아내기 위해 해당 부동산이 위치한 지역의 공인중개사 사무소에 가서 정보를 확인하기도 한다. 이제는 더 이상 그런 수고를 할 필요가 없다. 한국채택국제회계기준에서는 재무상태표에 취득가액에서 감가상각비누계 등을 차감한 잔액으로 표시한 투자부동산의 공정가치를 주석사항으로 공시하도록 규정하고 있다.

고려제강의 연결재무제표 주석에서 투자부동산 주석사항을 찾아보면 다음 표처럼 공정가치 정보를 확인할 수 있다.

◆ **고려제강 연결재무제표 주석사항**

16.3 투자부동산의 공정가치

(단위 : 백만원)

구 분	2016.12.31	2015.12.31
토지	140,666	117,141
건물	40,068	26,087
합 계	180,734	143,228

취득가액에서 감가상각비누계 등을 차감한 장부가액이 1,012억 원이지만 실제 투자부동산의 공정가치는 약 79% 더 큰 1,807억 원으로 공시했다. 이는 이 기업의 시가총액 6,400억 원대 대비 28%에 이른다. 410억 원의 당기순이익을 내는 기업이 투자 목적의 부동산도 많이 갖고 있으니 매력적으로 보인다.

자산가치와 수익가치를 모두 갖춘 기업을 찾아 분석하고 투자하는 투자자라면 이렇게 재무제표 주석사항을 잘 활용하는 습관을 들이길 바란다. 굳이 기업을 탐방하거나 기업 근방의 공인중개사사무소를 찾아가지 않아도 전자공시시스템에서 공시하는 사업보고서를 보면 정보를 구할 수 있다.

정상적으로
이익을 내고 있는가
(영업자산, 영업부채)

영업자산과 영업부채

기업은 기본적으로 영업활동을 해서 이익을 내야 한다. 영업활동을 하려면 인적자원, 제조시설, 판매시설 등이 필요하다. 제품을 만들어 판매하는 제조업은 영업자산과 영업부채 규모가 클 수밖에 없다. 100% 외주 생산으로 해결하지 않는 이상 공장을 갖춰야 한다. 공장을 구성하는 토지·건물·기계장치·시설 등에 작게는 수백억 원, 많게는 수백조 원이 들어간다. 코스닥의 중소 제조기업도 유형자산만 수백억 원이고 삼성전자는 115조 원의 유형자산을 갖추고 있다. 삼성전자의 총자산 339조 원 중 3분의 1이 사옥과 공장인 셈이다.

서비스업을 하는 경우 제품을 생산하지 않으므로 공장이 없다. 즉, 유형자산 규모가 크지 않다. 대한항공처럼 항공운송 서비스를 제공하느라 항공기 등 유형자산을 20조 원 가까이 보유한 경우가 아니면 대부분 홀쭉한 편이다. 특히 사옥 없이 사무실을 임차해서 쓰는 서비스업은 컴퓨터와 집기, 비품만 있으면 그만이다. 자산총액 9,093억 원 규모인 모바일게임 전문기업 컴투스는 유형자산이 29억 원에 불과하다. 연매출 4,817억 원에 영업이익 1,464억 원을 올리지만 딱히 큰 규모의 유형자산이 필요하지는 않다. 오로지 인적자원의 번뜩이는 게임 아이디어와 기술력이 회사의 핵심일 뿐이다. 초기자본이 크게 들어가지 않는 사업이고 투하자본 대비 이익을 크게 낼 수 있다는 특징도 있다.

반대로 제조업은 공장을 차려야 하므로 투하자본이 많이 들어갈 수밖에 없다. 국내 최대 철강기업 포스코는 자산총액 78조 원 중 유형자산이 30조 원을 차지한다. 포스코는 30조 원의 유형자산으로 연매출 약 65조 원, 영업이익 5조 5,000억 원을 달성했다. 컴투스가 29억 원의 유형자산으로 1,446억 원의 영업이익을 내니 일단 효율성은 포스코보다 컴투스가 좋아 보인다. 그러나 포스코는 강력한 시장지배력으로 매년 안정적인 이익을 창출하는 기업이고, 컴투스는 게임의 흥행 여부에 따라 손익이 크게 달라질 수 있는 기업이라 어떤 기업이 좋고 나쁘다고 단정적으로 평가하기 어렵다.

이 비교는 어디까지나 영업자산에서 가장 대표적인 항목이 유형자산이고 제조업과 서비스업 사이에는 차이가 있다는 점을 보여주는 데 그 목적이 있음을 이해하기 바란다. 사실 영업활동에는 유형자산 외에도 많은 자산이 필요하다.

제조업의 영업자산과 영업부채

앞서 살펴본 금융상품, 금융자산, 투자부동산을 제외한 나머지 자산은 영업자산 성격이다. 예를 들어 과자를 만들어 파는 A회사의 영업흐름을 생각해보자.

A 과자회사의 사례

A회사는 신제품을 만들 때 연구개발활동부터 시작한다. 감자스낵, 초코비스킷, 쌀과자 등 여러 가지 대안을 놓고 고민하는 것이다. 어떤 종류가 잘 팔리는지 시장조사도 하고 자사 인력과 시설로 개발과 생산이 가능한지도 검토해야 한다. 영업부서, 개발부서, 제조부서, 관리부서를 비롯한 전부서 임직원이 모여 수많은 회의를 거듭한 끝에 최종적으로 내년에 감자스낵을 신제품으로 출시하기로 했다.

이제 개발 단계로 넘어간다. 개발실에서 감자스낵을 새로 개발하는 데 생각보다 시간이 오래 걸린다. 경쟁사 제품과 맛을 차별화하느라 원재료 배합에 신경 쓰고 바삭함을 유지하고자 튀기는 시간도 계속 바꿔본다. 또 수많은 감자스낵을 만들어 품평회를 하고 개선사항도 수집한다. 오랜 개발 과정을 거쳐 최종 시제품 생산에 성공하면 공을 제조부서로 넘겨 제품 양산에 들어간다.

대안 고민부터 시제품 완성 전까지를 연구개발 단계라고 하며 이를 그

림으로 나타내면 다음과 같다.

◆ **연구개발활동**

연구 단계

- 새로운 지식을 얻고자 하는 활동
- 연구 결과나 기타 지식을 탐색, 평가, 최종 선택, 응용하는 활동
- 재료, 장치, 제품, 공정, 시스템, 용역의 여러 가지 대체안을 탐색하는 활동
- 새롭거나 개선한 자료, 장치, 제품, 공정, 시스템, 용역의 여러 가지 대체안을 제안·설계·평가·최종 선택하는 활동

개발 단계

- 생산 혹은 사용 전의 시제품 모형을 설계, 제작, 시험하는 활동
- 새로운 기술과 관련된 공구, 지그, 주형, 금형 등을 설계하는 활동
- 상업적 생산 목적으로 실현 가능한 경제 규모가 아닌 시험 공장을 설계, 건설, 가동하는 활동
- 신규 또는 개선한 재료, 장치, 제품, 공정 시스템, 용역을 위해 최종 선정한 안을 설계·제작·시험하는 활동

양산 단계

제품 출시

제품 출시 전까지 이렇게 많은 활동을 하다 보면 지출이 늘어난다. A회사는 과자 개발비용으로 연간 매출액의 약 1%를 썼다. 매출액 대비 1%라 A회사에 큰 부담을 주지 않을 거라 생각할 수 있지만, 사실 A회사의 영업이익률(영업이익/매출액)이 4%에 불과해 매출액의 1%를 연구개발에 투입하는

것은 부담이 큰 일이다.

회사가 속한 산업 특성이나 기업 규모에 따라 연구개발비 사용액에는 큰 차이가 난다. 삼성전자는 연간 수십조 원을 투입하며 중소기업도 매년 수십억 원씩 쓰는 게 예사다. 이 연구개발비를 회계처리하는 것은 회사마다 방식이 다르다. 무형자산에 개발비로 처리하는 기업도 있고 판매비와관리비 또는 매출원가 같은 비용으로 처리하는 기업도 있다. 기업마다 회계처리 방식이 다른데 만약 무형자산에 처리하면 이 개발비는 회사의 영업자산 성격을 띤다. 연구개발비는 결국 회사의 영업활동을 위해 선투입한 비용의 합계이기 때문이다.

개발 과정을 거쳐 얻은 결과물을 본격 생산하려면 공장이 필요하다. 공장 토지와 건물, 시설, 기계장치 등이 있어야 하며 이는 재무상태표의 유형자산으로 표시한다.

과자를 만들려면 원재료, 부재료가 있어야 하고 재공품^{Work in Process} 단계를 거쳐 최종 제품으로 완성한다. 이러한 원재료, 부재료, 재공품, 제품은 재고자산으로 처리한다.

회사가 제품을 마트나 슈퍼마켓 등에 판매하기 시작하면 매출채권이 발생한다. 상거래는 대부분 외상으로 이뤄지므로 매출채권은 재무상태표에 표시한다. 매출채권, 재고자산, 유형자산, 무형자산은 기본적으로 영업자산 성격이며 그 외에 금융상품시리즈·금융자산시리즈·투자부동산을 제외한 나머지 계정과목 역시 영업자산으로 간주해도 무방하다.

영업부채는 영업자산보다 구분하기가 더 수월하다. 결론부터 말하면 차입부채를 제외한 부채는 모두 영업부채로 봐도 좋다. 회사가 과자를 만들기 위해 원재료를 사오면 매입채무가 발생한다. 제품을 팔 때 매출채권이 발생하듯 원재료를 사오면 매입채무가 생긴다. 기계장치를 들여올 때 발생하는 미지급금, 이번 달까지 사용하고 다음 달에 결제하는 공장의 전기요금·수도요금 사용액은 아직 납부하지 않았으니 재무상태표에 미지급비용으로 처리한다. 또 반품을 예상해 충당부채도 설정하고 임직원 퇴사에 대비한 퇴직급여부채도 잡는다. 이는 모두 영업과 관련된 부채 성격이다.

재무상태표의 부채에서 차입금시리즈, 사채시리즈 등을 제외한 나머지는 영업부채이므로 부채 총액에서 차입부채를 차감해 계산하면 빠르다. 자산에서 부채를 차감하면 자본이 나온다. 우리는 자본을 순자산^{Net Asset}이라고 하는데 같은 원리로 영업자산에서 영업부채를 차감할 경우 순영업자산이다.

◆ 영업자산에서 영업부채를 차감한 순영업자산

	자산	부채	자산 − 부채(순자산)
영업 성격	매출채권, 미수금, 재고자산, 유형자산, 무형자산, 이연법인세자산, 기타자산 등	매입채무, 미지급금, 선수금, 미지급비용, 충당부채, 이연법인세부채, 기타부채 등	영업자산 − 영업부채 (순영업자산)
비영업 성격 (차입 성격)	현금및현금성자산, 금융상품시리즈, 금융자산시리즈, 투자부동산	차입금시리즈, 사채시리즈	비영업자산−차입부채 (순비영업자산)

순영업자산의 역할은 당연히 매출을 창출하고 이익을 극대화하는 것이

다. 순영업자산으로 이익을 많이 낸다면 사업을 정말 잘하는 회사로 봐도 좋다. 반대로 이익을 별로 내지 못하거나 오히려 영업적자를 낸다면 순비영업자산이 줄어들 수 있다. 영업적자는 회사 운영자금도 부족하다는 의미다. 제품을 판매해서 들어온 돈보다 생산과 판매 비용이 더 들었다는 뜻이므로 비용을 지불하기 위해 차입금을 더 늘리거나 보유한 금융상품, 금융자산, 투자부동산 등을 매각할 수도 있다. 잠깐 그러다 말면 다행이지만 계속 영업적자를 내면 사업을 접어야 할지도 모른다. 공장을 차려 제품을 많이 만들었지만 이익이 적거나 적자가 나면 재무구조가 악화되기 때문이다. 무엇보다 이익이 증가하지 않거나 적자가 나는 사업을 계속할 이유는 없다. 주주 입장에서도 이런 회사는 투자 매력도가 떨어지고 대출해준 은행도 회사가 벌어서 갚기 어려울 수 있겠다는 생각을 할 수밖에 없다.

ROA, ROIC, ROE

기업이 보유한 자산으로 어느 정도 이익을 내는지 측정하는 지표로는 보통 ROA$^{Return on Assets}$(총자산이익률)와 ROE$^{Return on Equity}$(자기자본이익률)를 쓴다. ROA는 영업이익(또는 순이익)을 총자산으로 나누며 다음 공식에 재무제표 수치를 대입해서 구한다.

$$ROA = \frac{영업이익(또는 순이익)}{평균총자산(부채+자본)}$$

분자인 영업이익(또는 순이익)은 1월 1일부터 12월 31일까지 기업의 실적을 의미한다. 분모인 총자산은 12월 31일 현재 잔액이다. 여기서 분자 값은 유량Flow 개념이고 분모값은 저량Stock 개념이다. 유량(1년 치 실적)을 저량(연말 잔액)으로 나누는 것에는 논리적 모순이 있다. 따라서 분모도 유량으로 바꿔준다. 즉, 2018년 말 총자산과 2017년 말 총자산의 평균값을 낸다. 결국 2018년 1월 초(2017년 말)에서 2018년 12월 말 값을 모두 포함한다.

'자산＝부채+자본'이므로 분모의 자산은 당연히 부채와 자본의 합이다. 순이익은 영업이익에서 이자비용과 세금 등을 차감한 순수 주주 몫이기 때문에 분모에 부채(채권자 몫)+자본(주주 몫)이 들어오면 또다시 분모와 분자 간에 논리적 모순이 발생한다. 영업이익은 이자비용을 차감하기 전의 실적이며 부채와 자본으로 조달한 사업자금으로 만들어낸 이익이다. 따라서 분자에 순이익보다 주주 몫(자본)과 채권자 몫(부채)으로 벌어들인 영업이익을 쓰는 게 타당하다.

분모인 총자산은 앞서 살펴본 대로 영업자산과 비영업자산으로 이뤄져 있다. 영업이익은 기본적으로 영업자산을 활용해서 창출한다. 과자를 제조·판매해 영업이익을 내는 A회사가 영업 과정에 비영업자산인 삼성전자 주식 1만 주를 투입하지는 않는다. 그러나 ROA를 계산할 때는 분모가 총자산이므로 분모값에 이 비영업자산을 포함한다. 비영업자산을 배제하고 순수하게 영업활동에 투입한 영업자산 대비 영업이익을 계산하는 공식이 바로 ROIC Return On Invested Capital (투하자본수익률)다.

ROIC는 회사의 세후영업이익을 영업투하자본으로 나누어 계산하고 공식은 다음과 같다.

$$ROIC = \frac{\text{세후영업이익}}{\text{영업투하자본(영업자산−비이자발생부채)}}$$

이론적으로 세후영업이익은 '영업이익×(1−법인세율)'로 계산한다. 만약 매출액에서 매출원가, 판매비와관리비를 차감한 영업이익이 100억 원이고 법인세율이 20%라면 세후영업이익은 100억 원×(1−20%)이므로 80억 원이다.

영업투하자본은 영업자산에서 비이자발생부채를 뺀 것으로 표현하는데 여기서 비이자발생부채의 의미를 생각해보자. 쉽게 말해 이것은 이자가 발생하지 않는 부채로 해석할 수 있다. 이자가 발생하는 부채는 앞서 살펴본 은행차입금, 회사가 자본조달을 위해 발행한 사채(회사채, 전환사채 등), 리스부채 같은 금융부채다. 이를 제외한 나머지 부채는 이자가 발생하지 않고 우리는 이를 영업부채라고 표현했다. 이제 ROIC를 다시 간단하게 표현하면 세후영업이익을 순영업자산(영업자산−영업부채)으로 나눈 값이라고 할 수 있다. 자산에서 부채를 차감한 값을 자본 또는 순자산이라고 하므로 위 공식처럼 영업투하자본이 아닌 순영업자산으로 표현해도 무방하다.

개인적으로 나는 재무비율로 기업을 분석하는 것을 좋아하지 않는다. 비율로는 회사를 제대로 이해하기가 불가능하기 때문이다. 분자와 분모를 이루는 값이 재무제표에 어떻게 구성되어 있는지, 그 값이 의미 있는 숫자인지 다시 들여다봐야 진정한 분석이 가능하므로 처음부터 재무제표 분석을 하는 게 낫다.

그런데 재무비율 중 ROIC는 분명 의미가 있는 지표다. 경영자 입장에서는 영업 관련 자산과 부채로 얼마나 이익을 창출하는지 알아야 하고, 투자자는 이 회사가 사업을 효율적으로 수행하고 높은 이익률을 내는지 봐야 한다. 미국의 유명 자동차기업 GM은 ROIC를 투자 의사결정과 경영진 보상을 위한 핵심성과지표KPI, Key Performance Indicator의 근거로 활용한다.

주식투자자에게 유명한 마법공식을 소개한 저서《주식시장을 이기는 작은 책》에서 저자 조엘 그린블라트는 마법공식의 한 축으로 ROIC를 활용한다. 마법공식에 ROIC 대신 ROCReturn on Capital로 표현하고 분자에 세후 영업이익 대신 영업이익이 들어간다는 점만 다르다.

우리가 자산을 영업자산·비영업자산으로 나누고 부채를 영업부채·금융부채로 나눈 이유를 복기해보자. 영업자산과 영업부채의 역할은 영업이익을 창출하는 것이다. 비영업자산은 남는 자금으로 여기저기 재테크한 것으로 회사의 자산가치에 기여한다. 다만 비영업자산보다 금융부채가 더 많으면 회사가 영업이익을 창출해 부지런히 갚아야 한다. 즉, 차입금을 갚기 위해서는 영업자산과 영업부채를 활용해 영업이익을 많이 달성해야 한다.

삼성전자, 포스코, 대한항공

그러면 삼성전자, 포스코, 대한항공의 재무 정보를 살펴보자.

◆ 삼성전자, 포스코, 대한항공 주요 재무 정보

(단위: 조 원)

	삼성전자	포스코	대한항공
자산	339	78	26
부채	91	31	24
순자산(자본)	248	47	3
순비영업자산	112	-3	-13
순영업자산	136	50	16
영업이익	59	5	0.6

삼성전자의 순비영업자산(비영업자산 – 금융부채)은 112조 원이고 포스코와 대한항공은 각각 -3조 원, -13조 원이다. 쉽게 말해 삼성전자는 비영업자산이 많고 포스코와 대한항공은 비영업자산보다 금융부채가 더 많다. 삼성전자는 순자산(자산 – 부채)이 248조 원이므로 순비영업자산을 제외한 영업자산은 '248조 원-112조 원'으로 136조 원이다. 포스코와 대한항공도 같은 방식으로 계산하면 각각 50조 원, 16조 원이다.

삼성전자의 ROA, 즉 영업이익/총자산은 59/339=17%다. 분모에 평균총자산을 대입해야 하지만 편의상 생략했다. 삼성전자의 ROIC는 영업이익/순영업자산이므로 59/136 = 43%다. 분자에 세후영업이익을 대입해야 하는데 이 부분은 역시 무시했다. ROA, ROIC의 결과치가 달라진다는 것과 어떤 수치가 더 의미 있는지 보여주기 위한 목적이므로 양해하기 바란다.

삼성전자는 자산 339조 원으로 59억 원의 영업이익을 창출했다. 저금리 시대에 17%의 ROA는 대단한 일이지만 사실 이것은 왜곡된 수치다. 삼성전자가 보유한 자산 339조 원 중 비영업자산만 127조 원이다. 삼성전자는 영업이익 59조 원을 창출하는 데 이 127조 원 이상의 자산을 전혀 사용하지 않았고 이것은 회사의 금융수익 창출에만 기여했다.

순수하게 삼성전자의 반도체, 스마트폰, 가전, 디스플레이 등을 제조·판매하느라 투입한 순영업자산은 136조 원이다. 그 136조 원으로 59조 원의 영업이익을 창출해 43%에 가까운 수익률을 올렸으니 대단한 성과라고 할 수 있다.

포스코는 순비영업자산이 -3조 원이지만 위 표에서 보는 것처럼 순영업자산 50조 원으로 5조 원의 영업이익을 올렸으니 나쁘지 않다. 마지막으로 대한항공은 2018년 약 0.6조 원(6,000억 원)의 영업이익을 거뒀다. 영업이익 0.6조 원을 총자산 26조 원으로 나누면 수익률은 2.3%에 불과하다. 극단적으로 표현하면 26조 원을 비행기 등 영업자산을 구입하는 데 쓰기보다 금융상품에 투자해 수익을 올리는 게 더 낫겠다는 생각도 든다. 순영업자산 16조 원으로 영업이익을 나눌 경우 약 3.8% 수익률이 나온다. 삼성전자나 포스코에 비해 수익성이 낮은 편이다.

수익성 높은 서비스업

수익성이 가장 높은 업종은 삼성전자, 포스코, 대한항공처럼 큰 유형자산(공장, 항공기 등)을 갖추지 않고 이익을 창출하는 서비스업이다. 사업에 특별히 큰 투자가 필요하지 않기 때문이다. 예를 들어 게임기업 컴투스의 재무제표를 보면 보유한 순비영업자산만 8,265억 원이고, 순영업자산은 180억 원에 불과하다. 컴투스는 금융자산을 많이 보유하고 있지만 사옥이 없다. 이 회사의 유형자산은 집기, 비품, 컴퓨터, 서버 등이다.

컴투스는 180억 원의 순영업자산으로 2018년 1,466억 원의 영업이익을 창출해 무려 814%의 수익률을 올렸다. 인적자원이 중요한 업종인데 인건비와 연구개발비 등을 영업이익 계산에서 이미 영업비용으로 반영하고 영업자산으로 큰돈을 쓸 일이 없으니 이렇게 높은 ROIC가 가능한 것이다.

이처럼 ROIC는 아주 의미 있는 지표지만 사실 주주 입장에서 가장 많이 보는 지표는 ROE다.

$$\text{ROE} = \frac{\text{영업이익(지배주주순이익)}}{\text{평균자본(지배주주지분)}}$$

순이익은 영업이익에서 채권자에게 지불하는 이자비용과 국가에 납부하는 세금까지 모두 빼고 주주에게 돌아가는 순수한 이익이 얼마인지를 의미한다. 자본 역시 회사의 자산총계에서 채권자 몫인 부채를 차감하고 남은 주주 몫이다. 분자, 분모가 모두 주주 관점으로 이뤄져 있다는 데 의미가 있다.

자회사 없이 혼자 개별재무제표를 만드는 기업은 순이익을 평균자본으로 나누고, 자회사를 포함해 연결재무제표를 만드는 기업은 지배주주순이익을 평균지배주주지분으로 나누어 계산한다.

연결재무제표를 만드는 기업의 ROE를 계산할 때 분모에 지배주주지분이 아닌 총자본을 대입할 경우 낭패를 볼 수 있다. 마찬가지로 분자에 지배주주순이익이 아닌 당기순이익을 대입하면 숫자가 왜곡된다.

한화

다음은 한화의 연결재무상태표에 나오는 자본 쪽 항목이다.

◆ **한화 2018년 연결재무상태표**

(단위: 백만 원)

	제 67 기	제 66 기	제 65 기
자 본			
지배기업의 소유주에게 귀속되는 자본	4,185,385	4,541,292	4,408,148
자본금	489,550	489,550	489,550
자본잉여금	496,385	547,154	670,913
자본조정	23,339	38,295	38,196
기타포괄손익누계액	(484,146)	101,197	214,194
이익잉여금(결손금)	3,660,257	3,365,096	2,995,295
비지배지분	12,767,650	11,423,454	9,819,788
자본총계	16,953,035	15,964,746	14,227,936

한화의 자본총계는 16조 원인데 '지배기업 소유주에게 귀속되는 지

분'(줄여서 지배주주지분)은 4조 원, 비지배지분은 12조 원이다. 한화는 한화케미칼, 한화생명 등 수많은 종속기업(자회사)의 재무제표와 합쳐서 연결재무제표를 만든다. 최대주주로서 종속기업을 지배하는 모회사와 자회사를 합쳐 하나의 회사로 간주하고 만드는 것이 연결재무제표다. 실질적으로 한화그룹을 하나의 회사로 보는 셈이다. 이에 따라 한화의 자산·부채와 한화케미칼, 한화생명 등의 자산·부채 등을 합친다. 이렇게 합친 뒤 자본 쪽에서 교통정리를 한다.

예를 들어 한화의 종속기업으로 단순히 한화케미칼만 있다고 해보자. 한화가 한화케미칼을 지배하는 것은 맞지만 한화의 한화케미칼 지분율은 36.26%에 불과하다. 나머지 63.74% 지분은 2대주주 밑으로 골고루 분산되어 있다. 즉, 한화케미칼의 자산과 부채 중 36.26%만 한화의 것이고 나머지 63.74%는 다른 주주들의 것이다.

결국 재무제표도 36.26%의 몫과 63.74%의 몫으로 나누어 보여주는 게 타당하다. 그런데 자산과 부채의 모든 계정과목을 한화＋한화케미칼의 몫 36.26%와 한화케미칼의 다른 주주들 몫으로 나누어 보여주는 것은 현실적으로 불가능하다. 몫 구분, 즉 교통정리는 자본 쪽에서 한꺼번에 이뤄진다. 한화가 한화케미칼을 지배하므로 재무제표를 하나로 만들지만 한화케미칼의 36.26%만 지배주주인 한화의 몫이고 나머지 63.74%는 비지배주주의 몫이라고 나눈다. 어차피 자산에서 부채를 차감한 것이 자본이므로 자본에서 정리하는 것이 편하다.

지배기업 소유주에게 귀속되는 자본 4조 1,853억 원은 한화와 한화의 자회사 몫에 따른 지분율만큼을 의미한다. 한화의 주주는 지배기업 소유주에게 귀속되는 이 자본만 내 몫이라고 보면 된다. 비지배지분 12조 7,676억 원은 한화 자회사의 다른 주주 몫이므로 한화의 주주는 관심을 보일 필요가 없는 숫자다.

한화는 수많은 자회사를 지배하고 있지만 실질적으로 지분율은 그리 높지 않다. 한화의 자본총계는 16조 원이어도 실질적으로 약 4조 원어치만 한화의 주주 몫으로 보는 게 정확하다. 이처럼 지배기업 소유주에게 귀속되는 자본 대비 비지배지분이 월등히 높다는 것은 한화가 자회사에서 차지하는 지분율이 매우 낮다는 것을 의미한다. 실질적으로 지배는 하고 있지만 그 몫은 별로 크지 않다.

ROE의 분자값인 순이익도 마찬가지다.

◆ **한화 2018년 연결손익계산서**

(단위: 백만 원)

	제 67 기	제 66 기	제 65 기
당기순이익(손실)	799,340	1,310,937	1,288,691
당기순이익(손실)의 귀속			
지배기업의 소유주에게 귀속되는 당기순이익(손실)	468,400	405,379	491,670
비지배지분에 귀속되는 당기순이익(손실)	330,940	905,558	797,021

한화는 2018년 제67기 1년 동안 7,993억 원의 순이익을 거두었다. 이 숫자는 한화와 한화의 모든 자회사가 합쳐서 이뤄낸 성과다. 한화 주주의 입장에서는 한화의 순이익과 한화케미칼의 순이익 36.26%만 자기 몫이다.

한화케미칼 순이익의 63.74%는 한화가 아닌 한화케미칼의 다른 주주들 몫이다. 따라서 한화는 당기순이익 7,993억 원이 아닌 지배기업 소유주에게 귀속되는 당기순이익, 즉 한화 주주의 입장에서 순이익인 4,684억 원만 ROE의 분자값에 대입해야 한다.

주식투자자들이 많이 보는 주가순이익비율 PER, Price Earning Ratio 과 주당순자산비율 PBR, Price Book value Ratio 도 같은 방법으로 계산한다. PER은 주가를 1주당 순이익으로 나누어 계산한다. 여기서 순이익은 당연히 지배기업 소유주에게 귀속되는 당기순이익을 의미한다. PBR은 주가를 1주당 순자산으로 나누어 계산한다. 순자산 역시 지배기업 소유주에게 귀속되는 자본이다. 당기순이익 전체, 즉 자본총계로 계산하면 한화처럼 종속기업에 대한 지분율이 낮은 기업은 숫자가 왜곡될 수 있으니 주의하기 바란다. 상장기업의 각종 ROE, PER, PBR 등 주요 재무비율을 제공하는 HTS나 증권정보 사이트에서 계산해놓은 값은 이 방식을 따르고 있다.

주주 입장에서는 아무래도 자기 몫인 자본 대비 순이익을 얼마나 올리는지가 궁금하므로 ROE에 많은 의미를 두지만 기업의 수익가치는 결국 펀더멘털이 있어야 가능하다. 그 펀더멘털은 순영업자산을 바탕으로 영업이익을 얼마나 낼 수 있는가로 평가한다. 이는 우리가 재무상태표를 영업자산, 비영업자산, 영업부채, 금융부채로 나누는 이유이기도 하다.

영업자산이
쓸모없어지면

파인넥스라는 회사가 있다. 이곳은 LED 소재인 사파이어 단결정과 기판을 생산·판매하는 회사로 한때 유망 중소기업에 선정되고 수출도 많이 했다. 그러다 어느덧 공급이 수요를 초과하면서 제품가격이 많이 떨어졌고 결국 생산원가보다 더 싸게 파는 지경에 이르렀다.

파인넥스는 49억 원어치의 제품을 만들어 재무제표에 재고자산으로 표시했다. 그런데 실제로 이 제품을 팔아 회수 가능한 금액은 1억 원 남짓이다. 회사는 재료비와 인건비, 각종 경비를 들여 제품 49억 원어치를 만들어 창고에 보관하고 있지만 이 제품을 시장에 팔아봤자 손에 쥐는 돈은 1억 원 이상이라는 얘기다. 만약 회사가 이 사실을 숨긴 채 재무제표에 제품 49억 원이 있다고 표시하면 정보이용자는 이 회사에 49억 원어치 재고가 있고 이것을 팔아 49억 원 이상을 벌 수 있다고 생각한다. 물론 실제로 벌 수 있는 돈은 1억 원에 불과하다.

이럴 때 회사는 재무제표에 재고자산이 얼마나 있다고 표시하는 게 맞을까?

◆ **파인넥스 2018년 당기말 연결재무제표 주석사항**

8. 재고자산

8.1 당기말과 전기말 현재 재고자산의 내역은 다음과 같습니다.

〈당기말〉

(단위 : 원)

구 분	평가전금액	평가충당금	재무상태표가액
원/부재료	262,544,988	(151,071,936)	111,473,052
재 공 품	71,363,261	(57,090,609)	14,272,652
제 품	4,979,112,647	(4,873,463,727)	105,648,920
저 장 품	11,499,251,604	(11,439,636,003)	59,615,601
합 계	16,812,272,500	(16,521,262,275)	291,010,225

당연히 위 표처럼 1억 원이라고 표시하는 게 맞다. 생산에 49억 원이 들었지만 불행히도 팔아봤자 1억 원 정도밖에 받지 못하면 1억 원은 그 재고자산의 진짜 가치다. 이 때문에 회사는 재고자산평가충당금을 쌓았다. 평가충당금은 재고자산의 원래 금액에서 실제 회수가능가액과의 차이만큼 차감한 것을 말한다. 회사는 이렇게 차감한 금액만큼을 손실로 처리한다. 손실처리 부분은 매출원가에 계상하는데 이를 가리켜 재고자산평가손실이라고

한다. 기업의 손익계산서를 살피다 보면 종종 매출액보다 매출원가가 더 큰 경우를 목격한다. 이는 손해를 보고 팔았다는 것이 아니라 위 표처럼 보유한 재고자산의 가치가 줄어 그 부분을 매출원가, 즉 비용으로 반영했음을 의미한다.

회사는 제품을 만들기 위해 원·부재료, 저장품을 보유하고 만드는 과정인 재공품도 갖고 있다. 최종 제품으로 완성해도 결국 원가 이상으로 판매하는 것은 불가능하므로 모두 손실처리하는 것이 맞다. 그래서 회사는 총 168억 원의 재고자산에서 2억 9,000만 원을 제외한 165억 원 전액을 평가손실로 처리했다. 실물을 만드는 데 168억 원을 들였으나 실제 자산가치는 2.9억 원에 불과하다. 안타깝지만 이렇게 표시해야 재무제표 정보이용자의 정확한 판단에 도움을 줄 수 있다.

재고자산평가손실

과자를 만들어 판매하는 A회사가 제품 하나를 생산하는 데 재료비, 인건비, 각종 경비 등에 95원을 투입했다고 해보자. 생산한 제품은 창고에 보관 중이고 이 과자를 마트에 납품하려면 판매비가 10원 정도 발생한다. 한 봉지를 판매해 최소 105원 이상 받아야 마진이 남는다는 얘기다. 작년까지 한 봉지당 120원을 받았는데 올해부터 갑자기 판매가격이 떨어져 100원에 팔아야 한다면 어떨까?

이처럼 판매가격이 떨어지는 상황은 여러 가지 이유로 발생한다.

첫째, 제품을 찾는 소비자가 별로 없다. 제품을 만들어 창고에 가득 쌓아 놓는데 팔리지 않으면 어찌될까? 식음료는 유통기한이 길지 않은 탓에 이런 상황은 회사에 커다란 압박 요인이다. 특히 트렌드가 급격히 변화하는 시대라 시간을 끌수록 회사에 불리하다. 유통기한이 지나면 모두 폐기처분해야 하므로 차라리 판매가격을 내려서라도 파는 게 낫다.

결국 회사는 100원에 팔기로 결정한다. 100원에 팔면 한 봉지당 5원의 손해가 발생한다. 그럼 팔 때마다 5원 손실로 인식하는 게 맞을까? 그렇지 않다. 재무제표 정보이용자는 재무제표에 재고자산이 95원으로 나오면 제품을 판매해 최소 95원 이상 회수 가능하다고 믿는다. 실제로는 100원에 판매하고 판매비 10원이 발생하므로 90원 정도만 회수가 가능하다. 팔 때마다 5원씩 손해가 나므로 회사는 재고자산을 90원으로 표시하는 게 맞다. 100원에 판매해 판매비 10원을 지불하고 딱 90원을 회수하니 말이다.

둘째, 실적이 저조한 기업의 부품회사다. 전방산업이 호황이면 후방산업인 부품회사도 수혜를 많이 본다. 가령 새로운 스마트폰이나 신차가 출시되면 주요 납품업체의 주가가 크게 오른다. 반대로 스마트폰이나 완성차 기업의 실적이 저조할 경우 부품회사도 어려움을 겪는다. 판매량이 감소하면 자연스럽게 부품사 판매량도 감소하며 납품단가가 떨어지는 경우도 많다. 판매량 감소로 실적이 악화될 경우 전방산업은 최소 마진 유지를 위해 원가 절감에 들어간다.

인건비, 감가상각비 등 고정비를 줄이기 힘들 때 가장 많이 쓰는 방법이 납품받는 원재료비를 낮추는 것이다. 전방산업에 속하는 기업이 매입가를 낮출 경우 판매하는 후방산업의 부품회사는 판매가격을 떨어뜨릴 수밖에 없다. 특히 판매처가 한정된 부품회사는 아무래도 요구하는 대로 들어주어야 하므로 손해를 보고라도 팔아야 하는데 이때 재고자산평가손실 처리가 불가피하다.

　셋째, 물리적인 제품 손상이 발생한다. 그 대표적인 예가 2016년 삼성전자의 재무제표다. 혁신적인 스마트폰으로 평가받던 갤럭시노트7은 출시 초반 흥행몰이를 했으나 판매한 지 얼마 지나지 않아 여기저기서 폭발하는 사고가 발생해 결국 판매금지 조치가 내려졌다. 삼성전자에는 이미 만들어놓은 제품과 원재료, 재공품 등 수많은 재고자산이 있었지만 판매는 금지된 상황이었다. 이 금액이 수조 원에 달했으나 판매해서 회수 가능한 금액은 0원이었다. 결국 삼성전자는 이 부분을 재무제표에 반영했다. 3조 원 이상의 갤럭시노트7 관련 재고자산이 있다고 재무제표에 3조 원이라고 표시하면 정보이용자는 제품을 팔아 3조 원 이상 회수할 것이라고 기대하지만 실제로 판매는 불가능하며 회수 가능한 돈은 한 푼도 없다.

　당시 삼성전자 재무제표 주석사항에서 재고자산을 찾아보면 전기말인 2015년에는 재고자산 19조 원 대비 평가충당금을 7,735억 원 정도만 쌓았는데, 당기말인 2016년에는 21조가 넘는 재고자산에서 무려 3조 4,000억 원 이상의 평가충당금을 쌓았다. 갤럭시노트7 때문에 재고자산평가충당금이 증가한 것으로 보인다. 제품이 물리적으로 손상을 입으면 판매해서 회수하기가 불가능하므로 전액 손실처리할 수밖에 없다.

◆ **삼성전자 2016년 연결재무제표 주석사항**

11. 재고자산 :

보고기간 종료일 현재 재고자산의 내역은 다음과 같습니다.

(단위 : 백만원)

구 분	당기말			전기말		
	평가전금액	평가충당금(*)	장부가액	평가전금액	평가충당금	장부가액
제품 및 상품	7,982,850	(2,077,511)	5,905,339	5,956,413	(186,953)	5,769,460
반제품 및 재공품	5,334,607	(317,223)	5,017,384	6,142,964	(363,661)	5,779,303
원재료 및 저장품	7,526,608	(1,032,442)	6,494,166	6,082,185	(222,923)	5,859,262
미착품	936,614	–	936,614	1,403,769	–	1,403,769
계	21,780,679	(3,427,176)	18,353,503	19,585,331	(773,537)	18,811,794

(*) 연결회사는 생산 및 판매 중단한 재고자산을 순실현가능가치로 평가하고 원가와
의 차이를 평가충당금으로 반영하였습니다.

그나마 물리적 손상은 일회성이지만 계속 판매량이 감소하거나 판매
가격이 하락해 매년 제품을 생산해서 팔아봤자 적자가 나는 상황이 이어진
다면 어찌될까? 이럴 때 경영자는 대개 사업을 정리할지 계속할지 고민한
다. 상장기업이 갑자기 사업을 정리하는 것은 쉽지 않은 의사결정이다. 하
나의 사업부를 중단하는 것은 가능하겠지만 회사 전체 사업을 그만두기는
어렵다.

경영자가 어떤 결정을 하든 상관없이 적자가 나는 상황이라면 재무제표
에서 재고자산평가손실 외에 추가로 손실을 고려해야 하는 부분이 더 있다.
바로 유형자산손상차손이다. 이는 회사 제품을 만드는 공장에도 손실이 발
생했다고 보는 개념이다.

유형자산손상차손

회사는 사업 초기에 제품 생산을 위해 공장 토지를 구입해 건물을 짓고 기계장치를 들여놓는다. 이때 많은 현금을 투입하는데 기계장치 구입과 관련된 지출은 비용처리하지 않고 유형자산으로 처리한다. 이렇게 자산으로 처리하는 이유는 이 유형자산이 미래에 회사의 수익 창출에 도움을 줄 것이라고 믿기 때문이다. 회계학 교과서에서 자산은 '기업에 미래의 경제적 효익을 유입할 것으로 기대하는 경제적 자원'으로 정의한다. 회사는 유형자산을 사용해서 생산하는 제품을 판매해 이익을 추구한다. 돈을 벌기 위해 큰돈을 투입했으니 자산으로 인식하는 데 문제는 없다.

이처럼 회사는 자산으로 처리한 뒤 감가상각을 한다. 흔히 물리적으로 사용할 수 있는 기간 동안 비용처리하는 것을 감가상각으로 이해하는데, 요즘에는 유형자산을 워낙 튼튼하게 잘 만들기 때문에 아주 오래 쓸 수 있다. 즉, 유형자산이 물리적으로 문제가 되는 경우는 별로 없다. 그렇다고 감가상각을 수십 년 동안 할 수는 없다.

예를 들어 제품을 생산해 회사 수익 창출에 기여하지 않고 창고에 보관해둔 기계장치를 회계상 감가상각할 수는 없다. 감가상각비는 돈이 발생하지 않고 그냥 회계상 비용처리만 하는 개념이다. 돈이 빠져나가지 않아도 비용은 비용이다. 비용은 수익 창출을 위해 발생해야 한다. 투입Input이 있어야 산출Output이 있다는 단순한 이치를 생각해보면 그렇다. 감가상각은 수익이 발생하는 동안, 즉 돈을 버는 기간 동안만 비용으로 잡아야 한다는 얘기다.

다음의 간단한 예를 보자.

회사는 기계장치를 1,000만 원에 구입했고 그것으로 제품을 생산해 판매하면 5년 동안 이익을 창출할 것으로 판단해 감가상각하기로 했다. 5년 동안 기계장치 1,000만 원의 투자비 회수가 가능할 것으로 내다본 셈이다. 3년 차까지 회사는 기계장치를 다음과 같이 재무제표에 표시했다.

기계장치	1년 차	2년 차	3년 차
취득원가	10,000,000	10,000,000	10,000,000
감가상각누계액	-2,000,000	-4,000,000	-6,000,000
장부가액	8,000,000	6,000,000	4,000,000

보다시피 1,000만 원짜리 기계장치를 매년 200만 원씩 감가상각한다. 이것을 매년 200만 원씩 비용처리하고 매출원가나 판매비와관리비에 표시한다. 기계장치 가치도 200만 원씩 줄인다. 생산과 관련이 있는 유형자산의 감가상각비는 매출원가, 판매나 관리직군에서 발생하는 감가상각비는 판매비와관리비로 처리한다. 그리고 재무상태표에서 유형자산 가치는 매년 200만 원씩 줄이는 것으로 표시한다. 3년 차에 감가상각누계액은 600만 원이고 회사의 재무제표금액(장부가액)은 400만 원만 남는다.

　3년 차까지 결산한 회사가 앞으로 이 기계장치로 제품을 생산해서 팔면 거의 팔리지 않을 것으로 예상한다면 어떨까? 이 경우 경영자 입장에서는 재무제표에 표시한 400만 원의 기계장치가 애물단지로 여겨진다. 아직 2년은 더 써서 회사 이익 창출에 기여해야 하는데 불가능하니 말이다. 이때 경영자가 선택할 수 있는 카드는 2개뿐이다. 돈은 벌지 못하지만 기계장치를 계속 사용하거나 아니면 기계장치를 중고 시장에 매각해 최대한 돈을 회수하는 방법이다. 지금 당장 어떤 선택을 할지 결정하기가 어렵겠지만 재무제표에 유형자산 금액은 사실에 맞게 바꿔서 표시해야 한다.

　회사가 유형자산을 활용해 향후 창출할 수 있는 사용가치를 계산해보니 약 10만 원이라면? 제품을 생산해서 팔면 최소 10만 원 정도는 벌 것 같다면? 그리고 감정평가사에 의뢰해 유형자산의 공정가치를 평가받으니 100만 원 정도라면? 힘들게 사업할 경우 10만 원 정도를 버는데 매각하면 100만 원은 챙길 수 있으니 현실적으로 매각하는 게 낫다. 만약 사용가치가 100만 원이고 매각가치가 10만 원이면 당연히 사용하는 쪽으로 의사결정할 것이다. 어쨌든 기계장치의 실제가치는 사용가치와 매각가치 중 큰 값을 따른다.

　기계장치를 구입하느라 1,000만 원을 썼으니 벌어서 이것을 회수해야 하는데 3년 차에 일이 틀어졌다. 감가상각해서 기계장치는 장부상으로 400만 원이지만 재무제표에 400만 원으로 표시하면 정보이용자는 이 회사가 400만 원짜리 기계장치로 제품을 제조·판매해 원금을 충분히 회수할 것이라고 생각한다. 실상은 잘해야 100만 원 정도를 건질 수 있다. 이 경우 재무제표에 400만 원으로 표시하면 안 된다. 400만 원과 100만 원의 차이인 300만 원은 손실처리하고 기계장치는 100만 원으로 줄여야 한다. 이 300만 원의 손실을 가리켜 '유형자산손상차손'이라고 한다. 말 그대로 유형자산이 손상되었다고 보고 손실을 인식하는 것이다. 손실을 인식한 300만 원만큼 기계장치 장부가액에서 줄이고 유형자산은 100만 원만 표시한다.

이러한 손실이 발생하면 생각보다 무섭다. 특히 적자가 나기 시작한 중소 제조업체는 금세 자산 규모가 쪼그라들어 완전자본잠식까지 갈 수 있다. 앞서 거론한 회사 파인넥스의 2018년 사업보고서를 보면 회사는 유형자산 247억 원 중 27억 원 정도를 손상차손으로 인식했다. 그리고 2018년도 말에 유형자산이 169억 원 정도 남았다고 표시했다.

정보이용자 입장에서 이것이 이해가 가지 않을 수도 있다. 재고자산 168억 원 중 회수 가능한 금액이 3억 원 정도에 불과할 만큼 사업이 악화되어 사용가치가 거의 없다고 봐야 하니 말이다. 유형자산 매각가치를 169억 원 정도로 본 것인데 과연 맞는 얘기일까? 물론 이것은 감사의견 거절을 받은 재무제표라 신뢰성을 확보하지 못했다. 사업보고서에 첨부한 감사보고서에서 감사의견 거절 문구를 찾아보면 다음 문장이 나온다.

"유형자산 손상에 관한 회사의 평가가 적정한지 판단할 수 있는 충분하고 적합한 감사 증거를 입수할 수 없었습니다."

감사인도 유형자산의 실제가치가 169억 원이 맞는지 의구심이 들었을 터다. 자료를 요구했으나 받지 못한 것으로 보인다. 이 회사의 2018년 기말 총자본금액은 17억 원에 불과하다. 만약 유형자산 손상을 더 반영했다면 완전자본잠식에 빠졌을 것이다.

완전자본잠식의 또 다른 예

스마트폰, 태블릿PC의 터치 패널을 생산하는 코스닥기업 이엘케이도

2018년 감사의견 거절을 받았다. 이 회사의 사업보고서를 보면 매년 영업 적자가 이어지고 있다. 회사는 재고자산으로 총 546억 원어치를 보유했는 데 회수 가능한 금액은 412억 원이고 134억 원은 재고자산평가손실로 반영했다. 역시 유형자산 손상이 예상되지만 회사는 재무상태표에 유형자산을 507억 원으로 표시했다. 이 숫자도 유형자산손상차손을 누계기준으로 183억 원 정도 차감하고 남은 금액이다. 사용가치, 매각가치를 고려해 유형자산에 507억 원의 가치가 있다고 재무상태표에 표시한 셈이다. 그러나 감사의견 거절이 표명된 감사보고서에는 이런 문구가 나온다.

"회사의 유형자산 손상 검토와 관련해 2020년 이후 판매수량 및 판매단가와 관련된 가정의 불확실성을 해소할 충분하고 적합한 감사 증거를 확보할 수 없었습니다."

한마디로 사용가치 자료가 미비한 것으로 보인다. 유형자산 507억 원은 사용가치를 근거로 표시한 것이고 그 사용가치 관련 자료에 문제가 있었던 듯하다. 이 회사의 연말 자본총계는 189억 원에 불과한데 만약 유형자산손상차손을 대규모로 인식해야 한다면 역시 완전자본잠식이 불가피하다.

실제로 대규모 유형자산손상차손을 인식해 완전자본잠식에 빠지는 사례도 많다. 스마트폰 부품기업 우전은 2016년 재무제표를 끝으로 상장폐지되었다. 이 회사의 2016년 재무제표를 보면 자본이 −965억 원으로 완전자본잠식 상태다. 이는 자산보다 부채가 965억 원 더 크다는 의미다.

2016년 회사는 영업손실 378억 원을 기록했는데 이 안에 재고자산평가손실이 171억 원이나 들어 있다. 팔아도 제값을 받지 못하거나 팔리지 않는 재고자산만 171억 원을 덜어낸 셈이니 회사의 유형자산도 손상이 불가피해 보인다. 회사는 약 780억 원을 유형자산손상차손으로 처리했고 결국 1,441억 원의 당기순손실을 냈다.

제조업이 적자를 내기 시작하면 이렇게 무서운 일이 발생한다. 재고자산이 제 가격에 팔리지 않고 아예 팔리지도 않을 듯하면 재고자산평가손실을 반영해야 한다. 계속 그럴 것으로 예상할 경우 유형자산도 쓸모없으니 유형자산손상차손도 인식해야 한다. 2가지 손실을 반영하기 시작하면 자본이 급격히 줄어든다. 그동안 완전자본잠식으로 가는 데 불과 2~3년밖에 걸리지 않은 사례가 자주 있었다. 중소 제조업이 3분기까지 적자였다면 4분기 때 이익으로 전환되길 기대하기보다 더 큰 손실을 예상하는 게 맞다. 연말에는 반드시 자산손상을 평가하도록 회계기준에 명시되어 있기 때문이다. 드라마틱하게 연말에 이익으로 전환될 수도 있으나 100% 확실한 정보가 없으면 더 큰 손실이 날 것이라고 보는 것이 타당하다.

무형자산손상차손

지금까지 영업적자가 이어져 재고자산과 유형자산 손실을 반영하는 것을 살펴봤다. 기본적으로 손실은 2가지 영업자산에서 발생하는데 만약 무형자산을 많이 소유한 기업이 영업적자가 지속되면 여기서도 손실이 날 수 있음을 유의해야 한다.

인수·합병하는 경우와 직접 개발하는 경우

무형자산에 큰 숫자로 표시할 만한 계정과목은 영업권과 개발비 정도다. 영업권은 회사가 기업을 인수, 합병할 때 발생한다. 인수는 회사의 대주주 지분을 인수할 경우, 합병은 기업을 하나로 합칠 경우 표현한다.

예를 들어 TV부품을 생산하는 A회사가 스마트폰 케이스를 만드는 B회사를 합병했다고 가정해보자. B회사 재무상태표상 순자산(자산−부채)은 100만 원인데 A회사는 B회사 성장으로 수익가치가 높아질 것을 고려해 300만 원에 취득했다. 200만 원의 웃돈을 얹어준 셈이다. 합병하면서 A회사는 300만 원의 대가를 지불하고 100만 원의 순자산을 가져오는데 그 차이 200만 원은 무형자산에 영업권으로 처리한다. 200만 원을 더 줬다는 것은 A회사가 앞으로 B회사의 스마트폰 케이스 사업으로 200만 원 이상을 충분히 벌 수 있다고 판단했다는 의미다.

이번에는 기업 인수를 살펴보자. 가령 A회사가 B회사의 최대주주인 김 회장의 주식을 전량 300만 원에 인수했다고 해보자. 이 경우 B회사는 A회사의 자회사가 된다. B회사의 최대주주가 김 회장에서 A회사로 바뀌기 때문이다. 이때 A회사는 B회사의 재무제표와 합쳐 연결재무제표를 만들어야 한다. 이 연결재무제표를 만들 때도 200만 원의 차이가 발생하는데 마찬가지로 무형자산에 영업권으로 처리한다.

결국 인수, 합병에 상관없이 피인수(피합병)회사의 재무제표상 순자산보다 더 웃돈을 준 부분을 영업권으로 처리한다. 이제 A회사는 스마트폰 케이스 사업으로 돈을 벌어 웃돈(영업권)을 뽑아야 한다. A회사는 충분히 그럴 수 있다고 보고 영업권을 무형자산으로 처리한 것이다.

몇 년간 스마트폰 케이스 사업이 이익을 내는가 싶더니 이내 적자로 돌아섰다면 어떨까? 더구나 전방산업인 스마트폰업계가 성숙기로 접어들어 회사의 적자가 지속될 것으로 보인다면 무형자산으로 처리한 영업권은 어떻게 될까? 당연히 자산가치 상실이다.

웃돈을 주고 사온 사업을 무형자산으로 처리한 것은 그 사업으로 이미 지급한 영업권 대가를 뽑을 수 있다는 자신감을 근거로 한다. 이제 그 근거가 사라졌으니 원금 회수가 불가능해진 상황에서 자산으로 표시하면 안 된다. 이것 역시 손상처리해야 한다. 유형자산은 매각가치라도 있지만 무형자산은 실체가 없는 상태이므로 팔 수 없다. 사용가치를 측정해 그 차이만큼 무형자산손상차손으로 처리해야 한다.

이번에는 회사가 스마트폰 케이스 사업을 외부에서 인수, 합병하지 않고 처음부터 개발했다고 가정해보자. 초기부터 자료조사, 인력채용, 설계, 시험을 위해 재료비·인건비·경비 등이 많이 발생한다. 회사 입장에서는 아직 제품을 양산하지 못해 매출이 일어나지 않는데 비용만 들어가니 손익에 부담이 간다. 물론 개발에 성공해 제품을 생산·판매하기 시작하면 개발에 들어간 돈을 뽑아낼 수 있을 것이다. 그래서 회사는 개발 단계에 들어간 돈을 모두 묶어 무형자산으로 처리한다. 이는 유형자산을 취득할 때 자산처리하고 매출이 발생하는 기간 동안 감가상각비로 비용처리하는 방식과 같다. 이는 논리적으로 맞는 얘기다.

문제는 회사가 개발에 성공하고 상업적으로 이익을 창출할 수 있을지 확실하지 않다는 데 있다. 개발 단계에서 이 모든 것이 확실하다고 단언하기는 쉽지 않다. 이를 전문용어로 '기술적 실현 가능성과 미래의 경제적 효익 창출에 불확실성이 있다'고 표현한다. 확실하지 않지만 회사가 큰 금액의 개발비를 무형자산으로 잡고 싶다면 이 기술적 실현 가능성, 상업적 성공 가능성을 입증해야 한다. 그런데 실무 측면에서 개발 초기부터 이를 입증하는 것은 상당히 어렵다. 어차피 개발은 회사의 주요 활동 중 하나이므로 개발비를 자산처리하지 않고 그해 비용으로 인식하는 것이 속 편한 방식이다. 불확실성을 짊어지고 자산을 잡기보다 그냥 비용처리하는 게 낫다는 얘기다. 실제로 기업은 대부분 그렇게 회계처리한다.

반면 손익에 부담을 느끼는 일부 소규모 기업은 개발비를 자산으로 처리하려는 움직임을 많이 보인다. 그들은 불확실성이 커도 자산처리를 하는데 특히 중소 바이오기업이 그러하다. 2018년 금융당국은 바이오기업의 개발비 회계처리를 일제 점검했고 그간 자산으로 처리한 대다수 중소 바이오기업이 당해 비용으로 인식하는 방식으로 회계처리를 바꿨다. 회사도 개발비를 자산으로 입증하는 게 어렵다는 것을 인정한 셈이다. 하지만 모든 회사가 개발비를 비용으로 처리하는 것은 아니다. 여전히 일부 기업은 개발비를 자산으로 처리한다. 이는 입증에 자신이 있다는 의미일 것이다.

유형자산손상차손만큼 무서운 무형자산손상차손

여기 개발실에서 발생한 인건비, 재료비, 각종 경비를 그해 비용으로 처리하지 않고 자산으로 처리한 회사가 있다고 해보자. 이 회사는 각고의 노력 끝에 개발을 완료했고 마침내 제품을 세상에 내놨다. 회사는 개발비 1,000만 원을 5년 동안 무형자산상각비로 비용처리하기로 했다. 말하자면 회사는 제품 양산 후 5년 동안 수익 창출이 가능할 것으로 판단했다. 그래서 개발하느라 돈은 다 썼지만 무형자산으로 달아놨고 수익을 내는 동안 돈이 발생하지 않는 비용인 무형자산상각비로 처리했다. 매년 200만 원씩 무형자산상각비를 비용처리하고 무형자산가치도 200만 원씩 줄였다. 3년 차에 이르자 회사의 무형자산 장부가액에 400만 원만 남았다.

3년 차까지 결산한 회사는 앞으로 더는 제품이 팔리지 않을 것으로 예상했다. 경영자가 예상한 것보다 트렌드가 빨리 바뀐 탓이다. 아직 2년은 더 돈을 벌어야 남아 있는 개발비 자산 회수가 가능한데 이제 불가능해진 것이다. 이것은 유형자산처럼 어디에 매각해서 회수할 수도 없다. 경영자가 할 수 있는 유일한 방법은 앞으로 제품을 양산해 판매한다고 했을 때 회수 가능한 최대 금액을 뽑아보는 일이다. 회사가 제품을 생산·판매해 창출할 수 있는 무형자산의 사용가치를 계산해보니 약 10만 원이었다. 제품을 생산해서 팔면 적어도 10만 원은 벌 것 같다.

신제품을 개발하느라 이미 1,000만 원을 썼고 남은 2년간 더 벌어 개발비 400만 원을 회수해야 하는데 3년 차에 일이 틀어졌다. 무형자산상각비로 비용화해서 남아 있는 무형자산의 장부가치가 400만 원이 되었지만 재무제표에 그대로 400만 원으로 표시하면 정보이용자는 무형자산 400만 원은 회수 가능하리라고 판단한다. 실상은 잘해야 10만 원 정도를 건질 수 있다.

이 경우 재무제표에 400만 원으로 표시하면 안 된다. 400만 원과 10만 원의 차이인 390만 원을 손실처리하고 무형자산 가치는 10만 원으로 줄여야 한다. 이 390만 원의 손실을 가리켜 '무형자산손상차손'이라고 한다. 말 그대로 무형자산이 손상되었다고 보고 손실로 인식하는 것이다.

무형자산손상차손도 유형자산손상차손만큼 생각보다 무섭다. 특히 적자가 나기 시작한 중소 제조업체는 금방 자산 규모가 큰 폭으로 줄면서 재무구조 악화에 기여한다. 앞서 살펴본 스마트폰 부품기업 우전은 2014년 처음 영업적자를 기록했다. 매출액이 40% 감소하며 489억 원의 영업적자를 기록한 것이다. 스마트폰 부품사업이 나아질 기미가 보이지 않고 지속적인 이익 발생이 힘들다고 판단했는지 회사는 무형자산손상차손으로 무려 240억 원을 손실처리했다. 결국 회사는 유형자산손상차손까지 더해 그해에 1,026억 원의 당기순손실을 냈다. 1,827억 원이던 자본총계는 한 해만에 760억 원으로 확 줄어들었고, 2년 뒤 완전자본잠식의 발판으로 작용했다. 회사가 무형자산손상차손으로 처리한 금액의 대부분은 영업권이었다. 이것은 예전에 스마트폰 부품사업을 하기 위해 회사를 합병하면서 발생한 웃돈 부분이었다.

개발비를 자산으로 잡다가 무형자산손상차손으로 털어내는 경우는 많이 있다. 제품 양산까지 갔지만 상업적 성공을 거두지 못해 손실처리하기도 하고 아예 양산까지 가지 못하고 털어내는 경우도 있다.

바이오기업

바이오기업 파미셀은 2017년 무형자산으로 처리한 개발비 391억 원 중 308억 원을 무형자산손상차손으로 처리했다. 회사의 재무제표 주석사항에 따르면 미래 회수가능가액을 추정해 재무제표 숫자와 차이가 나는 만큼 손상처리했다고 서술했다. 이로 인해 392억 원의 당기순손실을 기록했다.

코오롱티슈진은 2019년 5월 식품의약안전처로부터 회사의 개발 제품인 '인보사케이주'의 품목허가 취소 처분을 통보받았다. 회사 제품의 허가 취소이므로 당연히 더 이상 판매는 불가능했다. 회사는 이 품목과 관련해 개발비를 무형자산으로 처리했었다. 이제 품목허가 취소로 선투입한 개발비를 회수할 방법이 없으니 회사는 무형자산에 개발비 금액을 남겨놓을 수 없다. 결국 코오롱티슈진은 2019년 5월 15일 공시한 1분기 보고서의 재무상태표에 남아 있던 개발비 약 56억 원을 전액 무형자산손상차손으로 인식했다.

참고로 금융감독원은 2018년 한 해 동안 제약·바이오기업을 중심으로 개발비 회계처리와 관련해 집중적인 회계감리에 착수했다. 개발비를 자산으로 잡을 정도로 회사가 기술적으로 실현 가능한지, 상업적으로 성공할 수 있는지 검토했는데 그 입증이 불가능하면 자산처리가 힘들다는 인식이 강해졌다. 이로 인해 2018년을 기점으로 개발비를 자산처리하는 사례가 예전보다 많이 줄었다. 검증된 대기업도 확실한 경우를 위주로 개발비를 자산처리하는 편이다.

삼성전자의 2018년 사업보고서를 보면 R&D에 무려 18조 6,000억 원 이상을 투입했는데 무형자산으로 처리한 숫자는 고작 2,963억 원에 불과하다. 나머지는 전액 비용처리했다. 상업적 성공 가능성의 불확실성이 더 큰 게임산업은 대부분 비용처리한다. 엔씨소프트의 2018년 사업보고서를 보면 2,747억 원의 연구개발비를 투입했지만 자산처리한 부분은 한 푼도 없고 전부 비용처리했다.

나는 2017년 1월에 펴낸《박 회계사의 사업보고서 분석법》의 제약·바이오산업 편과 한 달에 한 번씩 기고하는 회계 칼럼〈박동흠의 생활 속 회계 이야기(경향신문)〉,〈직장인들이여 회계하라(매경프리미엄)〉에서 수차례에 걸쳐 제약·바이오기업의 연구개발비 회계처리를 지적했다. 기사가 올라오는 날이면 주가에 영향을 준다는 우려 때문인지 온갖 악성 댓글이 달려 개인적으로 마음고생을 많이 했지만 후회는 없다. 누군가는 이처럼 원칙적인 이야기를 해줘야 자본 시장에 참여한 투자자의 경각심을 높이고 시장 역시 냉정을 찾을 것이기 때문이다. 결국 금융감독원은 제약·바이오산업의 개발비 회계처리에 대규모 회계감리를 시행했고 기업들의 회계처리는 보다 투명해졌다.

미국, 유럽의 제약·바이오기업은 대부분 기업 규모와 관계없이 신약 개발 과정에서 발생하는 개발비를 모두 그해의 비용으로 처리한다. 큰 금액의 개발비를 쓰느라 손실이 계속 쌓이지만 괘념치 않는다. 그래도 자본 시장에서 계속 투자자금을 조달받기 때문이다. 물론 투자자들은 그 회사의 기술력만 보고 투자하는 것이다. 개발비를 자산으로 잡고 싶겠지만 선진국 기업들도 기술적 실현 가능성, 상업적 성공 가능성을 확신하지 못하기는 마찬가지다. 따라서 비용으로 처리할 수밖에 없고 이는 투자자들도 이해하는 부분이다.

산업을 키우는 것도 좋고 경제 활성화도 좋지만 회계처리부터 투명해야 투자자와 채권자의 신뢰를 얻는다. 나아가 그런 기업이 롱런하고 계속 투자 자금도 조달받을 수 있다.

영업환경이 악화되면

영업환경이 악화되면, 즉 영업적자에서 헤어 나오기 어렵다고 판단하면 기본적으로 제조업은 재고자산평가손실, 유형자산손상차손, 무형자산손상차손 등을 반영해야 한다. 자산총액에 많이 포진한 핵심 영업자산을 손실처리하기 시작하면 기업이 넘어가는 것은 순식간이다. 우리는 단순히 PBR이 낮으면 저평가기업이라고 생각한다. PBR은 주가를 주당순자산으로 나눈 값이고 주당순자산은 '자산-부채', 즉 자본을 주식수로 나누어 계산한다. 자산이 많을 경우 주당순자산이 크게 나타나 결국 PBR이 낮아지는 효과를 낸다.

문제는 영업자산이 많은데 영업적자가 나기 시작해 부실화할 가능성이 크면 저PBR 착시 효과만 불러온다는 데 있다. 우량자산이 많고 시장에서 저평가되어 있으면 PBR이 낮은 기업에 투자하는 게 맞다. 이런 기업은 비영업자산이 차입부채보다 많고 영업자산과 영업부채로 영업이익을 실현한다.

만약 비영업자산은 별로 없고 영업자산만 월등히 많은데 회사가 영업적자에 빠져 있다면 PBR이 낮아도 소용이 없다. 다음 회계연도에 또 적자가 커질 경우 결국 회사는 재고자산, 유형자산, 무형자산 같은 영업자산에서 대규모 손상차손을 인식해야 하고 이때 자산총계가 급속도로 줄어들 가능성이 있기 때문이다.

웅진에너지

태양광발전 소재사업을 하는 상장기업 웅진에너지는 2018년 3분기에 시가총액 500~600억 원에서 주가가 형성되어 있었다. 회사의 자산총계는 2,879억 원이고 부채는 2,027억 원이다. 자산에서 부채를 차감한 자본(순자산)이 852억 원으로 나오니 PBR은 0.6~0.7 수준이다. PBR이 1보다 작은 수준이므로 저평가기업으로 판단할 수 있다.

회사 자산 2,879억 원의 구성을 보면 유형자산 2,127억 원, 재고자산 391억 원 등 영업자산 위주로 되어 있고 비영업자산은 거의 없다. 이 회사의 과거 손익을 보면 2017년 38억 원의 영업이익을 기록했으나 2016년 533억 원의 적자를 기록하는 등 냉탕과 온탕을 드나드는 실적을 보여줬다. 그리고 2018년 3분기까지 다시 497억 원의 영업적자와 604억 원의 당기순손실을 기록했다. 회사의 사업보고서에 따르면 극심한 공급 과잉으로 경쟁이 치열하고 제품가격도 하락하는 중이라고 한다. 즉, 연말에 갑자기 흑자로 돌아서리라고 기대하기는 어렵다.

결국 회사는 2018년 사업보고서에서 561억 원의 영업적자를 냈다고 공시했다. 이익 회복이 어렵다고 판단했는지 회사가 유형자산손상차손으로 419억 원을 인식하면서 3개월 만에 당기순손실이 1,118억 원이 되었고 자본총계는 852억 원에서 412억 원으로 쪼그라들었다. PBR은 갑자기 1 미만에서 1 초과로 바뀌었다. 감사보고서는 의견 거절로 표명되었고 거래소에서 주식 거래가 정지되었으며 회사는 회생절차에 들어갔다. 이처럼 적자가 이어지고 회복 가능성이 없어 보이는 기업은 연말에 영업자산에서 손실이 더 추가되어 숫자가 악화될 수밖에 없다.

마지막으로 이연법인세자산까지 손상될 수 있음에 주의해야 한다. 회사는 대부분 재무제표에 이연법인세자산을 표시한다. 물론 회계도 어려운 마당에 세법 관련 내용까지 나오면 보기가 싫어진다. 사실 이연법인세자산은 복잡하고 내용 자체도 어려워 주의 깊게 살피지 않고 넘어가는 경우가 많다. 재무제표 정보이용자는 실무적인 내용까지 자세히 알 필요는 없고 그 개념과 어떻게 판단해야 하는지 이해하는 정도로 족하다.

이연법인세자산

이연법인세자산은 말 그대로 법인세, 즉 내야 할 세금인데 이연했다는 뜻으로 자산 성격을 띤다. 이익이 잘 나는 기업의 경우 이연법인세자산 계정과목을 전혀 분석할 필요가 없다. 반면 이익이 잘 나지 않는 기업은 이연법인세자산에 주의를 기울여야 한다.

회사가 법인세를 낸다는 것은 영업활동에서 이익을 창출했음을 의미한다. 소득이 발생하면 세금을 내는 것은 당연하고 회사 소득의 원천은 영업활동에서 발생한 영업이익이 핵심이므로 이연법인세자산도 영업자산 성격이다.

회사가 회계상 이익이 발생해도 세법상 세금을 다음 연도에 내야 하는 경우가 있다. 반대로 회계상 비용이 발생해도 세법상 다음 연도 이후 비용으로 인정받는 경우도 있다. 회계는 수익과 비용이 발생하는 시점에 손익계산서에 표시하는 데 반해 세법은 권리와 의무를 확정할 때 익금, 손금을 처리하기 때문이다. 다시 말해 회계상 수익·비용과 세법상 익금·손금의 처리 시점이 다르다. 이에 따라 회계에서는 다음 연도 이후의 세법상 비용, 즉 손금으로 인정받는 부분만 뭉쳐 이연법인세자산으로 처리한다. 다음 연도 이후 비용처리를 한다는 것은 이익을 줄여준다는 것과 같은 의미다. 이익이 줄면 내야 하는 세금도 줄어든다. 즉, 이연법인세자산은 세금을 줄여주는 역할을 한다. 미래에 나갈 돈을 줄여주니 자산 성격에 부합한다. 돈을 버는 역할을 하는 것도 자산이고 돈을 지출하지 않게 하는 것도 자산이다.

다만 이연법인세자산을 자산으로 인정받으려면, 쉽게 말해 다음 연도 이후 세법상 비용처리해 세금을 줄이려면 미래에 소득이 충분해야 한다. 그렇지 않으면 이연법인세자산을 쓸 수 없다. 한마디로 이연법인세자산을 자산으로 인정받기 위해서는 기본적으로 다음 연도 이후에도 이익이 발생한다는 가정이 성립해야 한다.

다음 연도 이후 세법상 비용으로 인정받는 금액이 100만 원이라 이 부분에 법인세율을 반영한 만큼 이연법인세자산으로 처리했는데 매년 적자가 나면 그 100만 원을 써먹을 수 없다. 매년 적자라 어차피 세금을 내지 않기 때문이다. 세금을 내지 않을 정도로 이익이 나지 않는 기업이 비용처리를 100만 원 더 해봐야 손실 폭만 커질 뿐이다. 손실이 크다고 국가로부터 세금을 돌려받는 것도 아니다. 회사는 최소한 다음 연도 이후 100만 원 이상의 소득이 발생해야 세법상 비용으로 인정받는 금액 100만 원을 손금으로 쓸 수 있다. 즉, 이연법인세자산을 재무상태표 자산으로 당당히 달아놓으려면 다음 연도 이후 반드시 이익이 나야 한다.

만약 영업환경이 악화되어 적자가 났고 계속 적자가 발생할 것으로 예상한다면 세무당국도 이 기업에 과세할 수 없다. 회사는 내년 이후 세금을 줄여줄 것으로 기대한 이연법인세자산을 손실처리하고 자산에서 없애야 한다. 2015년 대규모 분식회계 사건을 겪은 대우조선해양은 향후 충분한 이익 발생이 어렵다고 판단해 1조 원 넘게 있던 이연법인세자산을 줄이기로 했다.

◆ 대우조선해양 2017년 연결재무상태표 중 이연법인세자산

연결 재무상태표

제 18 기   2017.12.31 현재
제 17 기   2016.12.31 현재
제 16 기   2015.12.31 현재

(단위 : 원)

	제 18 기	제 17 기	제 16 기
이연법인세자산	1,352,727,925	514,588,252,201	1,335,461,250,439

2015년 말 1조 3,000억 원이 넘던 이연법인세자산은 불과 2년 만인 2017년 13억 원 수준까지 줄어들었다. 이연법인세자산 주석사항을 찾아보면 다음과 같은 문구가 나온다.

"연결회사는 차감할 일시적 차이와 미사용 세무상결손금의 사용할 수 있는 미래과세소득 발생 가능성이 높은 경우 이연법인세자산을 인식하고 있으나, 국제유가 하락과 이에 따른 수주 감소 등으로 미래과세소득 발생이 불확실하다고 판단해 전기말 인식한 이연법인세자산 일부를 법인세비용으로 반영하였습니다."

회계나 세법 배경지식 없이 문장을 읽으면 내용이 어렵게 느껴질 수 있다. 여기서 '차감할 일시적 차이'는 세법에서 다음 연도 이후 비용으로 인정받는 부분이다. 이것은 미래 수익에 대응해 비용처리하므로 세금을 줄이는 역할을 한다. '미사용 세무상결손금'은 세법상 결손이 쌓인 부분이다. 결손금 역시 비용 역할을 한다. 즉, 다음 연도부터 이익이 발생해도 비용으로 쓸 수 있어서 세금을 줄이는 역할을 한다. 이 세법상 손실이 누적된 세무상결손금은 10년간 이월해서 쓸 수 있다.

미래에 차감할 일시적 차이와 미사용 세무상결손금을 써서 세금을 줄이려면 기업은 기본적으로 다음 연도 이후 과세소득이 충분히 발생해야 한다. 다시 말해 세금을 낼 수 있을 만큼 이익이 있어야 한다. 만약 과세소득이 나오지 않을 것으로 예상하면 회사가 이연법인세자산으로 보유한 차감할 일시적 차이와 미사용 세무상결손금을 써먹을 수 없다. 그러므로 자산으로 달아놓은 부분을 줄이고 그 금액만큼 비용으로 처리해야 한다. 위 문구를 보면 회사는 미래과세소득 발생이 불확실하다고 판단해 전기말까지 이연법인세자산을 잡은 부분을 법인세비용으로 처리했다고 언급했다.

재고자산평가손실은 매출원가에 반영하고 유·무형자산손상차손은 영업이익 아랫단인 기타비용으로 처리한다. 마지막으로 이연법인세자산은 자산화 요건을 충족하지 못해 털어낼 경우 그 손실분을 법인세비용으로 처리한다. 영업환경이 악화되면 이렇게 손상처리하는 영업자산이 늘어나 회사의 재무구조 악화가 불가피할 수밖에 없다.

정상매출인가,
가공매출인가

기업 상거래는 대부분 외상매출로 이뤄진다. 거래 시점에 현금으로 주고받으면 깔끔하지만 대개 재화나 용역을 먼저 제공하고 돈은 나중에 받는다. 재화를 상대방에게 넘길 때 대금회수를 추후에 해도 일정 요건을 충족하면 재화를 판매한 회사는 바로 손익계산서에 매출로 잡을 수 있다.

2018년 1월부터 수익 인식 관련 회계기준이 강화되면서 단순히 재화가 넘어간다고 수익으로 잡을 수는 없다. 재화를 넘긴 회사와 재화를 구입한 고객 간에 권리, 의무이행, 재화통제권, 대금지급청구권 등 여러 요소를 검토한 후 모든 요건을 충족해야 수익 인식이 가능하다. 즉, 예전처럼 재화를 고객에게 넘기면서 위험과 보상을 다 이전했으므로 수익 인식이 가능하다고 매출밀어내기를 하는 것이 힘들어졌다. 물론 회계기준을 강화했어도 실적이 나오지 않는 기업은 어떻게 해서든 가공매출을 만들어 재무제표를 예쁘게 분식하려 할 수 있다. 그러므로 정보이용자는 재무제표에서 이를 찾아내고 사전에 위험을 회피해야 한다.

◆ **삼성전자 연간 매출액과 연말 매출채권 잔액** (단위: 억 원)

	2018년	2017년
매출채권	338,677	276,959
매출액	2,437,714	2,395,754

위 표는 삼성전자의 재무상태표에서 매출채권 금액, 손익계산서의 매출액 정보를 뽑아 정리한 것이다. 삼성전자는 2018년 1월부터 12월까지 매출액 243조 원을 기록했고, 2018년 12월 31일 현재 매출채권이 33조 원이다. 매출액 243조 원을 12로 나누면 월평균 매출액이 20조 원 정도로 나온다. 연말에 33조 원의 매출채권이 남아 있으니 33조 원을 월평균 매출액 20조 원으로 나누면 약 1.65다. 즉, 12월 말 매출채권 잔액은 한 달 반 치 정도다.

만약 기업 실적이 계절성을 띤다면 연평균이 적절하지 않을 수 있다. 예를 들어 디스커버리 패딩이 매출액의 대부분을 차지하는 F&F의 경우 4분기 매출액이 전체 매출액의 37%에 달한다. 빙그레는 3분기 매출액이 전체 매출액의 32%고 4분기는 20%에 불과하다. 그러므로 월평균 매출액보다 4분기 월평균 매출액으로 계산하는 게 더 적절하다.

외상매출 회수

이번에는 시간 흐름순으로 따라가 보자. 삼성전자는 2017년 12월 말 현재 매출채권이 27조 원이다. 2018년 1월부터 12월까지 243조 원의 매출이 발생했고 2018년 12월 말 현재 매출채권 33조 원이 남았다. 그렇다면 삼성전자는 237조 원 이상의 현금을 회수한 셈이다.

이를 표로 나타내면 다음과 같다.

◆ **삼성전자 2018년 매출채권 흐름**

(단위: 억 원)

종류	2018년
1. 기초 매출채권	276,959
2. 매출액	2,437,714
3. 기말 매출채권	338,677
1+2-3	2,375,996

물론 정확히 237조 원이 아닐 가능성이 크다. 매출액의 약 86%가 수출에서 발생하므로 환율변동분을 고려해야 하고 매출채권 대손 부분도 감안하면 차이가 조금 있을 것이다.

어쨌든 삼성전자는 발생한 외상매출을 대부분 원활하게 회수하고 있다. 2017년 이전 숫자까지 따라가 보면 대략 한 달 반 치 외상대금만 연말에 남아 있는 수준이다. 이런 기업은 매출채권 회수 지연이나 가공매출 위험을 전혀 걱정할 필요가 없다. 그리고 정보이용자가 정상적인 기업을 이렇게까지 분석하는 것은 시간낭비다. 숫자가 비정상적으로 보이는 기업만 신경 쓰는 것이 바람직하다.

다음 사례를 보자.

◆ **〈표 1〉 코스닥기업 I회사 연간 매출액과 연말 매출채권 잔액**   (단위: 억 원)

	당기	전기
매출채권	499	430
매출액	551	509

위 표는 코스닥에 상장한 기업의 재무 정보인데 삼성전자와 똑같은 방법으로 분석해보자.

당기에 매출액 551억 원이 발생했으니 12로 나누면 당기 월평균 매출액은 약 46억 원이다. 연말에 매출채권이 499억 원이 남아 있으므로 46억 원으로 나누면 10.8 정도다. 약 11개월 치 외상대금을 아직 회수하지 못한 셈이다. 올해 2월에 팔았는데 12월말까지 회수하지 못했다고 볼 수 있다.

아마 사업을 이렇게 하는 회사는 없을 것이다. 외상을 주거나 받을 돈이 있는데 한두 달 뒤부터 돈이 들어오지 않으면 불안한 것은 누구나 매한가지다. 회사가 자선사업을 하는 것도 아닌데 채권회수가 너무 더디면 어떻게 해서든 회수하려 애쓰게 마련이다.

매출채권 대손충당금 설정

이 회사의 재무제표 주석사항에서 매출채권의 대손충당금 설정 관련 정보를 살펴보면 다음과 같다.

◆〈표 2〉코스닥기업 I회사 매출채권 주석사항

(단위: 억 원)

	당기	전기
매출채권	499	430
대손충당금	(259)	(250)
대손충당금설정률	52%	58%

회사는 받을 돈에 전기말에는 58%, 당기말에는 52%의 대손충당금을 쌓았다. 이것은 받지 못할 것으로 예상한다는 의미다. 독자들은 아마 대손충당금 숫자를 2가지 관점으로 판단할 것이다.

첫 번째, 이 회사는 회계결산을 엄정하게 한다고 평가한다. 회사 실적과 재무구조가 악화되는 것을 감수하고 받지 못한 돈을 숨기지 않고 대손충당금으로 다 쌓았다는 얘기다.

두 번째, 이 회사는 과거에 가공매출을 했을 가능성이 크다고 평가한다. 힘들게 사업해서 매출을 일으켰는데 받지 못할 것 같아 채권을 포기한다고? 물론 대손충당금을 쌓는다고 채권을 당장 포기하는 것은 아니다. 회사는 회계장부에만 이렇게 표시하고 최대한 받으려고 애를 쓴다. 그래도 매출채권의 상당 부분을 대손충당금으로 쌓은 것은 납득하기 어렵다. 과거에 가공매출로 손익을 예쁘게 만들어놓고 결국 시간이 흘러 채권회수가 이뤄지지 않으니 대손충당금을 설정할 수밖에 없었을지도 모른다.

기업의 재무제표를 볼 때 매출액 대비 매출채권 잔액이 크고 대손충당금도 많이 설정했다면 가공매출을 의심해야 한다. 그 유력한 정황은 특수관계자 거래 주석사항에서 확인이 가능하다. 이 회사의 특수관계자 거래 주석사항을 살펴보면 다음과 같다.

◆ **〈표 3〉코스닥기업 I회사 특수관계자 거래 주석사항**   (단위: 억 원)

	당기	전기
특수관계자 매출액	7	33
특수관계자 매출채권	186	189
대손충당금	(185)	(187)
대손충당금설정률	99.5%	98.9%

〈표 3〉을 보면 왜 회사의 숫자가 〈표 1〉, 〈표 2〉처럼 이상한지 그 수수께끼가 풀린다. 숫자가 이상하면 항상 그 답은 특수관계자 거래 주석사항에 있다. 〈표 1〉에서처럼 회사의 매출채권 잔액이 쌓인 이유는 결국 특수관계자 매출채권을 회수하지 못해서였다. 〈표 2〉에서 보여주듯 회사의 매출채권 대비 대손충당금이 과도하게 높은 이유도 회수하지 못한 매출채권을 대손충당금으로 쌓았기 때문이다.

이 회사의 특수관계자는 미국에 있고 I회사는 그 회사 지분 60%를 보유하고 있다. 회사는 미국에 특수관계자를 하나 설립하고 거기에 매출을 밀어냈을 가능성이 크다. 그 회사는 미국 계열사에 외상으로 제품을 팔고 매출과 매출채권을 기록한다.

제품을 매입한 미국 계열사가 그 회사에 송금을 하려면 미국 본토에서 제품을 팔아야 한다. 국내의 작은 회사가 미국에 진출하여 단기간에 제품을 잘 파는 게 쉽지는 않을 것이다. 그 회사는 매년 미국 계열사로 제품을 팔았고, 미국 계열사는 안 팔리는 제품을 계속 사들였다. 시간이 지나 미국 계열사로부터 채권회수를 하지 못해 대손충당금을 쌓았는데 이것이 무려 채권의 99%에 이르니 가공매출을 의심할 수밖에 없다.

I회사는 미국에 회사를 세울 때 내수에서 벗어나 해외로 진출하겠다는 명분을 내세웠을 것이다. 국내 본사 영업팀에서 해외수출을 커버하기 어려우니 미국에 회사를 세워야 한다고 했을 수도 있다. 물론 미국 계열사에 먼저 제품을 팔고 추후 그 제품을 미국 본토에서 팔겠노라고 다짐했을 터다. 어쩌면 이것은 회사의 부족한 실적을 채우기 위한 하나의 방법인지도 모른다. 코스닥 상장기업이라 어느 정도 실적을 내 기업가치를 올리고 채권자인 은행에도 숫자를 예쁘게 보여줘야 대출이 가능하니 말이다.

예전부터 이렇게 외국에 계열사를 세우고 매출을 밀어내는 사례가 아주 많았다. 국내에 계열사를 세워 밀어낼 수도 있지만 그러면 세금계산서도 주고받고 부가세도 신고해야 하니 복잡하다. 국세청 전산 시스템이 잘 갖춰져 있어서 의심스런 거래는 포착되기 쉽다. 또한 I회사의 감사인이 중요 계열사로 인지해 회계감사도 할 테니 어설프게 국내에 만들었다가는 일만 커진다. 오히려 해외에 소규모 계열사를 만드는 게 유리하다.

앞서 말한 대로 2018년 수익 인식 관련 회계기준을 강화한 이후 특수관계자에게 매출을 밀어내는 일이 많이 줄어들었다. 단순히 재화를 인도했다고 수익 인식을 할 수는 없기 때문이다. 그래도 이것은 회사가 가공실적을 만들어 주주와 채권자를 속여야 하는데 완벽한 분식회계를 할 시간이 부족할 때 쓸 수 있는 좋은 방법이니 주의해야 한다. 특히 실적이 좋지 않고 매출액 대비 매출채권 잔액이 과도하게 큰 기업은 더욱더 그러하다.

요점 정리

1 영업환경이 악화되어 적자가 이어지면 재고자산, 유형자산, 무형자산, 이연법인
   세자산이라는 최소 4가지 영업자산에서 손실이 크게 발생한다. 이때 자산 규모
   는 줄어들고 손실은 급증한다.

2 재고자산을 판매해서 회수할 수 있는 금액만큼 재무상태표에 표시한다. 회수 불
   가능한 금액은 매출원가로 비용처리하고 같은 금액을 재고자산에서 차감한다.
   비용처리하는 부분을 재고자산평가손실, 재고자산에서 차감한 부분을 재고자산
   평가충당금이라 부른다.

3 영업적자가 지속되면 기업의 재무제표에 표시한 유형자산의 투자액 회수가 불
   확실해진다. 기업은 유형자산을 사용해 회수 가능한 금액과 매각해서 회수 가능
   한 금액 중 큰 값으로 유형자산 평가를 한다. 평가한 금액이 재무제표 숫자보다
   훨씬 작으면 회사는 그 차이만큼 유형자산손상차손으로 비용처리하고 영업이익
   아랫단의 기타비용에 표시한다.

4 영업적자가 이어질 경우 기업의 재무제표에 표시한 무형자산의 투자액 회수도
   불확실해진다. 무형자산은 매각해서 회수할 수 없으므로 사용가치만으로 재무제
   표 금액과 비교한다. 평가한 회수 가능 금액이 재무제표 숫자보다 훨씬 작으면
   회사는 그 차이만큼 무형자산손상차손으로 비용처리하고 영업이익 아랫단의 기
   타비용에 표시한다.

5 다음 연도 이후에도 이익 발생을 기대하기 어렵다면 이연법인세자산도 손상되
   었다고 판단한다. 이 손상 부분은 법인세비용으로 처리한다.

6 매출액 대비 매출채권 잔액이 많이 쌓여 있는지 반드시 확인한다. 만약 많이 쌓
   였다면 특수관계자를 이용한 가공매출이나 매출밀어내기 가능성이 있으니 특수
   관계자 주석사항을 확인한다. 매출채권 회수가 어려우면 기업의 현금흐름이 악
   화될 수밖에 없다. 매출액 대비 매출채권 잔액이 큰 기업은 위험하다고 판단해
   야 한다.

상장폐지 지뢰밭 피하기,
그 징후 어떻게 알 수 있나

2017. 3. 4. 〈매경프리미엄〉 '직장인들이여, 회계하라'

12월 말로 회계연도가 종료된 대다수 상장 기업의 감사보고서 제출 공시가 전자공시시 스템에 계속 올라오고 있는 중이다. 감사보 고서 제출 공시는 원칙적으로 기업의 주주 총회 일주일 전에는 올라와야 한다. 상장기 업이 실제로 주주총회를 할 수 있는 기한이 3월 31일이고 최소 일주일 전에는 회사가 감 사보고서를 비치해야 한다는 규정 때문에 보통 3월 23일이 데드라인이다. 또한 사업 보고서 제출 기한도 3월 31일까지인데 사업 보고서에 감사보고서를 반드시 첨부해야 한 다. 설령 주주총회 일주일 전까지 감사보고 서 제출 공시를 하지 못해도 사업보고서와 감사보고서는 3월 말까지 마무리해야 한다.

만약 3월 31일 일주일 전까지 감사보 고서 제출 공시를 하지 않으면 '적정 의견' 을 받지 못했을 가능성이 있다. 일정보다 지 연 제출했지만 적정 의견을 받아 다행히 해

프닝으로 끝나는 경우도 있으나 과거 사례 를 보면 기한을 넘긴 기업 중 다수가 감사인 에게 부적정 또는 의견 거절을 받아 상장폐 지의 길로 들어서는 경우가 많았다. 이런 이 유로 재무구조와 수익모델이 취약한 소규모 기업에 투자한 주주들은 긴장의 끈을 놓지 않아야 한다.

1분기, 반기, 3분기에 적자가 연이어 발 생해도 4분기에 회복할 거라는 희망고문으 로 주식에 투자했다가 더 큰 낭패를 보는 일 이 허다하므로 실적과 재무구조가 좋지 않 은 기업에는 투자하지 않는 것이 맞다. 재무 제표에는 자산이 많다고 표시했지만 실제 자산가치가 없거나 한참 밑도는 경우가 많 기 때문이다. 재무제표상 금액과 실제 자산 가치와의 차이는 손상으로 인식해야 하는데 연말이면 이 손상이 급격히 커질 가능성이 있다. 우리나라 상장기업에 적용하는 한국채

택국제회계기준에 따르면 연말에 자산손상을 시사하는 징후가 있는지 검토하고 만약 그런 징후가 있으면 자산회수 가능액을 추정해야 한다.

예를 들어 화장품을 만드는 기업의 기계장치가 재무제표에 1억 원으로 표시되어 있다고 가정해보자. 회사가 기계장치를 구입하면서 1억 원을 비용으로 인식하지 않고 자산처리한 이유는 앞으로 이 기계장치를 이용해 제품을 생산해서 판매하면 1억 원 이상의 경제적 효익을 창출할 것으로 판단했기 때문이다. 따라서 기계장치를 구입하는 초기에 1억 원은 이미 지출했지만 매출을 창출하는 기간 동안 자산으로 인식하고 감가상각비로 비용화하면서 자산가치를 줄여 나간다.

그런데 이 화장품 회사의 주요 소비처인 중국이 사드 관련 보복으로 불매운동을 하거나 수입허가를 불허해 제품이 팔리지 않으면 기계값 1억 원을 회수하기가 어려워진다. 이럴 때 자산손상을 시사하는 징후가 있을 확률이 높다. 회사는 1억 원짜리 기계장치로 화장품을 만들어 다른 국가에 수출하거나 그것도 여의치 않으면 기계장치를 중고 시장에 팔아야 한다. 여기서 회수 가능액은 다른 국가에 판매해 창출할 수 있는 경제적 효익과 기계장치를 매각해서 건질 수 있는 금액 중 큰 가치다. 화장품을 만들어 팔면 앞으로 3,000만 원을 벌 수 있고 기계장치 매각으로는 4,000만 원을 건진다면 회수 가능액은 4,000만 원이다.

결국 회사는 재무제표에 표시한 1억 원과 이 회수 가능액의 차이인 6,000만 원을 자산손상으로 인식한다. 이 자산손상은 당기에 손실로 처리하고 재무제표상 자산가치는 6,000만 원만큼 줄어든다.

이러한 자산손상은 재고자산, 유형자산, 무형자산, 이연법인세자산 등 여러 계정과목에서 발생할 수 있다. 회사의 영업환경이 악화될 경우 여러 자산에서 많은 손상이 발생할 수 있지만 투자자가 그 수치를 예측하는 것은 불가능하다. 만약 회사가 기중에 계속 손실이 발생하고 있다면 이는 자산손상 징후로 볼 수 있는 하나의 판단요소다. 투자자 입장에서는 해당 기업이 연말에 극적으로 손익을 회복하리라고 기대하기보다 자산손상으로 더 많은 손실이 발생할 가능성이 크다고 예상하는 게 맞다. 이 자산손상금액은 가끔 예상을 뛰어넘는 경우가 많고 완전자본잠식까지 이어지는 사례도 꽤 있었다.

법적으로 정해진 날짜까지 감사보고서 제출 공시를 하지 않을 경우 이 자산손상 이슈 때문에 회사와 감사인 간 의견 마찰이 빚어졌을 가능성이 크다. 자산손상금액이 너무 크다는 것이 밝혀져 완전자본잠식까지 가야 한다면 회사 입장에서는 막으려 할 테고 감사인은 그럴 수 없다는 입장을 펴면서 감사보고서를 제출하지 못했을 것으로 추정할 수 있다.

이유야 어찌되었든 투자자 입장에서 이런 기업에 투자하면 상당히 골치가 아프다. 그러므로 주식 투자는 반드시 안정적인 재무구조와 확실한 수익모델을 갖춘 기업 위주로 선별해서 해야 한다.

자녀 교육비, 회사 개발비는 자산일까 비용일까

2018. 9. 2. 〈경향신문〉 '박동흠의 생활 속 회계이야기'

바늘구멍보다 더 좁다는 취업문을 통과해 큰 기업에 입사한 나신입 씨는 신입사원 연수를 마치고 부서에 배치돼 근무한 지 어느덧 1년이 되었다. 학생 때의 기대와 달리 매일 반복되는 격무와 딱딱한 조직생활에 서서히 지쳐가던 그는 2년만 더 다니고 의학전문대학원에 도전하기로 결심했다.

그러나 입시학원과 대학원 정보를 확인한 나씨는 절망에 빠졌다. 입시부터 대학원 졸업까지 최소 2억 원이 들 것이라는 계산이 나왔기 때문이다. 회사생활 3년으로 2억 원을 모으는 것은 어려운 일이라 결국 부모에게 도움을 청하기로 했다.

나씨 부모는 그의 결정을 존중해 모자라는 학비를 지원해주기로 했다. 나씨와 그의 모친은 대학원 준비를 위한 학원비와 추후 발생할 대학원 학비를 단순한 비용 지출이 아닌 투자 개념으로 생각했고 원금을 보장받는 자산으로 판단했다. 대학원에 합격해 무사히 학업을 마치고 훌륭한 의사가 되면 투자비 회수가 가능하기 때문이다.

반면 보수적인 나씨 부친은 생각이 조금 달랐다. 미래를 위해 새로운 시도를 하는 것은 좋지만 대학원에 합격한다는 보장도 없고, 대학원에 합격해 학업을 무사히 마쳐도 늦은 나이에 의사로서 안정적인 기반을 갖춘다는 확신도 없었던 탓이다. 자식의 새로운 도전을 말릴 수 없어서 노후자금 중 많은 부분을 희생하는 심정으로 지원해주기로 했지만 2억 원은 미래에 회수가 불확실하므로 자산이 아닌 비용으로 판단했다.

이 상황에서 투자비는 자산일까, 비용일까?

최근 자본 시장에서 바이오기업의 개발비 회계처리를 두고 논란이 뜨겁다. 일부 신생 바이오기업이 신약 개발에 투입하는 개발비를 비용이 아닌 자산으로 처리해서다. 개발비를 자산으로 처리해야 한다고 주장하는 측은 신약 개발에 성공할 가능성이 있다는 것, 판매허가만 받으면 그동안의 개발비 회수가 가능하다는 것을 근거로 든다. 반면 개발비를 비용으로 처리해야 한다는 측은 신약 개발에 성공할 가능성이 크지 않다는 점, 만약 성공해도 상업적으로 성공할지는 미지수라는 점을 근거로 주장을 펼친다. 기술적으로 성공이 가능해도 상업적으로 성과를 내는 것은 이와 별개다. 이는 의학전문대학원에 합격하면 반드시 많은 돈을 버는 의사가 된다는 등식이 항상 성립할 수 없는 것과 마찬가지다.

회계기준은 개발비를 자산과 비용 중 어느 쪽으로 처리해야 하는지 법처럼 정해놓지 않았다. 기술적 실현 가능성과 미래에 현금이 유입될 가능성 등 여러 근거를 토대로 기업이 스스로 정해야 한다. 이렇게 회계기준은 기업의 자율성을 많이 보장하고 있는데 만약 기업이 부적절하게 회계처리를 하면 주주나 채권자 등 이해관계자를 보호할 수 없다.

자산으로 인식한 부분이 오류로 밝혀질 경우 큰 금액을 일시에 손실로 떨어내거나 과거 재무제표를 수정해야 하는 문제가 생긴다. 실제로 올해 반기까지 많은 바이오기업이 개발비와 관련해 손실처리를 하거나 과거 자산처리한 부분을 비용으로 돌리는 수정을 했다. 기업 스스로 과거 개발비 회계처리 관련 오류를 인정한 셈이다.

자식의 학업이나 회사의 신제품 개발 모두 애정을 듬뿍 담아 큰 기대를 하는 게 인지상정이겠지만 미래의 성과를 확신하기 어렵다면 보수적으로 비용처리하는 게 타당하다.

이익을
극대화할 수 있는가
(손익계산서 분석)

손익계산서를 보는 이유

우리가 손익계산서를 보는 이유는 명확하다. 연매출이 얼마인지, 어느 정도 이익을 창출하고 있는지, 전기 대비 증가 추세인지 확인하려는 게 주요 목적이다. 사업보고서에서 손익계산서를 찾아 열어보면 재무상태표만큼이나 길고 복잡하다.

제조업은 제품을 만들어 팔고 도·소매업은 상품을 사와서 판다. 이들 업종에 속한 기업은 얼마에 만들어서 또는 얼마에 사와서 파는지 분석하는 것이 중요하다. 다시 말해 매출액과 매출원가의 차이인 매출총이익이 얼마이고 몇 퍼센트 마진율을 보이는지 분석해야 한다.

반면 서비스업은 이러한 분석이 필요 없다. 재화 판매가 아니라 서비스

◆ 삼성전자 2018년 연결손익계산서

(단위: 백만 원)

	제 50 기	제 49 기	제 48 기
수익(매출액)	243,771,415	239,575,376	201,866,745
매출원가	132,394,411	129,290,661	120,277,715
매출총이익	111,377,004	110,284,715	81,589,030
판매비와관리비	52,490,335	56,639,677	52,348,358
영업이익(손실)	58,886,669	53,645,038	29,240,672
기타수익	1,485,037	3,010,657	3,238,261
기타비용	1,142,018	1,419,648	2,463,814
지분법이익	539,845	201,442	19,501
금융수익	9,999,321	9,737,391	11,385,645
금융비용	8,608,896	8,978,913	10,706,613
법인세비용차감전순이익(손실)	61,159,958	56,195,967	30,713,652
법인세비용	16,815,101	14,009,220	7,987,560
계속영업이익(손실)	44,344,857	42,186,747	22,726,092
당기순이익(손실)	44,344,857	42,186,747	22,726,092
당기순이익(손실)의 귀속			
지배기업의 소유주에게 귀속되는 당기순이익(손실)	43,890,877	41,344,569	22,415,655
비지배지분에 귀속되는 당기순이익(손실)	453,980	842,178	310,437

◆ 케이티 2018년 연결손익계산서

(단위: 백만 원)

	제 37 기	제 36 기	제 35 기
영업수익	23,460,143	23,387,267	22,786,989
영업비용	22,198,621	22,011,981	21,303,686
영업이익(손실)	1,261,522	1,375,286	1,483,303

를 제공해 이익을 내는 구조이므로 영업비용을 어느 정도 투입해 매출액을 창출하는지만 보면 된다. 그래서 서비스업은 매출액(또는 영업수익) 다음에 매출원가와 판매비와관리비를 합쳐서 영업비용 한 줄로 표시하는 편이다.

제조업이든 도·소매업이든 서비스업이든 손익계산서는 영업이익 기준으로 윗단, 아랫단으로 나눠서 보는 것이 좋다. 이때 원칙적으로 영업이익 윗단이 중요하다. 즉, 회사가 수익을 창출하기 위해 영업비용(매출원가, 판매비와관리비)을 써서 영업이익을 얼마나 남기는지를 먼저 봐야 한다.

기업이 존재하는 첫 번째 이유는 이윤추구이며 이윤은 회사의 기본 사업활동으로 창출이 가능하다. 매출(영업수익)이 늘어나는 것은 좋은 일이지만 이익까지 같이 늘어나야 한다. 수익이 늘고 있는데 비용이 더 늘어나 오히려 영업이익이 줄거나 영업적자가 나면 매출이 아무리 많이 늘어도 소용없다. 일단 영업이익 위쪽부터 심층 분석하고 아랫단으로 내려가는 게 맞다. 만약 영업이익 아랫단에 특별히 중요한 숫자가 없으면 영업이익 윗단까지만 분석하고 끝내도 괜찮다.

영업이익
윗단 분석 포인트

영업이익 윗단은 다음과 같이 구성된다.

◆ 제조업의 손익계산서 영업이익 윗단

	매출액	: 판매가격(P) × 판매량(Q)
−	**매출원가**	: 판매량 × 변동비(원재료 등) + 고정비(감가상각비, 인건비 등)
=	**매출총이익**	
−	**판매비와 관리비**	: 판매량 × 변동비(판매수수료 등) + 고정비(감가상각비, 인건비 등)
=	**영업이익**	

매출액

매출액은 판매가격^P×판매량^{Q}이다. 재화를 만들어 판매하는 제조업과 사와서 판매하는 도·소매업뿐 아니라 대다수 서비스업에도 이 공식을 적용할 수 있다. 통신사는 1인당 요금^P×가입자수^Q, 항공사는 1인당 항공권가격^P×탑승자수^Q, 카지노는 1인당 잃고 가는 돈^P×입장객수^{Q}다. 기업 대 기업(B2B)으로 사업을 하는 서비스업이나 공사를 수주하는 건설, 조선업 등 몇몇 업종을 제외하고 거의 다 이 공식을 적용한다.

회사 매출액을 늘리려면 판매량^{Q}이 증가하든 판매가격^{P}을 올리든 해야 한다. 물론 둘 다 늘어나면 금상첨화다. 업황이 좋지 않아 판매량이 감소해도 판매가격을 올릴 수 있으면 다행이고, 판매가격을 올리는 것이 자유롭지 않으면 판매량이라도 늘어나야 한다. 둘 다 감소하면 실적 악화는 불 보듯 뻔한 일이다.

판매가격 결정권이 없는 기업

판매가격을 올린다는 것은 회사에 그 나름대로 가격결정권이 있다는 의미다. 시장점유율이 높아 두꺼운 진입장벽을 둘러친 회사는 판매가격을 올리는 것이 어렵지 않다. 반면 제약업이나 식음료, 통신회사, 정부투자회사는 판매가격을 올리는 게 자유롭지 않다. 건강보험을 관리하는 정부 입장에서는 약가를 규제할 수밖에 없고 식음료회사와 통신사, 한국전력도 소비자물가에 영향을 미치므로 가격을 마음대로 올리기 어렵다. 이처럼 판매가격을 올리는 것이 어려운 기업은 더 좋은 제품이나 인기 있는 제품을 만들어 판매량을 늘려야 실적 성장이 가능하다. 내수가 한정적이라 판매량을 늘리는 데 한계가 있다면 결국 답은 수출에서 찾아야 한다. 수출 비중이 높지 않거나 내수 위주로만 판매하는 기업은 매년 큰 폭의 성장을 기대하기가 쉽지 않다.

후방산업에 속하는 경우에도 판매가격을 올리는 게 여의치 않다. 전방산업이 좋을 때는 낙수 효과를 누리지만 전방산업이 악화되면 판매가격에서 하락 압력이 오게 마련이다. 특히 B2B로 사업을 하는 부품사들이 더욱 그렇다. 제품 트렌드에 뒤처지는 기업도 마찬가지다. OLED TV 시대에 아직도 LCD TV를 파는 회사라면 당연히 판매가격 하락 압력이 불가피하다.

판매가격 결정권이 있는 기업

판매가격 결정권이 있는 기업은 대개 브랜드 파워나 높은 기술력으로 사업하는 경우다. 예를 들면 세상에 없던 가전을 만드는 것으로 유명한 LG전자는 OLED TV, 스타일러, 건조기, 트윈워시, 무선청소기에 이어 LED 마스크 같은 뷰티기기 등을 연이어 히트시키고 있다. LG전자의 가전제품 관련 사업부는 다른 가전제품회사에 비해 높은 영업이익률을 자랑한다.

자동차유리 시장에서 점유율이 69%에 달하는 코리아오토글라스의 사업보고서를 보면 회사의 주요 제품인 자동차 접합유리 판매가격을 매년 올리고 있다. 완성차 판매량 감소로 전방산업이 어려움을 겪는 와중에도 거의 독점에 가까운 구조다 보니 후방산업에 속하면서도 판매가격 인상이 가능한 것이다.

그 밖에 브랜드 파워가 있어서 판매가격을 올릴 수 있는 의류, 명품 기업도 판매가격 인상에서 자유로운 편이다. 이들 회사에서 히트제품이 나오면 판매가격이 높아도 잘 팔리는 경향이 있다 보니 폭발적인 성장도 가능하다. 노스페이스로 히트한 영원무역, 디스커버리 유행을 이끈 F&F가 좋은 사례다.

매출원가

제조업의 매출원가는 제품 생산원가고 도·소매업은 상품매입액이다. 도·소매업은 사와서 파는 구조이므로 손익분석이 별로 어려울 게 없다. 900원에 사와서 1,000원에 팔면 매출액 1,000원, 매출원가 900원, 매출총이익 100원, 매출총이익률 10%로 계산한다.

제조업의 고정비와 변동비

제조업은 얼마에 만들어 파는지 분석해야 하는데 이 제조원가 분석이 핵심이다. 만드는 비용은 크게 변동비, 고정비로 나눈다.

변동비는 판매량에 비례해서 발생하는 비용으로 원재료비가 대표적인 변동비 성격이다. 가령 라면을 하나 팔 때는 밀가루, 팜유 등 라면의 원재료도 비례해서 들어간다. 쇼핑몰에 입점해 제품을 판매하는데 제품 하나가 팔릴 때마다 쇼핑몰이 판매가격의 일정률을 수수료로 뗀다면 이 역시 변동비다.

고정비는 판매량에 비례해서 발생하지 않는다. 판매량이 많든 적든 임직원 급여는 지급해야 하고 유형자산감가상각비도 매년 일정 수준으로 발생한다. 사업이 잘되면 급여에 보너스까지 얹어서 지급하겠지만 사업이 어렵다고 급여를 지급하지 않을 수는 없다. 또한 사업이 잘된다고 감가상각비를 많이 비용처리하고 사업이 어렵다고 감가상각비를 줄이는 것도 맞지 않다. 기업의 원가구조는 이러한 특성을 고려해 파악해야 한다.

그럼 간단한 산수 문제를 풀어보자.

라면 제조업체 A회사의 라면 한 봉지 판매가격은 1,000원이고 여기에 원재료를 700원어치 투입한다. 매년 생산라인에서 발생하는 인건비와 감가상각비는 100,000원이다. 이 회사의 판매량이 1,000개에서 2,000개로 증가할 때 매출총이익은 얼마나 늘어날까?

A회사는 라면 한 봉지를 팔면 300원의 마진을 얻는다. 이렇게 판매가격에서 변동비를 차감한 마진을 가리켜 공헌이익Contribution Margin이라고 한다. 300원 마진에 판매량 1,000개를 곱하고 100,000원의 고정비(인건비, 감가상각비)를 빼면 매출총이익은 200,000원이다. 그리고 매출액 1,000,000원 (1,000원×1,000개) 대비 20%의 매출총이익률을 보인다.

	판매량 1,000개	판매량 2,000개
매출액	1,000×1,000=1,000,000	1,000×2,000=2,000,000
− 매출원가	(700×1,000)+100,000=800,000	(700×2,000)+100,000=1,500,000
= 매출총이익	200,000	500,000
매출총이익률	20%	25%

판매량이 2,000개로 2배 증가하면 회사의 매출총이익은 500,000원 [(300원×2,000개)−100,000원]으로 늘어난다. 매출액이 1,000,000원에서 2,000,000원(1,000원×2,000개)으로 100% 증가할 때 매출총이익은 150% 증가하고 매출총이익률은 25%가 된다.

이번에는 다른 산수 문제를 풀어보자.

라면 제조업체 B회사의 라면 한 봉지 판매가격은 1,000원이고 여기에 원재료를 300원 어치 투입한다. 매년 생산라인에서 발생하는 인건비와 감가상각비는 500,000원이다. 이 회사의 판매량이 1,000개에서 2,000개로 증가할 때 매출총이익은 얼마나 늘어날까?

B회사는 라면 한 봉지를 팔면 700원의 마진을 얻는다. 700원 마진에 판매량 1,000개를 곱하고 500,000원의 고정비(인건비, 감가상각비)를 빼면 매출총이익은 200,000원이다. 그리고 매출액 1,000,000원(1,000원× 1,000개) 대비 20%의 매출총이익률을 보인다.

	판매량 1,000개	판매량 2,000개
매출액	1,000×1,000＝1,000,000	1,000×2,000＝2,000,000
− 매출원가	(300×1,000)＋500,000＝800,000	(300×2,000)＋500,000＝1,100,000
＝ 매출총이익	200,000	900,000
매출총이익률	20%	45%

판매량이 2,000개로 2배 증가하면 회사의 매출총이익은 900,000원

(700원×2,000개−500,000원)으로 늘어난다. 매출액이 1,000,000원에서 2,000,000원(1,000원×2,000개)으로 100% 증가할 때 매출총이익은 350% 증가하고 매출총이익률은 45%가 된다.

이제 두 회사를 정리해보자. A회사는 변동비(원재료) 비중이 크고 고정비(인건비, 감가상각비) 비중이 작다. B회사는 변동비 비중이 작고 고정비 비중이 크다.

A회사는 매출이 100% 증가할 때 매출총이익이 150% 증가했다.

B회사는 매출이 100% 증가할 때 매출총이익이 350% 증가했다.

두 회사의 이익이 증가하려면 판매가격과 판매량이 모두 늘어나야 한다. 그런데 B회사의 이익증가폭이 A회사보다 훨씬 더 크다. 만약 판매량이 감소하면 이익 감소도 B회사가 더 많이 나타날 것이다. 왜냐하면 B회사는 라면이 잘 팔리든 덜 팔리든 상관없이 A회사보다 고정비를 400,000원 더 쓰고 있기 때문이다. 이렇게 고정비 부담이 커서 판매량이 증감하는 것보다 이익이 더 많이 증감하는 것을 가리켜 고정비 효과 또는 영업레버리지 효과라고 한다.

SK하이닉스

여기서 SK하이닉스의 최근 3년간 매출액, 매출원가, 매출총이익을 살펴보자.

◆ SK하이닉스 2018년 연결손익계산서

(단위: 백만 원)

	제 71 기	제 70 기	제 69 기
매출액	40,445,066	30,109,434	17,197,975
매출원가	15,180,838	12,701,843	10,787,139
매출총이익	25,264,228	17,407,591	6,410,836

SK하이닉스는 인건비와 감가상각비 비중이 매우 높은 기업이다. 즉, 반도체를 만들 때 원재료보다 고정비 비중이 훨씬 크다. 이 회사는 반도체 슈퍼사이클에 따라 매년 매출이 급증했다. 보다시피 제69기(2016년)에서 제70기(2017년)로 가면서 매출이 30조 원으로 늘어났는데 이는 제69기 대비 75% 증가한 수치다. 매출총이익도 무려 171% 성장했다. 제70기에서 제71기(2018년)로 넘어갈 때는 매출액이 34% 증가했는데 매출총이익은 45% 성장했다. 매년 매출 증가보다 이익 증가가 크다는 얘기다. 매출 증가폭보다 이익 증가폭이 더 크니 좋긴 한데 만약 매출이 감소하면 어떻게 될까?

그 답은 다음 해인 제72기(2019년) 1분기 숫자가 보여준다. 반도체 업황이 꺾이면서 회사 매출이 2018년 1분기 대비 22% 감소했는데 매출총이익은 50%나 떨어졌다. 이는 판매량이 감소하면 여기에 비례해서 원재료비도 감소하지만 실적이 좋던 전년도만큼 인건비와 감가상각비는 써야 하는 까닭에 나타나는 현상이다.

라면 제조업체 A회사가 이익을 더 극대화하려면 판매량 증가 외에 판매가격을 올리거나 원재료가격이 떨어져야 한다. B회사의 경우에는 이익 극대화를 위해 판매량 증가가 가장 중요하다. 고정비 비중이 높기 때문에 판매량이 감소하면 SK하이닉스처럼 이익이 대폭 줄어들 수밖에 없다. 판매량 증가가 여의치 않을 때 고정비 비중이 높은 기업은 어쩔 수 없이 고정비 절감을 위해 구조조정에 나선다. 인력 감축으로 급여를 줄이고 이익 창출에 불필요한 유형자산을 과감히 정리해 감가상각비를 줄여야 하기 때문이다.

이처럼 기업의 손익구조에 따라 이익 증감 요건이 각각 다르므로 우리는 회사의 손익구조부터 먼저 파헤쳐야 한다. 자세한 내용은 '3. 기업의 손익구조 파헤치기'에서 다룬다.

매출총이익, 매출총이익률

매출총이익과 매출총이익률은 다음 수식으로 나타낼 수 있다.

$$\text{매출총이익} = \text{매출액} - \text{매출원가}$$

$$\text{매출총이익률} = \frac{\text{매출총이익}}{\text{매출액}}$$

매출총이익이 많고 매출총이익률이 높다는 것은 제조업의 경우 생산원가 대비 높은 가격으로 판매한다는 의미고, 도·소매업은 매입원가 대비 비싸게 판다는 뜻이다. 그런데 업종이나 기업의 지위에 따라 매출총이익률을 분석해보면 의미 있는 결과를 얻을 수 있다.

전방사업과 후방산업

◆ 완성차와 부품 사의 매출총이익, 매출총이익률 비교   (단위: 억 원)

	현대차	S공업	D산업	H공업
매출액	968,126	10,995	6,970	1,586
매출원가	816,705	9,867	6,454	1,500
매출총이익	151,421	1,128	516	89
매출총이익률	16%	10%	7%	5%

위 표는 완성차기업인 현대자동차와 상장한 자동차부품사 3군데의 매출총이익률을 비교한 것이다. 보다시피 전방산업에 속하는 현대자동차의 매출총이익률이 후방산업에 속하는 회사들보다 높다. 현실적으로 전방산업이 후방산업보다 높은 이익 창출이 가능한 게 사실이다. 전방산업에서 일정 마진을 확보하려면 판매가격을 올리거나 비용을 절감해야 한다. 감가상각비와 인건비 같은 고정비 절감이 여의치 않을 경우 원재료를 싸게 사오는 방법을 택할 수 있다. 이는 후방산업에 속하는 부품회사의 판매가격이 낮아진다는 것을 의미한다. 부품사가 완성차기업(전방산업)에 납품하기 위해 일정 원가를 투입해 부품을 만들었는데 판매가격이 낮아지면 부품사의 제품 마진은 당연히 낮아진다. 이것은 판매처가 한정된 탓에 발생하는 일이다.

그렇다고 후방산업에 속하는 모든 회사가 전방산업보다 실적이 나쁜 것은 아니다. 자동차유리 시장에서 점유율 69%를 차지해 거의 독점적 지위에 있는 부품사 코리아오토글라스는 오히려 전방산업보다 더 높은 이익률을 확보하고 있다.

◆ **코리아오토글라스 매출총이익과 매출총이익률**

(단위: 억 원)

	코리아오토글라스
매출액	4,387
매출원가	3,411
매출총이익	976
매출총이익률	22%

이 회사는 제품 생산에 투입하는 원재료가격이 매년 떨어지는 상황에서도 판매가격을 매년 올리고 있다. 앞의 세 기업과 마찬가지로 판매처는 한정적이지만 시장 지위는 다르기 때문이다. 거의 독점 생산·판매하므로 전방산업에 속하는 완성차기업이 납품가를 낮춰 조달하는 게 쉽지 않은 것이다.

기술력이 좋으면 납품가격에서 손해를 보지 않고 판매하는 것이 가능하다. 그러나 일반적인 현실은 후방산업에 속하는 대다수 부품사가 전방산업에 속하는 회사 대비 낮은 마진율을 보인다. 결국 후방산업이 낙수 효과를 누리려면 전방산업이 좋아야 하며 전방산업이 어려워질 경우 후방산업은 더 어려워진다. 이들은 판매량도 감소하지만 무엇보다 판매가격 하락 압력을 겪는다.

제약 · 바이오산업

이번에는 또 다른 업종으로 제약·바이오산업을 살펴보자.

◆ 제약 · 바이오기업 매출총이익 비교

(단위: 억 원)

	메디톡스	한미약품	동화약품
매출액	2,054	10,159	3,066
매출원가	542	4,750	1,907
매출총이익	1,512	5,409	1,159
매출총이익률	74%	53%	38%

한눈에도 완성차와 부품 사 표에 비해 매출총이익률이 매우 높다는 것을 알 수 있다. 흔히 보톡스, 필러라고 부르는 제품을 생산하는 메디톡스는 매출총이익률이 무려 74%다. 비교적 마진율이 낮은 것으로 알려진 동화약품도 38%로 일반 제조업보다 좋은 편이다.

제약·바이오기업의 매출총이익률이 높은 이유는 약 제조 과정에 원가가 크게 들어가는 부분이 없기 때문이다. 신약 개발에만 성공하면 이후 제품을 양산해서 판매하는 동안 약 생산에 필요한 원재료비, 인건비, 감가상각비 등이 크지 않다. 메디톡스의 경우 매출액 대비 원재료 사용액이 10% 수준이고 감가상각비와 인건비 같은 고정비도 10%대에 불과하다.

그런데 제약·바이오산업에 속하는 회사들은 서로 마진율에 큰 차이를 보인다. 그 원인은 회사들의 제품매출과 상품매출 비중에 있다. 약을 제조해서 파는 경우에는 메디톡스 사례에서 살펴본 대로 제조원가가 높지 않다. 반면 약을 사와서 팔 때는 마진이 낮은 게 일반적이다. 외국의 유명 제약사가 국내 제약사에 판권을 주고 약을 팔게 할 경우 그들이 높은 마진을 챙기고 국내에서 유통하는 제약사에는 마진을 많이 주지 않기 때문이다. 그러므로 정보이용자는 제약·바이오산업에 속하는 회사를 분석할 때 제품매출액과 상품매출액 정보를 확인해서 마진율을 살펴봐야 한다.

한미약품의 손익계산서에 나타난 제품, 상품매출액, 매출원가 정보를 찾아 마진율을 계산해보면 다음과 같다.

◆ **한미약품 제품 · 상품 매출액과 매출원가, 매출총이익, 매출총이익률** (단위: 억 원)

	제9기(2018년)	제8기(2017년)	제7기(2016년)
제품매출액	6,085	4,978	4,608
제품매출원가	3,017	2,088	2,014
제품매출총이익	3,068	2,890	2,594
제품매출총이익률	50%	58%	56%

	제9기(2018년)	제8기(2017년)	제7기(2016년)
상품매출액	1,285	1,330	1,757
상품매출원가	1,187	1,270	1,681
상품매출총이익	98	60	76
상품매출총이익률	8%	5%	4%

제품매출과 상품매출 마진율에서 자릿수부터 다르다는 것이 보이지 않는가. 제품 마진은 50%가 넘는 반면 상품 마진은 10% 이하다. 한마디로 약은 만들어 팔아야 많이 남는다. 한미약품의 2018년 제품매출액은 6,085억 원인데 상품매출액은 1,285억 원에 불과하다. 제품이 상품보다 5배 가까이 많이 팔렸다는 얘기다. 제품매출 비중이 높다 보니 192쪽 표에서 보는 것처럼 회사 전체 매출총이익률이 53%에 이르는 것이다. 반면 동화약품은 제품매출액 1,780억 원, 상품매출액 1,226억 원으로 상품매출 규모가 큰 편이다. 동화약품의 연결재무제표 주석사항에 따르면 제품매출총이익률은 56%인데 상품매출총이익률은 13%다. 그러다 보니 회사 전체 매출총이익률은 38%에 불과하다.

제약·바이오기업은 매출총이익률이 높게 나오지만 막상 판매비와관리비를 차감한 영업이익은 생각보다 높지 않다. 그 이유는 뒤에 판매비와관리비, 영업이익, 영업이익률에서 다시 살펴보자.

소비재기업

제약·바이오기업처럼 매출총이익률이 높은 또 다른 업종으로 소비재기업이 있다.

다음 표는 화장품, 의류, 주얼리 분야 대표기업의 매출총이익 관련 정보다. 보다시피 제약·바이오기업만큼 매출총이익률이 꽤 높은데 소비자 입장에서 숫자를 보는 상황이라면 기분이 상당히 나쁠 수 있다. 1만 원짜리 화장품의 제조원가는 2,700원, 50만 원짜리 패딩의 원가는 17만 원, 1백만 원짜리 핸드백의 원가는 불과 34만 원이라는 얘기다.

◆ 소비재기업 매출총이익 비교

(단위: 억 원)

	아모레퍼시픽	F&F	제이에스티나
매출액	52,778	6,687	1,274
매출원가	14,349	2,281	431
매출총이익	38,429	4,406	843
매출총이익률	73%	66%	66%

왜 이렇게 제조원가 대비 높은 마진율을 책정하는 걸까? 여기에는 비싸게 팔아도 잘 팔리는 게 명품 브랜드의 속성이라는 점도 작용한다. 예를 들면 가격이 비싸야 만족하는 소비심리도 있고 비싼 제품이 좋을 것이라는 기대심리도 있다. 그러나 숫자만으로 해석하면 이들 기업이 시장지배력이 강해 판매가격 결정권을 쥐고 있고 무엇보다 최종소비자에게 도달하기까지 유통비용이 많이 들기 때문에 높은 매출총이익률에 불가피한 측면이 있다. 이는 싸게 만들어 비싸게 팔아서 매출총이익을 많이 확보한 다음 판매비와 관리비 지출을 하겠다는 계산이다.

이런 현상은 한국 기업에만 나타나는 것이 아니다. 루이비통, 태그호이어, 불가리, 몽블랑, 까르띠에 등 글로벌 명품 브랜드 기업의 사업보고서를 보면 기본적으로 매출총이익률이 평균 65%에 이른다. 이들 역시 싸게 만들어 비싸게 팔고 있다. 판매비와관리비를 차감한 영업이익으로 이들의 영업이익률을 계산해보면 대부분 10% 남짓이다. 국내 소비재기업 역시 영업이익률이 별로 높지 않다. 그 이유는 뒤이어 나오는 판매비와관리비, 영업이익, 영업이익률에서 다시 살펴보자.

이렇게 산업 특성을 감안해 기업의 숫자를 분석해야 하므로 매출총이익이 중요하다, 영업이익이 중요하다, 당기순이익이 중요하다 하고 답을 정할 수 없다. 뭐가 중요한지는 그 회사의 지위, 업종 특성, 손익구조 등을 고려해서 분석해야 한다. 그 특징을 잘 모르면 매출액부터 차근차근 살펴보는 게 가장 좋은 방법이다.

판매비와관리비, 영업이익, 영업이익률

제품을 제조하거나 상품을 판매하는 제조업과 도·소매기업은 제품이 소비자에게 도달하도록 판매활동도 하고 기업의 기본적인 관리활동도 한다. 여기서 발생하는 판매비와관리비까지 차감해야 영업이익이 나온다. 교과서적으로 판매활동 또는 기업 관리와 유지에 드는 비용을 가리켜 판매비와관리비라고 한다.

대표적인 판매비와관리비 항목은 다음과 같다.

◆ **대표적인 판매비와관리비 항목**

급여	
퇴직급여	판매관리직군 인건비
복리후생비	
판매수수료	
판매촉진비	판매비 성격 비용
광고선전비	
접대비	
임차료	
감가상각비	
무형자산상각비	관리비 성격 비용
세금과공과	
연구비	
경상개발비	
대손상각비 등	

이 판매비와관리비 항목은 제조업의 매출원가 항목에도 들어가 있다. 제품 생산에는 원재료비 외에 급여, 감가상각비, 각종 경비도 투입되기 때문이다. 기업은 실무적으로 연간 총 발생한 급여, 감가상각비, 복리후생비 같은 각종 경비를 해당 부서를 중심으로 제조원가·판매비와관리비로 나누어 처리한다. 예를 들어 생산라인에 근무하는 직원의 인건비는 제품 생산을 위한 것이므로 제조원가, 판매직군에 근무하는 직원의 인건비는 판매비와관리비로 처리하는 식이다.

알다시피 매출액 대비 매출원가 비중이 큰 기업도 있고 제약·바이오, 소비재 기업처럼 매출원가가 별로 크지 않은 기업도 있다. 그 차이는 인건비,

감가상각비, 기타 경비가 어디에서 많이 발생하는가에 달려 있다. 이제 앞에서 매출액, 매출원가, 매출총이익을 살펴본 제약·바이오기업의 손익계산서를 영업이익까지 확대해보자.

제약 · 바이오기업

◆ 제약 · 바이오기업 요약손익정보

(단위: 억 원)

	메디톡스	한미약품	동화약품
매출액	2,054	10,159	3,066
매출원가	542	4,750	1,907
매출총이익	1,512	5,409	1,159
매출총이익률	74%	53%	38%
판매비와관리비	657	4,573	1,047
영업이익	855	836	112
영업이익률	42%	8%	4%

제약·바이오기업의 매출총이익률은 매우 높다. 그러나 위 표에서 보는 것처럼 판매비와관리비를 다 지출하고 나면 영업이익률은 크게 낮아진다. 재무제표 주석사항에서 이들 기업의 판매비와관리비 명세를 찾아보면 가장 큰 비중을 차지하는 항목은 경상개발비로 나온다.

이들은 연구개발이 중요한 산업에 속하므로 경상개발비 지출은 반드시 해야 한다. 계속 좋은 이익구조를 유지하려면 신약을 꾸준히 개발해야 하

◆ 판매비와관리비에서 경상개발비가 차지하는 비중

(단위: 억 원)

	메디톡스	한미약품	동화약품
경상개발비	191	1,659	156
판매비와관리비	657	4,573	1,047
경상개발비/판매비와관리비	29%	36%	15%
경상개발비/매출액	9%	16%	5%

므로 회사는 많이 벌어 많이 재투자할 수밖에 없다. 사실 많이 버는 기업일수록 재투자를 많이 할 수 있다. 위 표는 매출총이익률이 높을수록 개발비도 비례해서 늘어난다는 것을 보여준다. 메디톡스와 한미약품은 개발비 지출 비중이 크고 동화약품은 비교적 작은 편이다. 이는 앞서 설명한 대로 메디톡스와 한미약품은 제품매출 비중이 커서 매출총이익률이 높은 편이라 개발비 지출을 늘릴 수 있기 때문이다. 동화약품은 상품매출 비중이 커서 매출총이익률이 상대적으로 낮은 편이다. 아무래도 개발비를 팍팍 지출할 만큼의 여유는 없을 것이다.

동화약품보다 매출액이 1,000억 원 이상 적은 부광약품은 제품매출 위주로 이뤄져 있다. 이 회사는 연매출이 1,942억 원인데 매출총이익률이 59%에 달해 동화약품과 비슷한 매출총이익을 낸다. 그리고 동화약품보다 규모가 작지만 제품마진이 크다 보니 경상개발비를 246억 원이나 지출한다.

경상개발비 외에 제약·바이오기업이 판매비와관리비로 많이 처리하는 비용은 리베이트다. 물론 회사는 절대 리베이트라는 계정과목을 쓰지 않으며 이것을 판매비와관리비 계정과목 안에 포함할 가능성이 크다. 인건비에 집어넣거나 광고선전비에 묻을 수도 있다. 이에 따라 재무제표 정보이용자가 이를 파악하기는 쉽지 않다. 리베이트가 사라지지 않는 이상 제약·바이오기업의 영업이익률이 높아지기는 어려울 것이다. 정부가 제도적으로 리베이트를 근절하려고 많이 노력해왔지만 그 관행은 여전히 남아 있다.

현실적으로 리베이트 근절이 어렵다면 재무제표를 보는 정보이용자 입장에서는 아무래도 제품매출 비중이 높아서 매출총이익을 많이 내는 기업이 그나마 낫다는 생각이 들 수밖에 없다. 개발비에도 투자하고 리베이트도 써야 한다면 많은 판매비와관리비 지출은 불가피하다. 결국 매출총이익을 많이 내야 이런 지출도 충분히 하고 영업이익도 만들어낼 수 있으니 매출총이익률에 집중하는 것이 맞는 분석 방법이다.

소비재기업

◆ **소비재기업의 요약손익 정보** (단위: 억 원)

	아모레퍼시픽	F&F	제이에스티나
매출액	52,778	6,687	1,274
매출원가	14,349	2,281	431
매출총이익	38,429	4,406	843
매출총이익률	73%	66%	66%
판매비와관리비	33,609	3,491	851
영업이익	4,820	915	-8
영업이익률	9%	14%	-1%

아모레퍼시픽, F&F, 제이에스티나 같은 소비재기업의 판매비와관리비는 매출원가 대비 2배 내외일 정도로 숫자가 매우 크다. 아모레퍼시픽의 연결재무제표 주석사항에서 판매비와관리비를 찾아보면 유통수수료 8,473억 원, 광고선전비 5,927억 원, 지급수수료 4,868억 원순이다. 제품 생산 후 여러 유통경로를 거쳐 소비자의 손에 들어가려면 판매비 지출이 클 수밖에 없다. 제품을 알리기 위해서는 광고를 해야 하고 판매를 하려면 면세점, 백화점, 쇼핑몰 등에 입주하거나 자체 숍을 운영해야 하기 때문이다. 또한 방문판매도 한다. 그 결과 제품 하나 판매 시 일정 수수료를 지불하고 임차료도 내야 하며 방문판매원에게 판매수당도 지급해야 한다.

다른 소비재기업의 판매비와관리비도 아모레퍼시픽과 크게 다르지 않으며 이는 해외 명품기업도 마찬가지다. 그러므로 소비재기업을 분석할 때는 이쪽에 더 초점을 두어야 한다.

표에 나와 있듯 브랜드 파워가 있는 기업은 제품 판매가격을 올리는 데 자유로운 편이다. 판매량이 감소할 경우 판매가격을 올려 일정 매출액 수준을 유지하는 것도 가능하다. 반면 유명 브랜드도 아니고 비슷한 제품이 시장에 많이 존재하는 중소 제조업체는 판매가격을 올리는 게 쉽지 않다. 이들 기업은 이익 유지를 위해 생산라인에서 원가절감을 해봤자 손익 증대에 큰 영향을 주지 않는다. 오히려 주요 판매채널인 백화점, 쇼핑몰, 면세점 등에서 판매수수료를 내려주는 것이 이익 유지에 더 큰 도움이 된다.

물론 현실은 그렇지 않다. 상장한 중소 화장품기업 C회사는 최근 매출액이 감소 추세로 접어들었다. 사드 이슈가 터진 뒤 중국인 관광객이 급감하면서 판매량이 감소한 것이다. 판매가격을 올릴 수 있으면 좋으련만 그 정도로 브랜드 파워가 있지도 않다.

◆ 중소 화장품기업 C회사 요약손익 정보

(단위: 원)

	2018년	2017년	2016년
매출액	187,378,289,815	193,680,143,679	193,589,948,758
매출원가	81,732,177,409	76,044,559,335	71,833,342,060
매출총이익	105,646,112,406	117,635,584,344	121,756,606,698
판매비와관리비	107,221,429,191	106,765,779,324	96,070,698,433
영업이익	−1,575,316,785	10,869,805,020	25,685,908,265
매출총이익률	56%	61%	63%
판매비와관리비/매출액	57%	55%	50%

이 회사 사업보고서를 보면 최근 판매가격을 올리는 것이 아니라 오히려 가격을 더 내려서 판매했다. 제조원가 부담이 없다 보니 일정 수준의 매출총이익률 유지는 가능하다. 그럼에도 불구하고 영업이익이 매년 100억 원 이상씩 뚝뚝 떨어지고 적자까지 발생한 것을 보면 결국 판매비와관리비 비중이 크고 줄이기 어렵다는 것을 알 수 있다. 광고선전비, 판매수수료, 임차료 등만 500억 원이 넘고 매출이 감소해도 이 주요 판매비는 오히려 증가 추세로 나타났다.

결론을 말하자면 산업이나 기업의 특성에 따라 분석해야 하는 계정과목도 다르고 금액 효과도 다르므로 영업이익 윗단을 집중적으로 살펴봐야 한다. 여하튼 기업은 사업을 해서 이익 극대화를 실현해야 한다. 즉, 매출액에서 매출원가와 판매비와관리비를 차감한 영업이익을 많이 내는 기업이 좋은 기업이다. 영업적자가 나거나 영업이익률이 1~2%에 그치면 1년간 헛농사를 지은 셈이니 힘이 빠질 수밖에 없다.

투자자와 채권자가 기업을 바라볼 때 중요하게 여기는 요소 중 하나가 펀더멘털이다. 이는 기초체력 평가인데 회사의 재무구조가 좋아지고 롱런을 하려면 결국 수익모델로 이익을 창출해야 한다. 손익계산서상 매출액이 늘어나고 영업이익이 증가하는 기업, 영업이익률이 좋아지는 기업은 당연히 펀더멘털이 우수하다고 판단할 수 있다. 반면 매출액이 줄고 영업이익이 감소하거나 적자가 이어지는 상황이 나아지지 않으면 몇 년 안에 문을 닫을 수도 있겠다는 생각이 든다.

영업이익 아랫단
분석 포인트

영업이익 아랫단은 다음과 같이 구성되어 있다.

◆ **손익계산서 영업이익 아랫단**

영업이익
± 관계기업평가손익(지분법손익)
+ 금융수익
− 금융비용
+ 기타수익(영업외수익)
− 기타비용(영업외비용)
= 법인세비용차감전순이익
− 법인세비용
= 당기순이익

영업이익 아랫단은 중요할 수도 있고 그렇지 않을 수도 있다. 영업이익 아랫단에 큰 숫자가 없어서 법인세비용을 차감한 당기순이익과 영업이익 간에 큰 차이가 없으면 애써 깊이 분석할 필요가 없다. 반대로 영업이익 아랫단에 큰 숫자가 많이 보일 경우 이는 중요하게 봐야 한다. 다만 예년에 비해 갑자기 큰 숫자가 나왔다면 일회성일 가능성이 있는데 이는 중요하지 않다.

매년 큰 숫자가 나오면 중요하게 봐야 한다. 영업이익보다 영업이익 아랫단의 손실이 더 크면 순이익을 떨어뜨리고 이익이 더 크면 순이익 증가 효과를 내므로 당연히 관계기업평가이익, 금융수익, 기타수익이 관계기업평가손실, 금융비용, 기타비용보다 크면 좋다.

각 계정의 성격과 금액 크기, 일회성 여부 등에 초점을 맞추기 바란다.

관계기업평가손익(지분법손익)

관계기업 평가이익(손실) 또는 지분법이익(손실)은 한마디로 회사가 보유한 계열사 주식에서 발생한 이익을 의미한다. 앞서 비영업자산에서 관계기업-경영참여목적 내용을 참고하기 바란다.

SK하이닉스 주식을 20.1% 보유한 SK텔레콤은 SK하이닉스 주식을 관계기업 주식으로 분류했다. 2018년 SK하이닉스는 약 15조 원의 순이익을 기록했다. SK텔레콤이 SK하이닉스의 주식 20.1%를 보유했으니 15조 원 중 20.1%는 SK텔레콤의 몫으로 본다. 이에 따라 SK텔레콤은 약 3조 원에 해당하는 금액을 관계기업평가이익으로 손익에 반영했다. 이것은 돈으로 들어오는 이익이 아니며 회계상으로만 인식하는 이익이다. 즉, 현금흐름에 영향을 미치지 않고 회계상 이익만 증가하며 같은 금액만큼 관계기업 주식가치가 증가한 것으로 회계처리한다.

우수한 관계기업이 많은 회사는 영업이익 아랫단에 큰 이익이 들어올 수 있다. 반면 적자를 내는 회사를 계열사로 두고 있을 경우 영업이익 아랫단에서 이익을 다 까먹는 결과를 낼 수 있다. 몇몇 상장기업 사례를 보면 아래의 표와 같다.

◆ 주요 기업의 영업이익, 관계기업평가이익, 순이익

(단위: 억 원)

	SK텔레콤	영풍	한진칼
영업이익(손실)	12,018	-1,089	1,088
관계기업평가이익(손실)	32,709	1,506	-908
당기순이익(손실)	31,320	462	-177

SK텔레콤은 통신 관련 사업으로 1조 2,000억 원대 영업이익을 거두었는데 순이익이 3조 원이 넘는다. 이처럼 커다란 순이익을 내는 데 기여한 부분은 단연 관계기업평가이익이다. 앞서 말한 대로 3조 원이 넘는 SK하이닉스의 이익 부분이 들어오면서 SK텔레콤의 순이익이 증가했다. 이는 SK텔레콤의 고유 영업활동과 관련이 없는 계열사 이익이므로 영업이익 아랫단에 관계기업평가이익으로 표시한다. SK텔레콤의 기업가치가 오르는 데

SK하이닉스가 기여한 셈이다(관계기업평가이익만큼 관계기업 주식가치에 반영한다).

우리는 회사의 비영업자산 가치를 계산할 때 이미 관계기업주식 가치를 고려했으므로 손익계산서 쪽에서 관계기업평가이익 부분은 신경 쓰지 않아도 된다. SK하이닉스가 이익을 잘 내면서 기업가치가 많이 올랐는데 그 기업가치의 20.1%를 SK텔레콤의 소유로 봤기 때문에 이미 SK텔레콤의 자산가치에 포함했다는 의미다.

따라서 SK텔레콤을 말할 때 SK하이닉스의 주식을 12조 원어치 갖고 있고 3조 원대 당기순이익을 내고 있다는 표현은 적절치 않다. 주식 12조 원어치 안에는 3조 원대 순이익을 만들어내는 관계기업평가이익이 포함되어 있기 때문이다. 만약 SK하이닉스가 실적이 좋지 않아 시가총액이 40조 원으로 떨어졌다고 가정하면 SK텔레콤의 주식보유액은 8조 원 정도로 내려간다. 즉, 주식가치에 이미 반영하는 부분이므로 관계기업평가이익(손실)에 큰 의미를 둘 필요는 없다. 결국 SK텔레콤은 SK하이닉스 주식보유액이 12조 원이고 영업이익 1조 2,000억 원대를 거두는 회사로 표현하는 게 적합하다.

영풍도 마찬가지다. 영풍은 사업으로 -1,089억 원의 영업적자를 냈지만 관계기업평가이익 1,506억 원이 생겨 462억 원의 순이익을 기록했다. 영풍은 실적 좋은 고려아연을 계열사로 두고 있으며 지분율은 28.73%다. 고려아연 시가총액이 약 8조 원이므로 영풍의 주식보유액은 2조 3,000억 원 정도다. 고려아연은 매년 실적이 좋아 기업가치가 높고 영풍은 그 주식을 보유하고 있다. 영풍의 기업가치를 계산할 때 자산가치에 이미 고려아연 주식가치를 반영했는데 수익가치에도 고려아연 관련 관계기업평가이익을 또 고려하면 중복해서 기업가치를 매기는 꼴이므로 역시 제외하는 게 맞다. 결국 영풍은 고려아연의 주식 보유액이 2조 3,000억 원이고 영업손실은 1,089억 원이 발생하는 회사로 표현할 수 있다.

한진칼은 영업이익 1,088억 원을 올렸지만 관계기업평가손실로 908억 원을 공시했고 이는 결국 순손실을 내는 원인으로 작용했다. 한진칼은 약 1,857억 원의 순손실을 내는 대한항공을 계열사로 두고 있으며 지분율은 29.62%다. 거의 매년 당기순손실을 낼 정도로 실적이 좋지 않은 대한항공은 기업 규모에 비해 시가총액이 크지 않은 편이다. 그리고 한진칼은 대한항공 주식을 보유하고 있다. 우리는 한진칼의 기업가치를 매길 때 대한항공 주식 약 8,000억 원어치를 보유한 회사라고 판단한다. 한진칼은 대한항공 주식 8,000억 원어치를 보유하고 있으면서 1,088억 원의 영업이익을 내는 회사로 표현할 수 있다.

SK텔레콤이나 영풍처럼 좋은 계열사를 둬서 영업이익 이상의 순이익을 거두는 경우도 있고, 한진칼처럼 벌어놓은 이익을 까먹는 경우도 있다. 어쨌든 모두 자산가치를 측정할 때 주식가치를 계산했으므로 수익가치 쪽에서 관계기업평가이익(손실)을 추가로 고려할 부분은 없다. 영업이익 아랫단에 숫자가 크게 나와도 중요하지 않으니 무시해도 괜찮다.

금융수익(금융비용)

비영업자산을 많이 보유한 기업은 금융수익이 많고 갚아야 하는 차입부채가 많은 기업은 금융비용이 많이 발생한다. 금융수익이 많으면 좋고 금융비용은 적으면 좋다는 것은 누구나 아는 것이므로 이 계정과목은 별로 어렵지 않다.

영업활동에서 이익을 내지 못해도 벌어놓은 돈이 많아 여기저기 재테크를 알차게 하고 있다면 영업이익 이상의 금융수익을 거두기도 한다. 문제는 영업활동에서 이익을 냈지만 과도한 차입부채로 발생하는 이자비용 때문에 순이익이 얼마 되지 않는 기업에 있다. 더 최악은 영업손실이 발생해서 이자비용조차 갚지 못하는 경우다. 이럴 때 빚을 내서 이자와 빚을 갚아야하니 결국 차입부채는 더 늘어난다. 돈은 벌어서 갚아야지 다른 데서 빌려다가 갚으면 안 된다는 것은 누구나 알고 있다. 그럼 몇몇 상장기업의 사례를 보자.

◆ **주요 기업의 영업이익, 금융수익, 금융비용**

(단위: 억 원)

	컴투스	아시아나항공	보해양조	국순당
영업이익(손실)	1,466	282	-110	-30
금융수익	154	73	9	51
금융비용	7	1,635	31	4

모바일 게임 전문기업 컴투스에는 차입금이 없다. 이 회사는 '서머너즈

위'라는 걸출한 게임으로 몇 년간 큰돈을 벌었고 비영업자산이 갈수록 늘고 있다. 여기서 발생하는 금융수익만 154억 원에 달한다. 금융비용은 7억 원 정도인데 주석사항을 찾아보면 금융상품 평가손실이 차지하고 있다. 이런 회사는 영업이익 아랫단에 특별히 깊이 분석할 내용이 없다.

아시아나항공은 영업활동에서 282억 원의 영업이익을 냈으나 금융비용만 1,635억 원이 발생했다. 1년간 영업활동에서 번 이익을 이자를 갚느라 써야 하는 상황이다. 그것도 이자의 일부만 벌어서 갚을 뿐이고 나머지 이자와 차입금 원금은 아예 갚기도 힘들다. 더욱이 회사는 새 비행기도 사야 하고 전산시스템에도 투자해야 하는 등 돈 쓸 곳이 많다. 결국 연간 사업에서 벌어들인 282억 원으로 할 수 있는 게 별로 없어서 또다시 은행 문을 두드려야 한다. 하지만 은행이 원리금 회수가 불확실한 아시아나항공에 매년 자본을 조달해줄 수는 없는 노릇이다. 결국 금호그룹은 아시아나항공을 매각하기로 결정했다.

주류를 생산·판매하는 보해양조와 국순당은 영업적자를 내고 있지만 영업이익 아랫단은 완전히 다르다. 두 회사 모두 영업활동에서 이익을 내지 못했고 국순당은 4년째 적자에 허덕이고 있다. 소주 알코올 도수도 낮아지고 전국에서 경쟁 중인 주류회사도 많은데 외국의 값싼 맥주까지 들어오다 보니 상황이 좋지 않다. 예전보다 술을 덜 먹는 문화도 분명 영향을 미쳤을 것이다.

아무튼 영업적자라는 말은 매출액보다 매출원가와 판매비와관리비를 합친 비용이 더 많다는 의미다. 한마디로 술을 팔아 인건비, 재료비, 경비도 뽑기 힘든 상황이다. 그나마 국순당은 그동안 벌어놓은 돈을 차곡차곡 비영업자산에 쌓아놓았다. 덕분에 금융수익만 51억 원 정도라 영업적자를 메우고도 남는다. 문제는 4년째 영업적자라 코스닥 상장 규정에 따라 관리종목으로 지정되었고 1년 더 적자가 이어지면 상장폐지 대상에 오른다는 데 있다. 이는 본연의 사업에서 이익을 내는 구조가 아니면 기업이 상장할 이유도 없다는 논리다. 여하튼 본연의 사업에서 이익을 내지 못하는 기업은 돈이 아무리 많아도 기업가치를 높이 평가받기 어렵다. 국순당은 보유한 비영업자산이 시가총액보다 훨씬 크다.

보해양조처럼 영업적자가 큰데 차입금도 많은 기업은 상황이 더 좋지 않다. 보다시피 금융비용만 31억 원 발생했고 110억 원의 영업적자를 냈다. 다시 말해 술을 팔아 번 돈으로 인건비, 재료비, 경비 같은 영업비용뿐 아니라 금융비용까지 지불하지 못하는 상황이다. 결국 2018년 보해양조의 금융부채는 전기 대비 158억 원 더 늘어났다. 보통 차입금으로 공장을 더 짓고 영업이익을 늘리면 좋은 신호로 인식하지만, 이를 운영자금과 이자비용을 갚는 데 쓰고 2019년 이후에도 영업이익을 만들지 못하는 상황이 계속되면 기업 재무구조는 더 악화될 것이다.

결론을 말하자면 영업이익 아랫단의 금융수익과 금융비용에서 숫자가 크게 나오는 경우도 있고 그렇지 않은 경우도 있다. 영업이익 발생 여부와 차입금이 비영업자산보다 큰 기업인지, 비영업자산이 차입금보다 많은 기업인지 등 재무구조를 전반적으로 살피면서 분석해야 한다.

기타수익(기타비용)

이것은 말 그대로 영업 외적인 부분에서 발생한 수익과 비용을 모아놓은 것으로 기타수익·기타비용 또는 영업외수익·영업외비용이라는 계정과목을 쓴다. 기타수익과 기타비용은 반복적이고 일정하게 발생하는 부분과 그렇지 않은 부분 2가지로 구분할 수 있다.

주요 기타수익과 기타비용을 정리하면 다음과 같다.

◆ **주요 기타수익과 기타비용**

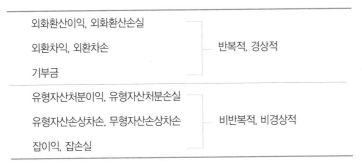

기타수익과 기타비용에 속하는 주요 계정과목을 성격에 따라 정리하면 위 표와 같다. 외화환산이익과 손실, 외환차익과 차손, 기부금 등은 매년 반복적이고 일정하게 발생한다. 외화거래가 많아 회사에 외화채권과 외화채무가 많다면 기타수익(비용)에서 숫자가 크게 나오기도 한다. 수출과 수입이 많은 기업은 매년 이 숫자가 크다.

결산일 현재 외화채권과 외화채무를 환산하는 과정에서 발생하는 이익과 손실을 외화환산이익, 외화환산손실이라고 한다. 그리고 결산일 전에 외화채권을 회수하거나 외화채무를 지불할 때 발생하는 환율 변동 차이를 외환차익과 외환차손이라고 한다.

가령 회사가 11월 30일 1,000달러어치 팔 때 환율이 1,000원이었는데 12월 31일 환율이 1,100원이 되었다고 해보자. 회사는 11월 30일 장부에 매출채권 1,000,000원($1,000×₩1,000/$)으로 표시했는데 12월 31일 결산기에 환율이 1,100원이 되었으니 매출채권은 원화로 1,100,000원($1,000×₩1,100/$)이다. 이 차액 100,000원을 외화환산이익이라고 한다.

만약 회사가 12월 29일 외국 거래처에서 1,000달러어치를 회수했는데 당시 환율이 1,090원이었다면 회사는 1,000,000원어치 팔아서 1,090,000원어치 회수한 셈이다. 현금으로 결제하면서 외화 관련 차익이 발생했으니 이 차액 90,000원을 외환차익으로 잡는다.

대한항공

그럼 대한항공의 최근 3년간 기타수익과 기타비용을 살펴보자.

앞서 살펴본 아시아나항공처럼 대한항공도 재무구조가 좋지 않아 금융비용이 큰 기업이다. 2018년 6,403억 원의 영업이익을 냈지만 금융비용만 5,805억 원에 달하기 때문에 소위 남는 장사를 하지 못했다. 문제는 기타비용도 7,299억 원으로 매우 크다는 데 있다. 대한항공의 연결재무제표 주석사항에서 기타비용을 찾아보면 대부분 외환차손, 외화환산손실로 이뤄져 있다. 회사는 결국 2018년 당기순손실을 기록했다.

◆ 대한항공 최근 3년간 기타수익과 기타비용

(단위: 억 원)

	2018년	2017년	2016년
영업이익	6,403	9,398	11,208
기타수익	3,350	14,931	5,109
기타비용	7,299	8,647	17,297
당기순이익(손실)	-1,857	8,019	-5,568

그런데 2017년에는 큰 폭의 당기순이익을 냈다. 2017년은 2016년에 비해 영업이익이 1,810억 원이나 감소했는데 다행히 기타수익이 1조 4,931억 원에 이르면서 당기순이익을 달성한 것이다. 연결재무제표 주석사항에서 기타수익을 찾아보면 대한항공은 외화채권보다 갚아야 할 외화채무가 훨씬 많다.

1달러에 1,100원인 환율이 1,000원으로 떨어질 때, 즉 원화강세 때는 대한항공에 득이 된다. 1,000달러를 갚을 경우 1,100,000원이 아닌 1,000,000원만 지불하면 되니 말이다. 반대로 환율이 1달러에 1,100원에서 1,200원으로 올라갈 때, 즉 원화약세 때는 곤란해질 수밖에 없다. 1,000달러를 갚을 경우 1,100,000원이 아닌 1,200,000원을 지불해야 하기 때문이다. 2017년 원화강세로 환율이 떨어지자 대한항공은 가만히 앉아 조 단위의 기타수익을 냈다. 그러나 대한항공이 최근 5년간 당기순이익을 낸 것은 2017년 한 번뿐이다. 매년 과도한 이자비용과 환율로 인해 당기순손실을 내다가 2017년만 순이익을 낸 것이다.

수출기업은 그 반대다. 삼성전자나 SK하이닉스처럼 매출액의 90% 이상을 수출하는 기업은 환율이 올라야 좋다. 1,000달러의 외화매출채권을 결제받을 때 환율이 1,100원일 때보다는 1,200원일 때가 당연히 좋다.

이렇게 수출과 수입 비중이 큰 기업은 영업이익 아랫단에 큰 숫자를 반영하는데 이것이 순이익, 순손실 여부도 결정한다. 환율은 매일 변동하므로 정보이용자 입장에서는 환율에 민감한 기업의 손익을 미리 예상해보는 것이 좋다.

◆ **대한항공 2018년 연결재무제표 주석사항 중 외화위험관리**

당기말 및 전기말 현재 연결실체가 보유하고 있는 외화표시 화폐성자산 및 화폐성부채의 장부금액은 다음과 같습니다.

(단위: 천원)

구 분	자산		부채	
	당기말	전기말	당기말	전기말
USD	1,368,381,161	930,281,705	8,095,728,397	8,003,910,538
JPY	126,198,496	230,919,811	955,538,031	792,610,374
기타 통화	339,380,466	365,155,801	1,650,957,620	1,344,067,465
합 계	1,833,960,123	1,526,357,317	10,702,224,048	10,140,588,377

대한항공은 재무제표 주석사항에 외화위험 관련 내용을 공시하고 있다. 굵은 선으로 표시한 곳을 보면 외화자산보다 외화부채가 5배 가까이 크다. 왜 대한항공의 기타비용, 기타수익 숫자가 큰지 이해가 가는가? 특히 미국 달러USD 부채가 압도적으로 많다. 그럼 환율이 변동할 때 손익 효과는 얼마나 될까? 우리가 힘들게 계산하지 않아도 재무제표 주석사항에 다 나온다.

주석사항을 찾아보면 외화민감도와 관련된 분석 내용이 나온다. 그 내

◆ **대한항공 2018년 연결재무제표 주석사항 중 외화민감도 분석**

가. 외화민감도 분석

연결실체는 주로 USD, JPY 에 노출되어 있으며, 기타의 통화로는 EUR, CNY 등이 있습니다.

아래 표는 각 외화에 대한 원화 환율의 10% 변동시 민감도를 나타내고 있습니다. 10%는 주요 경영진에게 내부적으로 외환위험 보고시 적용하는 민감도 비율로 환율의 합리적으로 발생가능한 변동에 대한 경영진의 평가를 나타냅니다. 민감도분석은 결제되지 않은 외화표시 화폐성항목만 포함하며, 보고기간말에 환율이 10% 변동할 경우를 가정하여 외화환산을 조정합니다. 아래 표에서 양수(+)는 관련 통화에 대하여 원화가 10% 강세인 경우 법인세차감전순손익의 증가를 나타냅니다. 관련 통화에 대하여 원화가 10% 약세인 경우 법인세차감전순손익에 미치는 영향은 아래 표와 유사하지만 음수(-)가 될 것입니다.

(단위: 천원)

구 분	USD		JPY		기타통화	
	당기말	전기말	당기말	전기말	당기말	전기말
법인세비용차감전순손익(*)	672,734,724	707,362,883	82,933,954	56,169,056	131,157,715	97,891,166

(*) 주로 연결실체의 보고기간말 현재 USD, JPY 통화 채권 및 채무의 환율변동에 기인합니다.

용을 읽어보면 회사는 환율이 10% 변동할 경우를 가정해 손익 효과를 보여준다. 이 수치만 봐도 대한항공이 환율에 얼마나 민감한지 짐작할 수 있다. 원화강세, 예를 들어 USD 기준으로 환율이 1,200원에서 1,080원으로 10% 떨어지기만 해도 회사 손익이 6,727억 원이나 늘어난다. 실제로 이런 일이 2017년 발생했다. 214쪽 표에서 대한항공의 2017년 손익을 보면 기타수익만 1조 4,931억 원으로 2016년, 2018년 대비 몇 배나 많다. 2016년 말 1,208.50원 하던 환율은 2017년 평균 1,100원대로 내려오다가 2017년 말 1,071.40원으로 마감했다. 연말 기준으로 환율 하락폭이 11%가 넘어 이 회사는 가만히 앉아 환율 덕을 톡톡히 보았다. 그러다가 2018년 환율이 다시 1,100원대로 진입해 2018년 말 1,118.10원으로 마감하면서 대한항공은 또다시 환율 때문에 힘든 한 해를 보냈고 결국 이는 순손실을 내는 원인으로 작용했다.

수출, 수입이 많은 기업은 손익 효과를 반드시 확인해야 한다. 민감도는 생각보다 클 수도 있고 작을 수도 있다. SK하이닉스의 연결재무제표 주석사항에서 같은 부분을 확인해보면 환율이 10% 변동할 때 USD 기준으로 손익에 미치는 효과를 4,456억 원으로 표기하고 있다. 수치가 작지는 않지만 이는 이 회사의 2018년 순이익 15조 원 대비 3%에 불과하다. 즉, 많이 민감하다고 보기 어렵다. 다만 반도체 슈퍼사이클이 지나 정말 큰 폭으로 이익이 감소할 경우에는 중요한 숫자로 봐야 한다. 따라서 수출과 수입 비중이 큰 회사는 반드시 이 주석사항을 챙겨 봐야 한다.

한 가지 조심할 것은 모든 기업이 외화환산이익(손실), 외환차익(손)을 기타수익(기타비용)으로 분류하는 것은 아니라는 점이다. 실은 금융수익(금융비용)에 표시하는 경우도 많다. 이는 재무제표 작성에서 기업에 자율성을 많이 부여하다 보니 발생하는 현상이다. 외화 관련 손익은 영업이익 아랫단에 있는 것이 맞지만 그 표기를 기타수익(비용)에 할지, 금융수익(비용)에 할지는 법처럼 정해주지 않았다. 회사가 알아서 작성하는 것이 가능한 까닭에 회사마다 재무제표 표현 방식이 다르다. 정보이용자는 이 점을 감안해 재무제표를 살펴봐야 한다.

한편 외화환산이익, 외화환산손실, 외환차익, 외환차손은 경상적·반복적으로 발생한다. 반면 유형자산처분이익(손실), 유형자산손상차손, 무형자산손상차손, 잡이익, 잡손실 등은 비경상적·비반복적으로 발생하는 편이다. 예년과 달리 숫자가 크게 나올 경우에는 해석할 때 오해할 수 있으니 특히 주의를 기울여야 한다.

한샘

그러면 한샘의 최근 3년간 기타수익과 기타비용을 살펴보자.

한샘은 영업이익이 계속 감소 추세에 있다. 회사에서 발생한 성폭행 문제로 불매운동이 벌어진 여파에다 건설 업황 자체가 좋지 않아 덩달아 영업이익이 감소 추세인데, 2018년에는 영업이익이 무려 60%나 줄었다. 분명 회사 사업이 예전만 못하다는 것이 수치로 충분히 드러나고 있다. 그런데 당기순이익만 놓고 보면 2017년 대비 약 6%밖에 감소하지 않았고 영업이익보다 순이익이 더 크게 잡혔다.

◆ **한샘 최근 3년간 기타수익과 기타비용**

(단위: 억 원)

	2018년	2017년	2016년
영업이익	560	1,405	1,596
기타수익	801	71	109
기타비용	141	126	103
당기순이익(손실)	899	959	1,275

그 이유를 찾아보면 한샘은 2018년 영업이익 아랫단에 기타수익 801억

원이 발생했다. 2017년 기타수익 71억 원, 2016년 109억 원에 비해 몇 배 이상 큰 수치다. 기타수익 내용을 확인하기 위해 연결재무제표 주석사항을 찾아보면 2018년 유형자산처분이익 410억 원, 매각예정자산처분이익 183억 원, 잡이익 141억 원 등이 발생한 것으로 나온다. 예년에는 아예 계정과목조차 없거나 있어도 금액이 얼마 되지 않았는데 2018년에는 여러 항목에서 큰 숫자가 나왔다. 특히 자산 처분과 관련해 거의 600억 원에 달하는 이익이 발생했다. 한샘의 주요 사업은 부엌가구와 인테리어 관련 물품 제조·유통이지 자산 처분이 아니다. 그러므로 자산 처분과 관련된 손익은 매출이 아닌 기타수익에 표시해야 한다. 이는 일회성으로 보이며 회사가 보유한 부동산이 수십 개가 아닌 이상 다음 연도 이후 또다시 처분해서 큰 이익을 낼 가능성은 높지 않다.

이런 내용을 확인하지 않고 단순히 당기순이익 수치만 확인해서 전기보다 약간 줄었고 영업이익보다 크다고 안심해서는 안 된다. 특히 주식투자자가 많이 보는 PER은 주가를 주당순이익으로 나누다 보니 순이익 감소가 얼마 되지 않아 한샘 주가가 과도하게 빠졌다고 오해할 수 있다. 그러나 한샘의 주가 하락폭을 보면 영업이익 감소 추세에 비례해 빠진 것이라 과도한 하락으로 보기 어렵다.

순이익을 평균자본으로 나누어 계산하는 ROE도 계산해보면 2017년 18%에서 2018년 17%로 소폭 감소해 괜찮아 보인다. 이것 역시 왜곡된 수치다. 일회성 기타수익의 자산 처분 관련 이익을 제거하고 다시 계산하면 2018년의 ROE는 한 자릿수로 뚝 떨어진다.

결론적으로 영업이익 아랫단의 일회성 항목은 중요하지 않다. 문제는 내용을 확인하지 않고 순이익이 작년과 비슷하거나 커졌다는 이유로 기업의 펀더멘털에 문제가 없다고 판단하는 데 있다. 기업을 제대로 이해하려면 재무제표의 특정 숫자나 몇몇 지표로만 해석해서는 안 되며 반드시 전반적인 내용을 훑어봐야 한다.

기업의 손익구조
파헤치기

잘나가던 SK하이닉스와 삼성전자의 실적이 2019년 들어 주춤해졌다. 삼성전자는 2018년 1분기 대비 2019년 1분기에 매출 13% 감소, 영업이익 60% 감소라는 쇼크에 가까운 실적을 내놨다. SK하이닉스 역시 다음 표(222쪽)처럼 큰 폭으로 이익이 감소했다.

보다시피 2018년 1분기 대비 2019년 1분기에 매출이 22.3% 감소했는데 영업이익은 무려 68.7%나 줄어들었다. 이는 삼성전자만큼 쇼크인데 어떻게 두 회사 모두 매출보다 이익이 더 많이 감소했을까? 만약 반대로 매출이 증가하면 이익은 매출보다 더 증가할까? 정답은 '그렇다'이다.

이해를 돕기 위해 매출총이익, 매출총이익률을 다룰 때 살펴본 SK하이

◆ SK하이닉스 연결재무제표 기준 영업(잠정)실적 공시　　　　　　(2019. 04. 25.)

◆ SK하이닉스 연결재무제표 기준 영업(잠정)실적 공시　　　　　　(2019. 04. 25.)

※ 동 정보는 잠정치로서 향후 확정치와는 다를 수 있음.						
1. 연결실적내용					단위 : 백만원, %	
구분		당기실적 (2019년 1분기)	전기실적 (2018년 4분기)	전기대비증감율(%)	전년동기실적 (2018년 1분기)	전년동기대비증감율(%)
매출액	당해실적	6,772,655	9,938,081	-31.9	8,719,691	-22.3
	누계실적	6,772,655	40,445,066	-	8,719,691	-
영업이익	당해실적	1,366,490	4,430,075	-69.2	4,367,338	-68.7
	누계실적	1,366,490	20,843,750	-	4,367,338	-

닉스의 3년 치 손익계산서를 영업이익까지 확대해서 분석하면 왜 매출 감소
폭보다 영업이익 감소폭이 더 큰지 쉽게 이해가 간다.

　3년간 매출액이 17.1조 원에서 30.1조 원, 40.4조 원으로 증가하는 동

◆ SK하이닉스 2018년 연결포괄손익계산서

연결 포괄손익계산서

제 71 기 2018.01.01 부터 2018.12.31 까지
제 70 기 2017.01.01 부터 2017.12.31 까지
제 69 기 2016.01.01 부터 2016.12.31 까지

(단위 : 백만원)

	제 71 기	제 70 기	제 69 기
매출액	40,445,066	30,109,434	17,197,975
매출원가	15,180,838	12,701,843	10,787,139
매출총이익	25,264,228	17,407,591	6,410,836
판매비와관리비	4,420,478	3,686,265	3,134,090
영업이익	20,843,750	13,721,326	3,276,746

안 영업이익은 3.2조 원, 13.7조 원, 20.8조 원으로 늘어났다. 제69기부터 제71기까지 3년간 매출액이 23.3조 원, 즉 약 135% 증가했는데 영업이익은 3.2조 원에서 20.8조 원으로 약 536% 증가했다. 매출액 증가폭보다 영업이익 증가폭이 훨씬 크다. 왜 그럴까? 그 이유를 알려면 비용의 성격별 분류 주석사항을 확인해야 한다.

비용의 성격별 분류

비용의 성격별 분류 주석사항은 매출원가와 판매비와관리비에 있는 비용을 성격별로 묶은 것이다. 예를 들어 회사 생산라인에 근무하는 임직원의 인건비가 2조 원, 판매관리 직군에서 근무하는 임직원의 인건비가 1조 원이라면 회사는 총 3조 원의 인건비를 매출원가에 2조 원, 판매비와관리비에 1조 원으로 처리한다. 정보이용자 입장에서는 매출원가와 판매비와관리비에 배부한 회사의 총인건비가 얼마인지 궁금한데 이 정보는 비용의 성격별 분류 주석사항에 나와 있다.

SK하이닉스

2018년 SK하이닉스는 당기에 원재료로 5.6조 원, 인건비로 3.6조 원, 감가상각 및 무형자산상각비로 6.3조 원을 사용했다고 공시했다. 나머지 숫

28. 비용의 성격별 분류

당기와 전기 중 발생한 비용의 성격별 분류는 다음과 같습니다.

(단위: 백만원)

구 분	당기	전기
제품 및 재공품의 변동	(1,473,125)	(528,298)
원재료, 저장품 및 소모품 사용	5,659,357	4,257,017
종업원급여	3,669,809	3,059,690
감가상각 및 무형자산상각	6,309,070	4,912,260
기술료	172,615	221,789
지급수수료	1,675,122	1,254,084
동력 및 수도광열비	1,131,394	971,489
수선비	1,023,685	946,132
외주가공비	1,072,241	895,996
기타	361,148	397,949
합 계(*)	19,601,316	16,388,108

(*) 연결포괄손익계산서상의 매출원가와 판매비와관리비를 합산한 금액입니다.

자는 이 3가지 항목보다 금액이 적으니 분석 대상에서 제외하겠다.

회사는 매출원가와 판매비와관리비로 연간 19.6조 원을 쓰는데 이 3가지 비용만 15.5조 원으로 약 80%에 이른다. 대부분의 제조업에는 이 3가지가 중요하다. 다만 직접 생산하지 않고 생산을 외주화한 의류업은 외주가공비가 크고 연구개발이 중요한 제약·바이오기업이나 IT기업은 연구개발비가 크게 발생한다.

SK하이닉스의 경우 인건비와 감가상각비 등을 합치면 약 10조 원이다. 원재료비는 반도체 생산과 비례해 발생하겠지만 인건비와 감가상각비는 생산량에 비례하지 않는다. 이처럼 이 회사는 매달 약 1조 원 내외의 고정비

성 인건비와 감가상각비를 쓰고 있다. 다른 고정비 성격 비용까지 감안하면 월 고정비 총액은 1조 원이 훨씬 넘을 것으로 추정할 수 있다. 재무제표 정보 이용자는 회사의 손익구조를 자세히 알지 못해 고정비 총액을 정확히 계산할 수 없다. 그러므로 대표적인 고정비 성격인 인건비와 감가상각비만 고려하는 것으로 하겠다.

반도체가 잘 팔리든 덜 팔리든 상관없이 매달 1조 원의 비용은 피할 수 없다. 이는 이익을 내려면 매출액에서 생산량과 비례해 발생하는 원재료비 같은 변동비를 차감하고 1조 원 이상을 거둬들여야 한다는 의미다. 손익구조상 회사 매출액이 감소할 경우 고정비는 예전만큼 발생하므로 이익은 더 줄어든다. 반대로 제품 판매량이 늘어날 때는 적은 고정비로 많은 매출액을 창출하니 이익이 더 크게 늘어난다.

그런데 모든 회사가 이런 손익구조를 보이는 것은 아니다. 이것은 회사마다 다른데 주요 기업 비용의 성격별 분류 주석사항을 뽑아보면 중요한 포인트가 제각각 다르다. 제조업은 대부분 원재료비가 다른 비용 대비 차지하는 비중이 큰 게 일반적이다. 그럼 극단적인 예를 보자.

S-OIL

S-OIL의 경우 전체 영업비용 중 원재료및상품 사용액이 90%에 달한다. 급여와 감가상각비는 각각 1%에 불과하고 나머지 비용을 모두 합쳐도 8% 정도다. 분석할 내용은 오로지 원재료뿐이다. 이 회사는 주요 원재료인

31. 비용의 성격별 분류 :

당기와 전기 중 비용을 성격별로 분류한 내역은 다음과 같습니다.

(단위:백만원)

구 분	당 기	전 기
원재료 및 상품의 사용	22,286,125	16,923,742
제품, 반제품 및 상품의 변동	(311,804)	(59,514)
종업원급여	353,785	335,913
전기및광열비	1,375,126	1,133,467
감가상각 및 무형자산 상각	354,161	294,172
운 반 비	145,010	170,630
광 고 비	18,532	20,332
기타비용	602,900	699,367
매출원가, 판매비 및 관리비 합계	24,823,835	19,518,109

원유가격 등락에 따라 회사 이익의 핵심인 정제 마진이 급변할 수밖에 없다. 인건비, 감가상각비 금액은 원재료에 비해 미미하므로 SK 하이닉스처럼 고정비 효과가 발생할 여지는 아예 없다. 그러므로 이 회사의 손익은 원재료가격이 좌우한다고 봐야 한다.

최상은 원재료가격이 떨어지고 판매가격은 올라 마진폭이 늘어나는 상황이다. 최악은 원재료가격이 오르는 상황에서 판매가격이 떨어져 마진폭이 줄어드는 것이다. 회사도 이 점을 알고 있기 때문에 유가 상황을 예의주시하며 재고자산 구매와 보유량을 결정하는데 국제유가가 매일 크게 변동하는 상황이라 이익 극대화가 쉽지는 않다.

◆ S-OIL 2018년 연결손익계산서

(단위: 백만 원)

	제 44 기	제 43 기	제 42 기
매출액	25,463,295	20,891,374	16,321,843
매출원가	24,200,246	18,783,141	14,020,892
매출총이익	1,263,049	2,108,233	2,300,951
판매비와관리비	623,589	734,968	684,062
영업이익(손실)	639,460	1,373,265	1,616,889

매출은 2016년인 제42기부터 16조 원, 20조 원, 25조 원으로 매년 4~5조 원씩 증가하는데 거꾸로 영업이익은 1조 6,000억 원에서 1조 3,000억 원, 6,000억 원대로 줄어들고 있다. 이 회사는 2019년 반기에 매출이 2018년 반기 대비 약 2.4% 증가한 11조 7,000억 원대를 기록했지만 영업이익은 73% 감소한 1,798억 원을 기록했다. SK하이닉스는 매출이 증가하면 고정비 효과로 영업이익이 더 크게 증가했으나 S-OIL은 영업이익이 반대 방향으로 가고 있다.

이처럼 회사의 손익구조가 어떠한가에 따라 손익 방향이 결정된다. 이것은 서비스업도 마찬가지이므로 중요한 비용을 찾아 손익구조부터 파헤쳐야 한다. 가령 엔씨소프트 같은 게임회사는 인적자원이 중요하다. 이에 따라 전체 비용에서 인건비와 경상개발비가 50%를 차지한다. 또한 모바일게임 특성상 애플과 구글 등 플랫폼 기업에 수수료를 지급해야 하므로 이 부분도 30% 가까이 차지한다. 이 중요한 비용이 전체 영업비용에서 차지하는 비중이 80%에 이르니 다른 비용은 분석할 필요도 없다.

항공사는 매출액에서 유류비가 차지하는 비중이 30%이므로 S-OIL 처럼 국제유가에 민감할 수밖에 없고, 강원랜드처럼 임직원만 5,000명이 넘는 기업은 인건비 비중이 절대적으로 크기 때문에 입장객이 늘어나야 이익 증가가 가능하다.

엔씨소프트의 모바일게임은 한참 흥행하다가 서서히 열기가 식어가고 있다. 예전 작품을 뛰어넘는 새로운 게임이 나오지 않으면 인건비와 경상개발비 같은 고정비 부담으로 이익 감소는 불가피하다. 엔씨소프트는 2019년 1분기에 매출이 2018년 1분기 대비 24% 감소했는데 영업이익은 61%나 줄어들었다.

제주항공은 꾸준한 출입국자 증가로 2018년 매출액이 33% 증가했으나 유가 상승으로 영업이익은 제자리에 머물렀다. 2019년 초 유가가 내려가는가 싶더니 다시 올라가는 쪽으로 방향을 틀어 영업이익 증가가 여의치 않아 보인다.

강원랜드는 워터월드 개장으로 집객 효과가 발생했지만 정부에서 카지노 영업시간을 2시간 줄이고 게임테이블도 일부 줄이면서 2018년 매출액이 전기 대비 6% 줄었고, 인건비 부담으로 영업이익도 14%나 감소했다.

고정비 비중이 큰 기업은 매출액 증감에 영향을 줄 만한 사항 위주로 확인하면 된다. 변동비 비중이 큰 기업, 특히 원자재가격에 민감한 기업은 국제 원자재 시세에 초점을 맞춘다. 이를 위해서는 재무제표 주석사항에서 비용의 성격별 분류를 확인해야 한다. 만약 국제 원자재가격을 자주 확인하기

어렵거나 국제 원자재 시세에 나오지 않는 원재료라면 분기, 반기, 사업보고
서를 확인하면 된다.

시장점유율, 주요 원재료, 주요 제품 가격 변동 추이

한국알콜

◆ **한국알콜 2018년 사업보고서 'Ⅱ. 사업의 내용' 중 주요 원재료 등의 가격 변동 추이**

라. 주요 원재료 등의 가격변동추이

(단위 : 원/KL, 원/MT)

품 목	제35기	제34기	제33기
조주정(㎘)	751,552	755,638	692,923
변성주정(㎘)	784,987	826,762	789,752
Acetic Acid(MT)	764,693	532,281	380,751
Crude Industrial Ethyl Alcohol(MT)	542,994	595,570	599,773

주1) 공장사용 원재료 중 가장 비중이 큰 품목을 대상으로 현재 구입 단위로 단순
　　평균가격을 적용하여 산정하였습니다.
주2) 구입처의 판매단가와 환율의 영향으로 가격이 변동하였습니다.

위 표처럼 사업보고서에서 기업의 주요 원재료가격 변동 정보를 확
인할 수 있다. 한국알콜의 사업보고서를 보면 이 회사의 원재료 중 Acetic
Acid(MT)와 Crude Industrial Ethyl Alcohol(MT)의 매입액 비중이 각
각 36%, 34%다. 이것은 핵심 원재료인데 하나는 원재료가격이 올라가는
중이고 다른 하나는 내려가는 중이다.

만약 회사가 이 원재료를 투입해 생산한 제품의 가격이 올라가는 추세라면 원재료가격 인상은 부담을 주지 않는다. 원재료가격 인상을 판매가격에 전이해 회사는 적정 마진을 지킬 수 있다. 반면 원재료가격은 오르는데 불행히도 제품 판매가격이 떨어진다면 회사는 적정 마진을 확보하기 어렵다. 만약 회사에 시장지배력이 있거나 독과점 구조라면 판매가격을 올릴 수도 있다. 그러나 치열한 경쟁 상황에 놓여 있다면 판매가격을 올리는 게 쉽지 않다.

◆ **한국알콜 2018년 사업보고서 'II. 사업의 내용' 중 시장점유율**

3. 자본금 변동사항
4. 주식의 총수 등
5. 의결권 현황
6. 배당에 관한 사항 등
II. 사업의 내용
a III. 재무에 관한 사항
  1. 요약재무정보

다. 시장점유율

구 분	정제주정	합성주정	무수주정	초산에틸	초산부틸
점유율	10%	65%	80%	70%	47%
비 고	본 자료는 당사 내부자료이므로 실제점유율과는 상이할 수 있습니다				

한국알콜은 정제주정을 제외하고 대부분의 주요 제품에서 시장점유율이 매우 높다. 독과점일 정도로 시장점유율이 압도적이고 'II. 사업의 내용'을 읽어보면 초산에틸의 경우 저가 수입산에 맞서 덤핑방지관세까지 부과한다고 나온다. 이로써 제품가격 경쟁력이 있을 것으로 추정할 수 있다. 과연 회사의 주요 제품 가격 추세는 어떨까?

◆ 한국알콜 2018년 사업보고서 'II. 사업의 내용' 중 주요 제품 가격 변동 추이

나. 주요 제품 등의 가격변동추이

각 품목의 가격변동 추이는 단순 판매가격의 평균을 나타낸 것이며, 세부 내용은 아래와 같습니다.

(단위 : 원/DM, 원/MT, 원/KG)

품 목	제35기	제34기	제33기
주정	213,446	239,963	232,333
화학	1,226,481	994,392	903,080
Color Paste	59,743	60,402	64,495

'II. 사업의 내용' 중 주요 제품 등의 가격 변동 추이를 찾아보면 화학제품의 평균 가격은 제35기(2018년)에 1,226,481원으로 전기 대비 23% 올랐다. 핵심 원재료 중 하나는 가격이 오르고 하나는 내리는 상황에서 주요 제품 평균 판매가격을 올려 적정 마진을 유지한 셈이다. 이 회사의 2018년 매출액과 영업이익은 전기 대비 각각 21%, 66% 급증했는데 영업이익률이 11%로 2017년 8% 대비 3%포인트 증가했다는 점에 의미가 있다.

이렇게 경쟁력 있는 기업은 저성장 시대에도 큰 성장을 이룰 수 있다. 정보이용자가 숨어 있는 알짜기업을 찾으려면 이처럼 손익구조를 파악하고 반드시 시장점유율, 주요 원재료의 가격 변동 추이, 주요 제품의 가격 변동 추이 등의 정보를 찾아서 분석해야 한다.

요점 정리

1 매출액은 판매가격^P×판매량^{Q}이다. 매출액이 늘어나려면 판매량이 증가하거나 판매가격을 올려야 한다. 시장점유율이 높아 두꺼운 진입장벽을 둘러친 기업일수록 판매가격을 올리는 데 비교적 자유롭다.

2 비용의 성격별 분류 주석사항을 활용해 고정비 부담이 큰 회사인지 변동비가 중요한 회사인지 나누어 분석해야 한다.

3 회사가 속한 위치, 산업 특성에 따라 매출총이익률이 낮을 수도 있고 높을 수도 있다.

4 매출총이익률이 높아도 판매비와관리비가 많이 발생하는 업종이 있으므로 영업이익 단까지 집중적으로 분석해야 한다.

5 영업이익 아랫단에 큰 숫자가 없어서 법인세비용을 차감한 당기순이익과 영업이익 간에 큰 차이가 없다면 애써 깊이 분석할 필요가 없다.

6 영업이익 아랫단에 큰 숫자가 많이 보인다면 이는 중요하게 봐야 한다. 다만 예년에 비해 큰 숫자가 갑자기 나왔을 경우 일회성일 가능성이 있으며 이는 중요하지 않다. 매년 큰 숫자가 나온다면 중요하게 봐야 한다. 각 계정의 성격과 금액 크기, 일회성 여부 등에 초점을 맞추기 바란다.

고정비 효과

2019. 1. 15. 〈매경프리미엄〉 '직장인들이여, 회계하라'

새해 들어 기업들의 2018년 실적 발표가 시작되었다. 언제나 그렇듯 삼성전자가 가장 먼저 잠정실적을 발표하면서 모두의 이목을 끌었다. 언론사는 대부분 삼성전자 실적을 '어닝쇼크'라고 표현했다. 어닝은 실적, 쇼크는 충격을 뜻하는데 과연 삼성전자의 잠정실적이 쇼크 수준인지 살펴보자.

삼성전자는 2018년 4분기에 매출액 59조 원, 영업이익 10조 8,000억 원을 기록했다. 3분기 대비 매출액은 9.87%, 영업이익은 38.53% 감소했다. 그리고 2017년 4분기 대비 매출액은 10.58%, 영업이익은 28.71% 감소했다. 직전 분기(3분기), 전년 동기(2017년 4분기) 매출액과 영업이익보다 줄었지만 4분기 3개월 동안 매출 59조 원과 영업이익 10조 8,000억 원의 실적을 낸 것은 대단한

◆ 삼성전자 연결재무제표 기준 영업(잠정)실적(공정공시)

※ 동 정보는 잠정치로서 향후 확정치와는 다를 수 있음.					
I. 연결실적내용					단위 : 조원, %
구분		당기실적	전기실적	전기대비증감	전년동기실적	전년동기대
		('18.4Q)	('18.3Q)	율(%)	('17.4Q)	비증감율(%)
매출액	당해실적	59.00	65.46	-9.87	65.98	-10.58
	누계실적	243.51	184.51	-	239.58	1.64
영업이익	당해실적	10.80	17.57	-38.53	15.15	-28.71
	누계실적	58.89	48.09	-	53.65	9.77

일이다. 이 수치는 국내 대기업 몇 개를 합쳐야 가능할 뿐 아니라 전 세계에 내놔도 손색이 없다.

이처럼 실적이 잘 나왔음에도 불구하고 언론이 쇼크라는 표현을 썼으니 삼성전자 임직원과 주주 입장에서는 서운하게 들릴 법도 같다. 하지만 시장 기대치보다 실제 실적이 덜 나왔다는 의미로 어닝쇼크라는 용어를 쓰는 게 자본 시장의 관행이니 어쩔 수 없다. 참고로 증권사들의 삼성전자 4분기 영업이익 평균 기대치는 약 13조 4,000억 원이었다. 시장 기대치보다 실제 영업이익이 20% 가까이 적게 나온 셈이다. 주식시장에서 한 주당 4~5만 원에 거래가 이뤄지던 삼성전자 주식이 지금 3만 원대 가격을 형성하는 것도 이와 무관하지 않을 것이다.

반도체 슈퍼사이클이 꺾일 것이라는 전망이 나오면서 매출액이 감소하리라는 예상은 진작 했다. 문제는 영업이익에 있다. 매출액 감소폭보다 영업이익 감소폭이 더 크다. 왜 매출액보다 영업이익이 더 많이 줄었을까? 원인은 감가상각비에 있다.

3분기까지 반도체사업부의 감가상각비는 약 12조 원으로 회사 전체 감가상각비 18조 원 대비 64% 정도다. 삼성전자 공장 10개 중 6개는 반도체 공장이라고 해도 좋을 만큼 시설 투자를 많이 하고 있다. 감가상각비는 이미 투자한 유형자산에 비용을 배분하는 성격이다. 회사의 제품 판매량과 상관없이 일정 금액을 배분해 비용으로 처리하는 고정비 성격이다. 큰 금액의 고정비가 발생하는 상황에서 매출액이 늘어나면 이익은 더 크

◆ **삼성전자 3분기 연결재무제표 주석사항**

(단위: 백만원)

구 분	CE	IM	DS			Harman	계(*1)
			계(*1)	반도체	DP		
매출액	69,020,638	165,178,323	183,721,916	130,205,866	49,961,288	7,912,289	427,436,384
내부매출액	(38,699,109)	(87,820,191)	(92,916,865)	(62,662,375)	(26,670,515)	(1,620,241)	(242,930,019)
순매출액(*2)	30,321,529	77,358,132	90,805,051	67,543,491	23,290,773	6,292,048	184,506,365
감가상각비	407,032	871,145	16,846,472	11,926,478	4,831,653	171,811	18,569,050
무형자산상각비	28,716	97,003	574,783	477,175	87,269	166,860	1,020,676
영업이익	1,347,200	8,660,035	38,018,029	36,806,613	1,644,879	89,203	48,086,070

게 늘어나고, 매출액이 감소하면 이익은 더 감소할 수밖에 없는 구조다.

조금 더 쉬운 예를 들어 개인이 은행 빚 4억 원으로 집을 장만했다고 가정해보자. 4억 원의 매년 이자비용은 1,500만 원으로 고정적인데 한 해에 집값이 1억 원 오르면 부동산 투자자 입장에서는 적은 비용 대비 큰 수익이 난 것으로 계산한다. 은행 돈 4억 원을 부담했지만 1년 이자비용 1,500만 원을 들여 1억 원의 이익을 냈으니 괜찮은 투자 성적이다. 반대로 집값이 떨어지면 이익 증가 없이 이자비용만 고정적으로 발생하니 더 큰 손해를 본 것으로 계산한다. 결국 삼성전자 사례와 같은 맥락이다.

회계학에서 감가상각비 같이 큰 금액의 고정비로 인해 매출액보다 영업이익이 더 증가하는 것을 영업레버리지 효과, 고정된 금융비용 때문에 매출액보다 순이익이 더 증가하는 것을 재무레버리지 효과라고 한다. 호황기에 매출이 증가하면 이익이 더 많이 늘어나지만 매출이 줄기 시작하면 이익은 더 많이 감소하는 효과가 나므로 고정비

비중이 큰 기업은 요즘 같은 때 더 부담을 느낄 수밖에 없다. 앞의 예처럼 빚으로 부동산에 무리하게 투자했다가 부동산가격이 떨어질 때 더 힘들어지는 것도 재무레버리지 효과에 해당한다.

시장이 기대한 것보다 이익을 내지 못해 어닝쇼크라는 표현을 썼지만 매출액보다 이익이 더 많이 감소했다는 부분에 주목해야 한다. 반도체 업황이 계속 좋지 않으면 이익은 더 큰 폭으로 감소할 테고, 산업이 다시 살아나면 이익은 더 많이 증가할 것이다.

올해는 새로운 통신 규격인 5G 상용화로 미디어콘텐츠와 자율주행 등 여러 첨단 산업이 계속 성장할 것이라고 한다. 그리고 하반기에 다시 반도체 업황이 개선될 것이라는 전망도 나온다. 무슨 일이든 올라가면 내려올 때도 있고 좋다가 나빠지기도 한다. 지금 잠시 숨을 고르는 것일 뿐 다시 일어나 더 높은 곳을 향해 올라가는 모습을 보여주길 기대한다. 그러면 2019년은 매출액보다 영업이익이 더 크게 증가할 것이다.

환율·원유·금리 등 대외변수로
기업 실적 예측 가능할까

2018. 3. 13. 〈매경프리미엄〉 '직장인들이여, 회계하라'

2017년은 대외변수 변동폭이 큰 해였다. 미국달러 기준 환율은 연초 1,208.05원에서 연말 1,071.40원까지 약 11.3% 하락했다. 원화 강세로 수입 의존도가 큰 기업은 수혜를 보고 수출 비중이 큰 기업은 피해를 볼 것이라는 계산이 가능하다.

국제 유가는 서부 텍사스산 원유^{WTI} 선물 기준으로 연초 배럴당 53.72달러에서 60.42달러까지 약 12.5% 상승했다. 원유 의존도가 높은 기업에 이는 부담으로 다가올 수밖에 없다.

미국은 2017년 3월, 6월, 12월에 각각 세 차례 기준금리를 인상했고 우리나라는 11월에 한 차례 인상했다. 미국이 2018년에도 최소 세 차례 기준금리 인상을 예고한 상태이기 때문에 빚이 많은 기업이나 개인 모두 발등에 불이 떨어졌다. 이렇게 대외변수가 급격히 변할 때는 기업 민감도에 따라 실적이 기대 이상으로 좋아지거나 예상한 것보다 더 악화하는 경우가 많으므로 주의를 요한다.

회계 정보이용자가 이런 대외변수 변화에 따라 기업 실적이 어떻게 변할지 미리 예상할 수 없을까?

누구나 할 수 있는 한 가지 방법이 있다. 바로 전자공시시스템에 공시된 사업보고서를 활용하는 것이다. 기업은 사업보고서에 첨부하는 재무제표 주석사항에서 시장 위험 민감도를 분석해 공시하므로 이 정보를 활용하면 된다.

환율, 유가, 금리에 모두 민감한 기업인 대한항공을 예로 들어보자.

2016년 실적 기준으로 대한항공의 매출액 대비 유류비가 차지하는 비중은 19%다. 즉, 우리가 100만 원짜리 항공권을 구입하면 19만 원은 기름값이다. 고유가 시절이던 2013년 유류비가 매출액 대비 37%였다가 3년 만에 19%까지 떨어졌으니 기업 실적은 당연히 좋아질 수밖에 없다. 2013년 대한항공은 영업적자 196억 원을 기록했으나 2016년에는 1조 1,208억 원의 영업흑자를 달성했다. 3년간 저비용항공사LCC에 시장점유율을 많이 내주느라 매출은 정체 상태지만 저유가 덕에 높은 수준의 영업이익을 달성할 수 있었다.

그러나 7조 8,000억 원에 달하는 차입금과 사채, 8조 5,000억 원에 이르는 금융리스 부채 때문에 이자비용이 크게 발생하고 외화 관련 손실 등이 커서 당기순손실은 피할 수 없었다. 대한항공은 2013년부터 2016년까지 4년 연속 당기순손실을 기록했다.

대외변수가 많이 변한 2017년 실적은 어떨까? 2016년 대한항공의 사업보고서를 이용해 실적을 예상해보자. 연결재무제표 주석사항 중 시장 위험을 검색해보면 외화위험관리, 이자율위험관리, 유가위험관리 등의 내용을 공시하고 있다. 환율, 금리, 유가 변동에 따라 회사 실적이 어떻게 움직이는지 그 민감도 분석까지 자세히 나온다.

아래 표는 주석사항에 공시한 회사가 보유한 외화 표시 화폐성 자산과 부채 내역이다. 미국달러 기준으로 보유한 화폐성 자산은 9,172억 원, 부채는 무려 9조 9,324억 원이다. 보유한 화폐성 외화자산보다 갚아야 하는 화폐성 외화부채가 10배 이상 많다. 환율이 오르면 원리금 상환 부담이 더 커지지만 만약 환율이 떨어지면 갚아야 할 부채금액이 원화 기준으로 감소한다. 즉, 요즘 같은 원화강세 시기는 대한항공처럼 외화부채가 있는 기업에 다소 유리하다.

과연 그런지 확인해보자.

◆ **대한항공 외화 표시 화폐성 자산과 부채 내역**

당기말과 전기말 현재 연결실체가 보유하고 있는 외화표시 화폐성자산 및 화폐성부채의 장부금액은 다음과 같습니다.

(단위: 천원)

구 분	자산		부채	
	당기말	전기말	당기말	전기말
USD	917,259,488	968,341,960	9,932,407,384	10,811,335,166
JPY	249,276,830	155,163,380	847,588,838	809,683,877
기타 통화	296,832,460	266,215,969	1,313,886,223	768,818,318
합 계	1,463,368,778	1,389,721,309	12,093,882,445	12,389,837,361

◆ **대한항공 외화 민감도 분석 내용**

제외되지 않은 외화표시 화폐성항목만 포함하며, 보고기간말에 환율이 10% 변동할 경우를 가정하여 외화환산을 조정합니다. 아래 표에서 양수(+)는 관련 통화에 대하여 원화가 10% 강세인 경우 법인세차감전순손익의 증가를 나타냅니다. 관련 통화에 대하여 원화가 10% 약세인 경우 법인세차감전순손익에 미치는 영향은 아래 표와 유사하지만 음수(-)가 될 것입니다.

(단위: 천원)

구 분	USD		JPY		기타통화	
	당기말	전기말	당기말	전기말	당기말	전기말
법인세비용차감전순손익(+)	901,514,790	984,299,321	59,831,201	65,452,050	101,705,376	50,260,235

(+) 주로 연결실체의 보고기간말 현재 USD, JPY 통화 채권 및 채무의 환율변동에 기인합니다.

위 표는 주석사항에 공시한 외화 민감도 분석 내용이다. 회사는 미국달러 대비 원화가 10% 강세인 경우 2016년 법인세비용차감전 기준으로 순손익이 무려 9,015억 원이나 증가할 수 있다고 공시했다. 2017년 동안 미국달러 대비 기준 환율이 11.3% 하락했으니 이 표는 대한항공의 실적을 예상하는 데 의미 있게 사용할 수 있다.

이런 식으로 회사는 환율, 이자율, 유가 등 각각의 중요 대외변수 변동이 실적에 어떤 영향을 주는지 건마다 공시했다. 회사의 주석사항에 공시한 여러 대외변수 민감도 분석 내용을 정리하면 다음과 같다.

2017년의 실제 대외변수 상승폭과 정확히 일치하지 않지만 방향성이 일치하므로 2017년 대한항공의 실적은 이 민감도 분석

◆ **대한항공 여러 대외변수 민감도 분석 내용**

항목	손익 효과
유가 10% 상승	-217,578백만 원
금리 50bp 상승	-52,874백만 원
미 달러화 대비 원화 10% 강세	901,514백만 원
합계	631,062백만 원

만으로도 예상이 가능하다. 유가가 상승해 회사의 매출액 대비 유류비 비중이 많이 늘었을 것이다. 유류비는 대한항공 매출원가의 중요한 부분을 차지하므로 영업이익이 감소할 것이라는 예상이 가능하다.

금리가 오르는 추세이므로 차입금과 리스 부채 합이 16조 원에 달하는 대한항공 입장에서는 이자비용이 늘어날 수밖에 없다. 즉, 손익계산서의 영업이익 아랫단에 위치한 금융비용 증가가 예상된다. 그러나 확인한 것처럼 회사는 원화강세로 이 모든 불리한 효과를 상쇄하고도 남을 만큼 순이익을 만들어낼 것이라는 계산이 나온다. 이 예상이

대한항공의 2017년 실적과 일치하는지 회사의 2017년 영업(잠정)실적 공시자료와 비교해보자.

대한항공은 2016년 대비 2017년 영업이익이 11% 감소한 9,561억 원, 순이익은 흑자 전환해 9,078억 원을 기록했다고 공시했다. 2017년 출입국자 수와 운항편 등 영업환경이 2016년과 다르기 때문에 정확한 예측은 불가능하지만 방향성과 증감폭은 대략 추정이 가능하다는 것을 알 수 있다.

주식투자자 중 일부는 기업이 공시한 재무제표는 이미 과거 숫자라 큰 의미가 없

◆ **대한항공 2017년 영업(잠정)실적(공정공시)**

※ 동 정보는 잠정치로서 향후 확정치와는 다를 수 있음.

1. 실적내용					단위 : 백만원, %	
구분		당기실적 (17년도 4분기)	전기실적 (17년도 3분기)	전기대비증감율(%)	전년동기실적 (16년도 4분기)	전년동기대비증감율(%)
매출액	당해실적	3,014,766	3,126,065	-4	2,868,072	+5
	누계실적	11,802,819	8,788,053	-	11,502,877	+3
영업이익	당해실적	230,838	378,838	-39	175,156	+32
	누계실적	956,151	725,313	-	1,079,004	-11
법인세비용 차감전계속 사업이익	당해실적	634,868	118,438	+436	-870,804	흑자전환
	누계실적	1,218,124	583,256	-	-742,090	흑자전환
당기순이익	당해실적	479,122	75,732	+533	-671,586	흑자전환
	누계실적	907,880	428,758	-	-591,361	흑자전환

다고 말하지만 잘 찾아보면 이처럼 예측 가능한 정보도 많이 있으므로 분석력을 갖출 경우 기업의 미래 실적까지 어느 정도 예상이 가능하다.

3월은 12월 결산법인의 사업보고서가 쏟아지는 달이다. 3월 말을 전후로 상장기업의 2017년 사업보고서가 쏟아져 나올 예정이다. 이것은 투자자가 1년에 한 번씩 받아보는 기업 성적표이자 정보의 보고寶庫다. 재무제표 주석사항 곳곳에 숨어 있는 보물 같은 정보를 잘 찾아내 투자에 적극 활용하기 바란다.

돈을
충분히 벌고 있는가
(현금흐름표 분석)

손익계산서 vs. 현금흐름표

회사의 손익계산서에 매출액이 100억 원이라면 정말 이 회사에 돈 100억 원이 들어온 걸까? 매출액 100억 원과 돈 100억 원이 들어왔다는 것은 전혀 다른 의미다. 수익 100억 원이 발생했을 때 반드시 100억 원이 바로 입금되는 것은 아니다. 상거래는 대부분 외상으로 이뤄지기 때문이다. '수익 100억 원 = 입금 100억 원'이 딱 맞아떨어지는 기업은 아마 상장기업 중 강원랜드, 파라다이스, GKL 정도일 것이다. 도박을 할 때 외상으로 하는 사람은 없으므로 이들 기업의 매출액은 현금 유입액과 같다. 이런 기업이 아니면 매출은 대부분 외상으로 이뤄진다.

　기업이 손익계산서에 매출 100억 원을 표시하는 이유는 아직 돈을 회수하지는 않았지만 재화와 서비스를 제공하고 대금청구권을 확보하는 등 정상적인 거래를 했기 때문이다. 결론적으로 손익계산서는 현금흐름을 반영하지 못한다. 다시 말해 이것은 '매출 100억 원=입금 100억 원', '매출원가 50억 원=출금 50억 원'이 아니다.

우리는 간혹 손익이 좋아도 회사가 망하는 경우를 목격한다. 흔히 말하는 흑자도산도 현금흐름에 문제가 생겨서 발생한다. 이것은 흑자임에도 불구하고 회사가 넘어가는 것을 의미한다. 회사 내부에 여러 가지 문제가 생겨 그런 일이 벌어졌겠지만 외부 정보이용자 입장에서는 알 수 없는 노릇이다. 재무제표 정보이용자가 흑자도산 같은 위험을 피하려면 현금흐름을 꼭 분석해야 한다. 위험회피뿐 아니라 기업이 정말 돈을 잘 벌고 있는지 확인하기 위해서도 현금흐름표를 반드시 봐야 한다. 벌긴 벌되 어느 정도 벌어야 잘 번다고 말할 수 있을까?

예를 들어 이제 막 커피숍을 창업한 사람은 대체로 이렇게 이야기한다.

"매출에서 재료비, 임차료, 인건비, 각종 경비를 빼고 많이 남았으면 좋겠다."

사업을 좀 오래 해본 사람은 다르게 얘기한다.

"영업비용은 물론 초기투자비와 앞으로 들어갈 투자비까지 포함해서 모두 뽑을 수 있을 만큼 벌었으면 좋겠다."

이렇게 말하는 사람은 현금흐름표 개념을 완전히 꿰고 있는 것이다. 사업의 기본 목표는 돈을 벌어서 남기는 데 있다. 영업으로 번 돈을 사업에 재투자하는 것을 넘어 주주에게 배당금을 지급하고 빚도 갚을 수 있어야 한다.

주주는 돈을 버는 사업에 같이 참여하는 것이고, 채권자는 돈을 벌도록 자금을 빌려주는 역할을 한다. 따라서 이들은 회사가 돈을 충분히 버는지 확인해야 한다. 다시 말해 주주는 남는 돈이 생길 만큼 돈을 충분히 버는지 검토하고, 채권자는 이자와 원금을 갚을 능력이 있는지 봐야 한다. 현금흐름표는 이런 관점으로 살펴봐야 한다.

EBITDA 검토

EBITDA^{Earnings Before Interest, Taxes, Depreciation, Amortization}는 영업이익^{EBIT}에 감가상각비^{Depreciation}와 무형자산상각비^{Amortization}를 더한 값을 말한다. EBITDA의 이니셜을 풀어보면 이자비용과 세금, 감가상각비, 무형자산상각비 반영 전 이익을 의미한다. 이자비용과 세금(법인세비용)은 영업이익 아랫단에 있으므로 여기서 이익은 영업이익을 뜻한다. 다만 감가상각비와 무형자산상각비 반영 전이라 했으니 영업이익을 계산할 때 비용으로 차감한 감가상각비와 무형자산상각비를 더해서 계산한다.

예를 들어 A회사의 영업이익이 20억 원이고 상각비(감가상각비, 무형자산상각비) 합이 50억 원이라고 해보자. 영업이익을 계산할 때 상각비는 이미 비용으로 차감했다. EBITDA는 영업이익에 비용으로 차감한 상각비를 다시 더하는 것이라고 했으니 70억 원으로 계산한다. 회사는 주주들에게 이렇게 말할 수 있다.

"우리의 회계상 영업이익이 20억 원에 불과한 이유는 상각비가 많이 발생했기 때문입니다. 이렇게 많은 상각비가 발생하지 않았다면 아마 영업이익은 70억 원이었을 겁니다."

상각비는 현금으로 지출하는 비용이 아니다. 유형자산과 무형자산을 투자할 때 현금 지출은 이미 끝났고 수익이 발생하는 기간 동안 수익에 대응해 장부에 비용으로 표시만 할 뿐이다. EBITDA는 결국 현금 기준으로 영업이익이 얼마인지 계산할 때 활용할 수 있다.

영업이익은 손익계산서에서 확인하고 상각비는 비용의 성격별 분류 주석사항에서 살펴볼 수 있다. 손익계산서 항목을 풀어보면 다음과 같다.

◆ **손익계산서 항목**

매출액	
매출원가	원재료비, 인건비, 감가상각비, 무형자산상각비
매출총이익	
판매비와관리비	인건비, 판매수수료, 감가상각비, 무형자산상각비
영업이익	

만약 A회사가 제조업체라면 생산라인에서 발생하는 인건비는 매출원가, 판매와 관리직군에서 발생하는 인건비는 판매비와관리비로 처리한다. 또 공장 건물·기계장치·시설에서 발생하는 감가상각비는 매출원가, 본사 사옥과 비품 등에서 발생하는 감가상각비는 판매비와관리비로 처리한다. 같은 성격의 계정과목이지만 발생 원천에 따라 매출원가와 판매비와관리비로 나뉜다. 회사의 연간 총인건비와 총감가상각비를 궁금해 하는 정보이용자를 위해 비용의 성격별 분류 주석사항에서 합계액을 보여준다.

처음부터 현금흐름표를 보는 게 나은 이유

A회사 사례를 손익계산서로 나타내면 다음과 같다.

◆ A회사 손익계산서 사례

매출액	200억 원	
매출원가	150억 원	감가상각비 40억 원, 원재료 · 인건비 등 110억 원
매출총이익	50억 원	
판매비와관리비	30억 원	감가상각비 10억 원, 인건비 · 판매수수료 등 20억 원
영업이익	20억 원	

연간 매출액이 200억 원이고 매출원가와 판매비와관리비가 각각 150억 원, 30억 원이므로 회계상 영업이익은 '200억 원(매출액) − 150억 원(매출원가) − 30억 원(판매비와관리비) = 20억 원'이다. 이 회사의 매출원가 150억 원 안에는 공장 관련 감가상각비 40억 원이 포함되어 있고 판매비와관리비에는 사옥 관련 감가상각비 10억 원이 들어 있다. 회계상 영업이익은 20억 원이지만 현금성 영업이익을 계산할 때 감가상각비는 돈이 빠져나가는 비용이 아니므로 제외해야 한다. 다시 말해 200억 원 매출액에서 매출원가는 110억 원, 판매비와관리비는 20억 원만 빼야 맞다. 그러면 현금성 영업이익이 70억 원으로 나온다. EBITDA 공식처럼 '영업이익 20억 원 + 상각비 50억 원 = 70억 원'으로 계산해도 결과는 같다.

이 계산법을 자세히 들여다보면 매출액과 관련된 조정은 없고 비현금성 비용 중 가장 큰 비중을 차지하는 상각비만 고려한 것임을 알 수 있다.

2018년 삼성전자의 영업이익은 59조 원이었다. 상각비는 26조 원으로 둘의 합인 EBITDA는 85조 원이다. 회계상 삼성전자는 59조 원을 벌었는데 현금 기준으로는 85조 원을 벌었을 것으로 보인다. 이것은 어디까지나 추정치이며 정확한 값이 아니다. 다만 영업이익에 비현금성 비용 2개만 더한 것뿐이다.

삼성전자도 외상판매를 하는데 가령 판매 후 외상대금이 다음 달에 들어온다고 가정해보자. 삼성전자의 2018년과 2017년 매출액이 각각 244조 원, 240조 원이니 월평균 매출액은 약 20조 원이다.

◆ **비슷하게 흘러가는 매출액과 현금흐름 사례**

(단위: 조 원)

	2017. 12	2018. 1	2018. 2	2018. 3	2018. 4	2018. 5	2018. 6	2018. 7	2018. 8	2018. 9	2018. 10	2018. 11	2018. 12	2019. 1
매출 발생	20	20	20	20	20	20	20	20	20	20	20	20	20	
현금 회수		20	20	20	20	20	20	20	20	20	20	20	20	20
차이		0	0	0	0	0	0	0	0	0	0	0	0	

매출발생과 현금회수 간에 한 달씩 차이가 발생해도 매달 비슷한 규모의 매출이 있으면 실제 차이가 나지 않는다. 매출발생과 현금회수 간에 두 달 이상 차이가 발생해도 결과는 똑같다. 매출발생과 현금회수 간에 시점 차이를 두고 돈이 들어오지만 계속 사업을 하는 상황이므로 12개월 동안 발생한 매출액과 현금흐름은 비슷하게 흘러간다. 이런 이유로 EBITDA를 계산할 때 매출 쪽 조정은 딱히 하지 않는다.

만약 2018년 10월 매출이 50조 원인데 몇 달이 지나도 현금회수가 이뤄지지 않으면 손익계산서의 매출액과 현금흐름 간에 큰 괴리가 생길 수밖에 없다.

◆ 매출액과 현금흐름 간에 괴리가 생긴 사례

(단위: 조 원)

	2017. 12	2018. 1	2018. 2	2018. 3	2018. 4	2018. 5	2018. 6	2018. 7	2018. 8	2018. 9	2018. 10	2018. 11	2018. 12	2019. 1
매출 발생	20	20	20	20	20	20	20	20	20	20	50	20	20	
현금 회수		20	20	20	20	20	20	20	20	20	20	0	20	20
차이		0	0	0	0	0	0	0	0	0	30	20	0	

위 표에서 2018년 1년 동안 매출은 270조 원이 발생했는데 현금흐름은 220조 원으로 나타난다. 이처럼 현금을 원활하게 회수하지 못하면 당연히 매출액과 현금흐름 간에 차이가 발생한다. 이럴 때 EBITDA를 계산하는 것은 크게 의미가 없다.

매출이 꾸준히 발생하고 현금회수가 원활한 기업은 손익계산서와 현금흐름 간에 차이가 없기 때문에 EBITDA 숫자도 의미가 있다. 반면 매출이 발생했어도 현금회수가 원활하지 않은 기업은 EBITDA 결과값을 신뢰하기 어렵다.

그런데 정보이용자 입장에서는 그 회사에 가서 채권회수가 잘 이뤄지는지, 지난달 외상대금은 잘 받았는지 물어보거나 장부를 뒤져보지 않는 이상 매출이 발생한 만큼 돈이 잘 들어오고 있는지 확인할 방법이 없다. 그러므로 이왕 현금흐름을 분석할 거라면 수고스럽게 EBITDA를 계산하지 말고 처음부터 현금흐름표를 보는 게 낫다. 회사의 현금흐름표는 이런 걱정을 말끔히 덜어줄 뿐 아니라 여러 가지 의미와 좋은 정보를 제공하므로 재무제표 정보이용자는 반드시 봐야 한다.

현금흐름표

현금흐름표는 일정 기간 동안 기업의 현금흐름을 보여주는 재무보고서로 정의할 수 있다. 가령 12월 결산법인은 1월 1일부터 12월 31일까지의 현금흐름을 보여준다. 손익계산서가 1월 1일부터 12월 31일까지 발생한 수익과 비용으로 보여준다면 현금흐름표는 1년간 들어온 돈과 나간 돈으로만 보여준다.

들어온 돈이 나간 돈보다 많으면 결과값은 (+)값이 되고, 들어온 돈보다 나간 돈이 많으면 결과값은 (−)값이 된다. 당연히 (+)값이 좋아 보이겠지만 반드시 그렇다고 보기는 어렵다. 현금흐름은 크게 3가지 활동에서 발생하는데 그 성격에 따라 (+)가 좋을 수도 있고 (−)가 좋을 수도 있다.

◆ 현금흐름표 구조

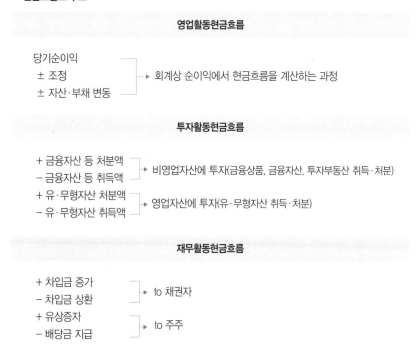

영업활동현금흐름

당기순이익
± 조정 → 회계상 순이익에서 현금흐름을 계산하는 과정
± 자산·부채 변동

투자활동현금흐름

+ 금융자산 등 처분액
− 금융자산 등 취득액 → 비영업자산에 투자(금융상품, 금융자산, 투자부동산 취득·처분)
+ 유·무형자산 처분액
− 유·무형자산 취득액 → 영업자산에 투자(유·무형자산 취득·처분)

재무활동현금흐름

+ 차입금 증가
− 차입금 상환 → to 채권자
+ 유상증자
− 배당금 지급 → to 주주

기업에 돈이 들어오고 나갈 때를 원천별로 정리해보면 크게 3가지 활동, 즉 영업활동, 투자활동, 재무활동에서 현금흐름이 발생한다.

예를 들어 삼성전자의 영업활동은 스마트폰, 반도체, 가전제품 등을 제조·판매하는 것이다. 제품을 생산해서 판매활동을 하면 회사에서 돈이 유출(−)된다. 그리고 제품 판매가 이뤄지면 회사로 돈이 유입(+)된다. 유입액과 유출액을 더했을 때 (+)가 좋을까, (−)가 좋을까? 당연히 (+) 숫자여야 한다. 즉, 회사는 영업활동으로 돈을 벌어야 한다. 들어온 돈보다 나간 돈이 많아 (−) 숫자가 나온다는 것은 1년간 헛고생했다는 것과 별반 다를 바 없다.

그런데 영업활동현금흐름을 보면 모양이 조금 이상하다. 들어온 돈에서 나간 돈을 차감하는 방식이 아니고 당기순이익에서 조정액과 자산·부채 변동액을 더하거나 빼는 식으로 되어 있다. 회계 실무를 한다면 작성법을 익혀야 하지만 재무제표 정보이용자라면 이렇게 만드는 이유와 원리, 보는 방법만 이해하기 바란다.

영업활동현금흐름

지금은 회계와 IT기술이 많이 발달했지만 실무상 현금흐름표에서 영업활동현금흐름을 작성하는 일은 회계프로그램이 아닌 수작업으로 이뤄지고 있다. 대기업의 경우 국내외에서 하루에도 수만 건의 영업활동이 일어나는데 거래 건마다 들어온 돈과 나간 돈을 일일이 추적해 계산하는 것은 현실적으로 어려운 일이다. 제품원가 계산도 결산이 끝나야 나오는 성격이라 기중에 판매한 제품을 건마다 원가 계산하는 것은 불가능하다. 아무리 좋은 회계프로그램이 있어도 현금흐름을 다 따라갈 수는 없으니 일단 결산으로 작성한 재무상태표와 손익계산서로 현금흐름을 역추적하는 방법을 쓴다.

회계상 당기순이익은 현금성, 비현금성 수익과 비용의 합계액이다. 그러므로 비현금성 수익과 비용을 차감하고 현금흐름과 관련된 자산·부채 변동액을 더하면 현금흐름표 구조에 나온 것처럼 영업활동현금흐름을 계산할 수 있다.

투자활동현금흐름

투자활동은 계산 방법이 비교적 쉽다. '들어온 돈 – 나간 돈' 공식에 충실하기 때문이다. 투자활동이 영업활동처럼 매일 발생하는 것도 아니고 대기업도 연간 발생건수가 많지 않아 들어온 돈과 나간 돈을 일일이 다 계산할 수 있다.

투자활동은 2가지 성격으로 요약할 수 있다. 하나는 비영업자산으로 금융상품과 금융자산 등에 투자하는 것이고, 다른 하나는 영업자산으로 유형자산과 무형자산에 투자하는 것이다. 기업에서 하는 투자는 이 2가지 성격 외에는 없다.

그러면 삼성전자의 현금흐름표 중 투자활동현금흐름을 살펴보자.

◆ **삼성전자 2018년 연결현금흐름표 중 투자활동 현금흐름** (단위: 백만 원)

투자활동 현금흐름	-52,240,453	
단기금융상품의 순감소(증가)	-12,368,298	
단기상각후원가금융자산의 순증가	-1,436,844	
단기당기손익-공정가치금융자산의 순증가	-139,668	
장기금융상품의 처분	255,850	**금융상품, 금융자산 취득·처분**
장기금융상품의 취득	-7,678,654	(Net: -22,131,189)
상각후원가금융자산의 취득	-158,716	
기타포괄손익-공정가치금융자산의 처분	16,211	
기타포괄손익-공정가치금융자산의 취득	-456,134	
당기손익-공정가치금융자산의 처분	80,138	
당기손익-공정가치금융자산의 취득	-193,848	
관계기업 및 공동기업 투자의 취득	-51,226	
유형자산의 처분	556,973	**유·무형자산 취득·처분**
유형자산의 취득	-29,556,406	(Net: -30,008,015)
무형자산의 처분	11,935	
무형자산의 취득	-1,020,517	

금융상품, 금융자산 관련 취득과 처분은 기업의 재테크라고 할 수 있다. 여유자금이 생기면 그들도 개인처럼 위험 성향이나 보유기간 등을 고려해 저축을 하거나 주식 혹은 채권에 투자한다. 부동산에 투자하는 것도 가능하다. 우리가 이미 살펴본 비영업자산에 투자하는 것이다. 비영업자산에 투자할 때, 즉 취득할 때는 회사에서 돈이 빠져나가므로 현금유출(−)이 된다. 반대로 비영업자산을 처분할 때는 회사로 처분가액만큼 돈이 들어오므로 현금유입(+)이 된다.

또 다른 투자활동인 유·무형자산 취득과 처분은 회사 사업에 재투자하는 부분이다. 삼성전자는 유형자산 취득에 29조 원의 현금을 유출했다. 이는 영업자산인 유형자산을 취득하는 것으로 반도체 공장 토지, 건물, 기계장치 등을 취득하고 '유형자산 취득' 한 줄로 표시했다. 만약 공장 토지, 건물, 기계장치가 더 이상 필요 없어서 처분했다면 '유형자산 처분' 한 줄로 표시한다. 영업자산을 취득·처분하니 영업활동현금흐름으로 오해할 수도 있지만 투자행위로 발생한 현금흐름이라 투자활동으로 분류한다. 영업활동은 판매, 생산 등 수입과 비용에서 발생한 유입액·유출액의 집계고 투자활동은 영업을 위한 유·무형자산 취득·처분과 관련된 현금흐름으로 정리할 수 있다.

투자활동현금흐름은 현금유입(+)보다 현금유출(−)이 좋다. 회사에서 돈이 빠져나가는 것보다 돈이 들어오는 것이 좋으니 외형상 현금유입이 좋아 보이지만 내용상으로는 현금유출이 좋다. 비영업자산에 투자하면 금융상품으로 이자수익이 발생하고 금융자산으로 배당이나 채권이자를 받을 수 있다. 영업자산에 투자한다는 것은 공장 증설을 의미하고 제품 생산과 판매로 더 많은 영업활동현금흐름을 창출하려는 뜻이니 당연히 현금유출이 많은 게 좋다. 물론 모든 증설이 내년도 이후 영업활동현금흐름을 좋게 한다고 보장할 수는 없다. 이는 회사의 업황과 지위에 따라 달라진다. 그래서 좀 더 깊은 검토가 필요한데 이것은 투자활동현금흐름 관전 포인트에서 살펴볼 예정이다.

재무활동현금흐름

재무활동현금흐름 역시 크게 2가지로 구분이 가능하다. 채권자(은행 등 금융기관) 부분과 주주 부분이 그것이다.

◆ **카카오 2018년 현금흐름표 중 재무활동 현금흐름**

재무활동현금흐름	890,516,911,408	
단기차입금 증가	33,053,063,251	
단기차입금 상환	-172,403,181,320	채권자 몫
장기차입금 상환	-4,758,065,346	
장기차입금 증가	7,986,981,495	
주식 발행	1,050,902,497,014	
주식선택권행사로 인한 현금유입	3,919,610,657	주주 몫
배당금지급	-12,044,136,879	
자기주식 취득	-236,200,151	

회사가 은행에서 돈을 빌려오면 부채 부분의 차입금이 증가한다. 차입

금만큼 회사에 돈이 들어오므로 이것은 현금유입이다. 반대로 회사가 은행에 차입금을 상환하면 부채에서 차입금이 감소하고 회사는 돈을 지급하므로 현금유출이다. 주주에게 유상증자를 받을 경우 회사에 돈이 들어오므로 현금유입이고, 주주에게 배당금을 지급하거나 주주가치 제고를 위해 자기주식을 취득하면 회사에서 돈이 빠져나가므로 현금유출이다.

재무활동현금흐름도 현금유입보다 현금유출이 좋다. 회사에서 돈이 빠져나가는 것보다 들어오는 게 좋으니 외형상 현금유입이 좋아 보이지만 내용상으로는 현금유출이 좋다. 가령 차입금이 들어오는 것보다 차입금을 갚는 게 재무구조에 좋은 영향을 준다. 또한 주주에게 배당금을 지급하거나 자기주식을 취득하는 것 역시 영업활동에서 돈을 잘 벌고 재무구조가 안정적이어야 가능한 일이다. 유상증자를 하면 회사에 돈이 들어오니 좋기는 하지만 신주 발행으로 주식수가 늘어나 주주가치가 희석된다. 유상증자로 조달한 자본을 사업에 투자해 큰 이익 증대가 기대된다면 주주에게 좋은 일이지만 불확실성이 있을 경우 주식수 증가로 주주가치만 떨어진다.

현금흐름 포괄 정리

그러면 영업활동, 투자활동, 재무활동 현금흐름을 포괄적으로 정리해보자.

영업활동현금흐름은 현금유입이 좋다. 쓴 돈보다 번 돈이 많아야 한다는 얘기다. 반대로 투자활동과 재무활동 현금흐름은 현금유출이 좋은 방향이다. 투자활동은 회사가 영업활동에서 돈을 번 덕분에 가능한 일이다. 은행 빚을 갚거나 주주에게 배당금을 주는 재무활동 역시 영업활동에서 돈을 충분히 벌어 투자활동을 하고 난 후 남는 돈으로 하는 것이다.

만약 영업활동에서 돈을 조금밖에 벌지 못하거나 현금유출이 더 크면 어떻게 해야 할까? 돈을 벌지 못하거나 덜 벌었다고 기업이 유·무형자산 취득에 게으를 수는 없다. 기업은 존속해야 하므로 좋지 않은 실적에 위축되지 말고 힘차게 미래를 준비해야 한다.

영업활동에서 돈을 벌지 못했다면 은행에서 차입금을 들여오거나 주주에게 유상증자를 받아야 한다. 차입금과 증자가 나쁜 것은 아니다. 투자 완료 후 영업활동에서 돈을 벌어 차입금을 갚고 주주에게는 배당으로 보답하면 된다. 일시적인 차입금 증가나 유상증자가 반드시 나쁘다고 보기는 어렵다.

문제는 재무활동으로 유입한 자금을 투자해 돈을 벌지 못할 때 발생한다. 다음 연도 이후에도 계속 영업활동에서 돈을 덜 벌거나 현금유출 상황이 이어지면 결국 회사의 재무구조가 악화되고 만다. 빌려온 돈이 많아 갚아야 하는데 벌어들이지 못해 갚을 능력이 되지 않으니 이는 당연하다.

정보이용자는 기업의 몇 년 치 현금흐름을 살펴보는 것이 좋다. 또 다음에 나오는 영업활동, 투자활동, 재무활동 관전 포인트를 반드시 검토해야 한다. 여기에다 업종별 특징까지 모두 고려해 한 번에 정리하는 것이 바람직하다.

영업활동현금흐름
관전 포인트

현금흐름표 분석에서 첫 번째 원칙은 영업활동현금흐름이 당기순이익보다 커야 한다는 점이다.

영업활동현금흐름 〉 당기순이익

EBITDA를 검토할 때 우리는 회사의 비현금성 비용인 감가상각비, 무형자산상각비로 인해 회계상 이익보다 현금성 이익이 더 크다는 사실을 알았다. 같은 맥락으로 영업활동현금흐름도 당기순이익보다 커야 한다. 삼성전자의 6년 치 연결현금흐름표를 정리해보면 다음 표와 같다.

보다시피 한 해도 빠지지 않고 매년 영업활동현금흐름이 당기순이익보

◆ 삼성전자 영업활동현금흐름과 당기순이익 차이

(단위: 조 원)

	2013년	2014년	2015년	2016년	2017년	2018년
영업활동현금흐름	38	47	37	48	63	68
당기순이익	24	31	24	23	43	45
차이	14	16	13	25	20	23

다 크다. 2017년, 2018년 삼성전자의 감가상각비와 무형자산상각비 합은 각각 22조 원, 26조 원이다. 법인세 효과 등을 고려해야 하므로 딱 맞지는 않겠지만 대략 영업활동현금흐름과 당기순이익의 차이 정도다. 현금이 빠져나가지 않아도 감가상각비와 무형자산상각비는 회계상 비용으로 인정받아 회사의 순이익을 떨어뜨리는 역할을 한다. 돈이 나가는 비용이 아니라서 영업활동현금흐름을 계산할 때 유출로 빠지지 않으므로 현금흐름이 회계상 순이익보다 큰 것은 당연하다. 매년 순손실이 나는 기업도 감가상각비가 크면 영업활동현금흐름이 (+)일 수도 있다.

◆ 금호타이어 영업활동현금흐름과 당기순이익 차이

(단위: 억 원)

	2013년	2014년	2015년	2016년	2017년	2018년
영업활동현금흐름	4,735	4,998	2,250	1,883	713	568
당기순이익	1,009	1,316	-675	-379	-1,118	-1,827
차이	3,726	3,682	2,925	2,262	1,831	2,395

금호타이어는 2014년까지 회계상 순이익을 실현하다가 2015년부터 내리 4년 연속 순손실을 기록하고 있다. 전방산업인 완성차 시장이 좋지 않

다 보니 후방산업에 속하는 타이어회사도 힘든 시기를 보내는 중이다. 비록 회계상 순손실을 기록하고 있지만 영업활동현금흐름은 매년 (+)다. 이는 타이어를 만들고 판매할 때 지출한 비용보다 타이어를 판매해서 유입된 돈이 더 크다는 의미다. 또한 감가상각비가 많이 발생하는 업종이라는 것을 유추할 수 있다. 삼성전자처럼 감가상각비가 커서 현금흐름과 회계상 순이익의 차이도 클 것이라는 판단도 가능하다.

금호타이어의 연결재무제표 주석사항에서 비용의 성격별 분류를 살펴보면 2017년과 2018년 감가상각비는 매년 2,200억 원 이상 발생한 것으로 나온다. 이는 영업활동현금흐름과 당기순이익 차이 금액과 거의 비슷한 수치다. 거액의 감가상각비가 발생하지 않았다면 이 회사는 순이익 실현도 가능했을 것이다. 돈을 벌고 있으니 딱히 문제도 없어 보인다. 하지만 채권단은 더 이상 자금 지원이 불가능하다고 판단했고 이 회사는 결국 2018년 중국에 매각되었다. 그 이유는 뒤에 나오는 투자활동현금흐름 관전 포인트에서 다시 짚어보자.

불규칙한 영업활동현금흐름(수주산업)

원칙적으로 영업활동현금흐름은 당기순이익보다 커야 하지만 그것이 어려운 업종도 있다. 혹은 기업 특성상 그럴 수 없는 경우도 있다. 그 예외적인 현금흐름을 살펴보자.

동원개발

◆ 동원개발 영업활동현금흐름과 당기순이익

(단위: 원)

	제 41 기	제 40 기	제 39 기
영업활동현금흐름	108,403,430,336	138,759,073,402	55,381,990,334
당기순이익(손실)	121,942,407,583	100,618,005,276	97,981,849,746

건설회사 동원개발은 제39기인 2016년과 제41기인 2018년은 당기순이익보다 영업활동현금흐름이 작은데, 제40기인 2017년은 그 반대다. 이것만 보면 불규칙하지만 시간을 더 늘려 과거 몇 년을 따라가면 거의 비슷한 형태를 보인다. 이 회사의 연간 감가상각비는 2억 원 정도밖에 안 되서 현금흐름이 불규칙성을 띠면서 현금흐름과 순이익 간의 차이를 설명하는 데 적합지 않다.

이는 건설업의 특성 중 하나로 현대건설이나 대우건설 같은 큰 건설사뿐 아니라 서한, 화성산업 등의 중견 건설사도 모두 현금흐름이 불규칙하다. 이것은 주문을 받고 몇 년의 공사기간을 거쳐 제품을 완성하는 건설업, 조선업 같은 수주산업의 특징이다.

건설사의 불규칙한 현금흐름 예시

예를 들어 건설업체 A회사가 3년간 아파트 공사를 한다고 가정해보자. A회사는 주문을 낸 발주처 B와 120억 원짜리 공사를 계약했다. 아파트를

3년간 짓기로 하면서 발주처 B는 첫 해에 계약금으로 대금의 10%인 12억 원, 다음 해에 중도금으로 대금의 20%인 24억 원, 마지막 연도에 공사를 완료하고 준공검사가 떨어지면 대금의 70%인 84억 원을 주기로 했다.

수주처인 A회사 입장에서는 매우 힘든 계약조건이다. 건설은 공사 초기부터 원가가 많이 들어가는데 발주처 B에서 첫해와 두 번째 해에 돈을 이렇게 조금씩 지급하면 당연히 공사할 돈이 부족해진다. 결국 A회사는 은행 차입금으로 공사를 해야 한다. 이처럼 공사가 끝날 때쯤 대부분의 공사대금을 받는 방식을 가리켜 업계에서는 헤비테일$^{Heavy Tail}$ 수주라고 한다. 공사대금이 마지막에 몰리는 모습을 꼬리가 무겁다는 식으로 표현한 것이다. A회사 입장에서는 경쟁 환경이 치열해 발주처 B의 요구조건을 들어주어야 하니 불합리해도 수용할 수밖에 없다.

A회사는 이 공사에 100억 원의 원가가 발생할 것으로 예상했다. 첫해에 50억 원, 다음 해에 30억 원, 마지막 해에 20억 원 정도 투입해 공사를 끝내면 A회사는 20억 원의 마진을 남길 수 있다.

이 공사와 관련해 현금흐름을 나타내보면 다음과 같다.

◆ **건설업체 A회사 현금흐름 사례**

(단위: 억 원)

	현금유입	현금유출	Net(순현금흐름)
1년 차	+12	-50	-38
2년 차	+24	-30	-6
3년 차	+84	-20	64
합계	+120	-100	+20

1년 차, 2년 차 때 건설사가 각각 50억 원과 30억 원을 들여 공사해도 발주처는 계약조건에 따라 12억 원과 24억 원만 지급한다. 이때 A회사는 첫 해와 둘째 해의 현금흐름이 –38억, –6억 원이다. 마지막 해에 잔금이 들어오면 현금흐름은 개선되지만 2년 동안은 고생할 수밖에 없다.

이번에는 건설업체 A회사가 회계상으로 수익을 어떻게 인식하는지 살펴보자.

A회사는 회계상으로 예정원가 대비 몇 %의 공사비를 썼는지 비율에 따라 수익을 인식한다. 이를 산식으로 나타내면 다음과 같다.

$$\text{공사수익} = \text{수주액} \times \frac{\text{발생원가}}{\text{예정원가}} \text{(공사진행률)}$$

발생원가를 예정원가로 나눈 값을 공사진행률이라고 한다. 즉, 공사를 얼마나 진행했는지 물리적으로 측정하는 것이 아니라 총예정원가 대비 실제 발생한 원가로 계산한다. 이 공사와 관련해 3년간의 수익과 비용을 계산하면 다음과 같다.

◆ **건설업체 A회사 수익과 비용 계산 사례**

(단위: 억 원)

	공사진행률	공사수익(수주액×진행률)	공사원가	Net(공사이익)
1년 차	50%(50/100)	60(=120×50%)	-50	10
2년 차	30%(30/100)	36(=120×30%)	-30	6
3년 차	20%(20/100)	24(=120×20%)	-20	4
합계	100%	120	-100	20

회계상으로 A회사는 매년 이익을 실현한다. 1년 차와 2년 차에 계약금과 중도금을 조금밖에 받지 못해 현금흐름이 악화되어도 회계는 입금 시점이 아닌 발생 시점에 수익을 잡는 구조라 이익 발생이 가능하다. 1년 차에 공사를 50%(발생원가 50억 원/예정원가 100억 원) 진행해 현금이 12억 원밖에 들어오지 않아도 수익은 60억 원(총수주액 120억 원×50%)으로 인식한다.

A회사가 매년 이 공사 1건만 한다는 가정 아래 영업활동현금흐름과 당기순이익을 표로 정리해보면 다음과 같다.

◆ 건설업체 A회사 영업활동현금흐름과 당기순이익 사례
(단위: 억 원)

	1년 차	2년 차	3년 차	합계
영업활동현금흐름	-38	-6	64	20
당기순이익	10	6	4	20
차이	-48	-12	60	0

보다시피 매년 현금흐름과 회계상 당기순이익에 큰 차이가 발생한다. 1년 차와 2년 차는 현금흐름과 순이익 간의 부호도 다르다. 헤비테일 계약 조건 아래서는 건설사의 현금흐름이 이렇게 불규칙성을 띨 수밖에 없다. 물론 최종적으로 공사를 끝내면 회계상 인식한 이익과 현금흐름 합계는 당연히 같다.

재무제표 정보이용자가 이런 현금흐름표를 보면 그 불규칙성에 혀를 내두르게 마련인데 가장 좋은 방법은 현금흐름을 길게 놓고 보는 것이다. 몇 년 치 현금흐름표를 보면서 불규칙성이 눈에 띄지만 그래도 돈을 꾸준히 벌고 있는지 아닌지 확인해보면 된다. 정보이용자 입장에서는 언제 잔금과 계약금, 중도금이 몰리는지 알 길이 없다. 그렇지만 기업이 정상적인 영업활동을 하면 현금흐름이 불규칙하긴 해도 결국은 이익이 나는 만큼 돈을 버는 모습을 보인다.

◆ **동원개발 7년간의 영업활동현금흐름과 당기순이익**

(단위: 억 원)

	2012년	2013년	2014년	2015년	2016년	2017년	2018년
영업활동현금흐름	-46	-50	885	274	554	1,388	1,084
당기순이익	345	328	590	901	980	1,006	1,219

위 표처럼 동원개발의 현금흐름을 확장해서 보면 현금흐름이 상당히 불규칙하다는 것을 알 수 있다. 2년 연속 영업활동현금흐름이 (−)인 해도 있고 당기순이익 대비 큰 폭의 영업활동현금흐름을 보이는 해도 있다. 만약 2012년과 2013년 현금흐름만 본다면 분식회계 오해도 가능하다. 이 회사는 2012년과 2013년 모두 영업활동현금흐름이 (−)로 나온다. 회계상 순이익인 영업활동현금흐름이 2년 연속 (−)면 수상하다는 생각도 할 수 있다.

그러나 2014년 대규모 현금흐름 유입으로 2년간 벌지 못한 것을 보기 좋게 만회했다. 2014년 재무상태표를 보면 2013년까지 쌓여 있던 차입금 319억 원 중 19억 원을 제외한 300억 원을 2014년에 상환한 것으로 나온다. 짐작컨대 이 회사는 2013년까지 계약금과 중도금을 받는 시기가 몰려 있어 현금흐름이 좋지 않았고 은행 돈으로 공사를 진행하다가 잔금이 몰린

2014년에 현금흐름 개선으로 차입금을 대부분 상환한 것으로 보인다.

2015년과 2016년은 모두 영업활동현금흐름이 순이익보다 작은데 이 흐름을 2017년 큰돈이 들어오면서 만회한다. 이처럼 수주산업은 현금흐름이 불규칙성을 띠므로 몇 년간의 현금흐름표를 놓고 확인하는 것이 가장 좋은 방법이다. 이 표는 7년 치로 전자공시시스템에서 2018년 사업보고서를 열면 2016년까지 확인할 수 있다. 2015년 사업보고서를 열 경우 2013년 재무제표까지 볼 수 있으므로 사업보고서 2개만 클릭해 엑셀에 붙이면 6년 치 확인이 가능하다. 기업을 확신하는 데 들이는 수고가 그렇게 대단하지는 않다.

동원개발처럼 불규칙성을 띠더라도 돈이 꾸준히 들어오는 회사는 전혀 문제될 것이 없다. 문제는 그렇지 않은 회사에서 발생한다.

대우조선해양

◆ 대우조선해양 영업활동현금흐름과 당기순이익

(단위: 억 원)

	2010년	2011년	2012년	2013년	2014년	2015년 1Q
영업활동현금흐름	-2,098	23	-9,961	-11,979	-5,602	-7,879
당기순이익	7,760	6,483	1,759	2,419	330	-1,724

위 표는 분식회계 사고가 발생한 2015년 2분기 직전까지 대우조선해양의 당기순이익과 영업활동현금흐름을 집계한 표다. 약 6년간의 숫자를 정리해보면 이 회사는 돈을 벌지 못했다는 것이 드러난다. 2010년부터

2015년 1분기까지 합계를 내보면 회계상 당기순이익은 1조 7,027억 원인데, 영업활동현금흐름은 3조 7,496억 원 유출이다. 들어온 돈보다 나간 돈이 많으니 회사는 부족한 돈을 계속 차입할 수밖에 없다. 재무상태표를 살펴보지 않고 현금흐름표만 봐도 회사 재무구조가 심하게 악화되었으리라는 추정이 충분히 가능하다.

회사는 6년 동안 회계상 이익이 났다고 했으나 실제로 매년 돈을 벌지 못했다. 동원개발처럼 1, 2년 어렵다가 한 번에 회수하는 흐름으로 가야 하는데 매년 영업활동현금흐름이 (−)라는 것은 납득하기 어려운 일이다. 그 이유는 나중에 금융당국과 검찰의 조사로 밝혀졌지만 투자자나 채권자는 사전에 그런 위험을 피해야 하므로 불규칙성을 띠는 수주산업 같은 경우 최소 3년 이상의 영업활동현금흐름과 순이익을 펼쳐놓고 반드시 확인해야 한다.

동원개발처럼 불규칙성을 띠더라도 돈이 잘 들어오는 모습이 보이면 괜찮고 매년 현금흐름이 (−)라면 분명 문제가 있다는 신호다. 일단 영업활동현금흐름이 (−)라는 것은 생산과 판매 비용이 제품을 판매해서 들어온 돈보다 더 많이 발생했음을 의미한다. 생산과 판매 관련 인건비, 경비 같은 운영자금이 부족한 상황이라는 얘기다. 결국 회사는 은행에서 대출을 받거나 주주에게 유상증자를 받아 급여를 지급하고 경비를 처리해야 한다. 대우조선해양처럼 수년간 계속 이런 현금흐름을 보이면 재무구조는 당연히 악화될 수밖에 없다.

순이익과 차이가 없는 영업활동현금흐름(서비스업)

회계상 순이익과 영업활동현금흐름 간에 차이가 발생하는 가장 큰 이유는 감가상각비 같은 비현금성 비용 때문이다. 그런데 만약 기업 특성상 감가상각비 같은 비현금성 비용이 많이 발생하지 않으면 어떨까? 당연한 얘기지만 회계상 순이익과 영업활동현금흐름 간에 거의 차이가 없다. 정말 그런지 숫자로 확인해보자.

컴투스

◆ 컴투스 영업활동현금흐름과 당기순이익

(단위: 원)

	제 21 기	제 20 기	제 19 기
영업활동현금흐름	128,609,494,101	134,548,049,967	155,990,506,432
당기순이익(순실)	129,687,281,094	142,375,413,542	151,767,134,894

연매출 4,817억 원, 당기순이익 1,296억 원을 거두는 모바일게임기업 컴투스의 연간 감가상각비는 18억 원에 불과하다. 제조업이 아니므로 공장도 필요 없고 큰 사옥이 반드시 있어야 하는 것도 아니다. 유형자산 주석사항을 살펴보면 이 회사에는 사옥과 공장이 없다. 돈을 잘 버는 회사는 대개 사옥을 갖추지만 이 회사는 사무실을 임차해서 쓰고 있다. 감가상각비가 발생하는 유형자산이라고 해봐야 집기, 비품, 컴퓨터, 서버에 불과하다.

이처럼 감가상각비가 조금 발생하는 회사는 분식회계를 하지 않는 한 회계상 순이익과 현금흐름 간에 큰 차이가 없다. 표를 보면 영업활동현금흐름과 당기순이익이 엎치락뒤치락하고 있다. 3년 치 영업활동현금흐름 합계는 4,191억 원, 3년간 당기순이익은 4,238억 원으로 큰 차이가 없다. 이렇게 제조시설이 없는 서비스기업이 사옥마저 없어서 감가상각비조차 거의 발생하지 않으면 회계상 순이익과 현금흐름 간에는 큰 차이가 없다.

투자활동현금흐름
관전 포인트

기업이 현재 돈을 벌든 벌지 못하든 미래에도 존속하려면 계속 사업에 재투자해야 한다. 쉽게 말해 유형자산과 무형자산을 취득해야 하는데 정보이용자는 회사가 이 재원을 어떻게 마련하는지 살펴봐야 한다.

예를 들어 커피전문점을 인수했는데 3년쯤 지나 커피머신, 각종 집기와 비품, 인테리어를 전부 교체한다고 가정해보자. 목돈이 들어갈 텐데 이 돈을 어떻게 마련해야 할까? 빌려서? 아니면 그동안 번 돈으로? 당연히 후자여야 한다. 만약 경기가 좋지 않거나 주위 커피전문점과의 경쟁이 치열해 많이 벌지 못했다면 일부 빚도 들어가겠지만 최상은 번 돈으로 재투자하는 것이다.

이 상황을 현금흐름표로 설명하면 '영업활동현금흐름 〉 | 유·무형자산

취득액|'이다. 영업활동현금흐름은 1년간 번 돈이고 유·무형자산 취득액은 1년간 사업에 재투자한 돈을 의미한다.

영업활동현금흐름 〉 |유·무형자산 취득액|

유·무형자산 취득액에 절대값 기호(| |)를 붙인 이유는 현금유출액이라 부호가 (−)이기 때문이다. 영업활동으로 번 돈이 유·무형자산 취득으로 유출하는 금액의 절대값보다 커야 한다. 그래야 회사가 번 돈에서 사업에 재투자하고 남는 돈, 즉 잉여현금을 창출할 수 있다.

삼성전자

삼성전자 현금흐름표에서 영업활동현금흐름과 투자활동현금흐름 중 유·무형자산 취득액을 뽑아 정리해보면 다음과 같다.

◆ **삼성전자 영업활동현금흐름과 유·무형자산 취득액**

(단위: 조 원)

	2013년	2014년	2015년	2016년	2017년	2018년
영업활동현금흐름	38	47	37	48	63	68
유·무형자산 취득액	-24	-23	-27	-25	-44	-31

최근 6년간의 현금흐름을 보면 삼성전자는 한 해도 거르지 않고 잉여현금을 창출했다. 이는 영업활동에서 번 돈으로 사업에 재투자를 하고도 돈이 남는다는 의미다. 삼성전자의 2018년 연결재무상태표에서 보유한 순현금

성 자산을 계산하면 95조 원이 넘는다. 여기에 주식과 채권 보유액까지 포함할 경우 100조 원이 훨씬 넘을 정도로 금융자산을 풍부하게 보유하고 있다. 그 이유는 당연히 사업에서 돈을 많이 벌었기 때문이다. 더구나 매년 대규모 시설 투자를 하고도 돈이 충분히 남아 많은 순금융자산을 보유할 수 있었다.

상장한 회사들의 현금흐름을 분석해보면 대체로 삼성전자처럼 잉여현금을 창출할 만큼 안정적인 현금흐름을 유지한다. 물론 일부 상장회사는 삼성전자 같은 현금흐름을 창출하지 못하기도 한다. 회사가 단순히 돈을 버는 것을 넘어 잉여현금을 창출할 능력까지 갖추고 있는지 확인하려면 영업활동현금흐름과 유·무형자산 취득액을 비교해보면 된다.

금호타이어

앞서 살펴본 금호타이어의 영업활동현금흐름을 유·무형자산 취득액과 비교해서 살펴보자.

◆ **금호타이어의 영업활동현금흐름과 유 · 무형자산 취득액** (단위: 억 원)

	2013년	2014년	2015년	2016년	2017년	2018년
영업활동현금흐름	4,735	4,998	2,250	1,883	713	568
유·무형자산 취득액	-2,456	-2,838	-6,761	-3,665	-2,915	-1,590

금호타이어는 2014년까지 괜찮은 현금흐름을 보였다. 영업활동에

서 창출한 현금으로 유·무형자산을 취득하는 데 전혀 문제가 없을 정도로 잘 번 것이다. 문제는 2015년부터 발생했다. 영업활동에서 버는 돈은 급격히 줄어들었고 매년 수천억 원 이상이 유·무형자산 취득에 계속 들어갔다. 2015년부터 2017년까지 3년간 영업활동에서 번 돈은 총 4,846억 원인데 유·무형자산 취득에는 총 1조 3,341억 원을 투입했다. 번 돈으로 사업에 재투자하는 데 8,495억 원이나 부족하다는 의미다.

돈은 없어도 미래를 위해 사업에 재투자는 해야 하니 결국 은행에서 차입해올 수밖에 없다. 그러나 회사가 원한다고 은행이 무한정 돈을 빌려주는 것은 아니다. 회사는 보유한 금융자산까지 매각하며 자본조달을 위해 애썼지만 영업환경 자체가 나아질 기미가 보이지 않고, 채권단도 지속적인 자금 지원이 불가능해지자 2018년 회사를 매각하기로 결정했다. 결국 금호타이어의 최대주주는 우리은행에서 중국 타이어기업 더블스타로 바뀌었다. 한국을 대표하는 타이어기업이 중국으로 넘어갔다는 점에서 안타까움을 금할 수 없지만 완성차 판매량이 계속 감소하는 영업환경에다 사업 재투자금도 벌지 못하는 상황이라 채권단도 어쩔 수 없었을 것이다.

금호타이어처럼 영업활동현금흐름에서 유입(+)의 모습을 보인다고 안심하기는 이르다. 사업이란 어디까지나 쓸 돈을 쓰고 남는 돈이 있어야 한다. 즉, 잉여현금을 창출해야 한다. 사업을 하다 보면 때로 번 돈보다 더 많이 투자해야 하는 경우도 있다. 기업 입장에서 이는 부담스러운 현금흐름이지만 미래에 이익 극대화가 가능하다면 과감하게 집행해야 한다.

SK하이닉스

사실 정보이용자는 투자를 늘려가는 기업을 판단하기가 쉽지 않다. 시간을 거슬러 올라가 SK하이닉스 사업이 본궤도에 오르기 전인 2011년과 2012년의 현금흐름을 한번 살펴보자.

◆ SK하이닉스 2011~2012년 영업활동현금흐름과 유·무형자산 취득액 (단위: 억 원)

	2011년	2012년
영업활동현금흐름	28,559	22,116
유·무형자산 취득액	-37,443	-39,319

기업이 번 돈보다 훨씬 많은 돈을 사업에 투자할 때는 그만한 이유가 있겠지만 정보이용자가 위와 같은 현금흐름을 목격하면 적잖이 고민스러운 게 사실이다. 투자자는 회사의 모험에 동참할지 고민해야 하고 채권자는 원리금 회수 가능성을 걱정해야 한다. 사업에서 투자한 것 이상으로 뽑아낼 수 있으면 고민할 필요가 없지만 투자 대비 성과를 내지 못할 경우 미래는 불 보듯 뻔하기 때문이다. 당연히 주가는 폭락하고 회사는 대출상환에 어려움을 겪을 것이다.

그나마 이런 대기업 사례는 나은 편이다. 금융위기처럼 대재앙이 닥치지 않는 한 대마불사라는 사자성어도 있듯 대기업은 쉽게 무너지지 않는다. 시장지배력이 있고 시장을 개척할 수 있는 위치이므로 어떻게 해서든 사업으로 돈을 벌 것이라고 기대해볼 수 있다. 결국 SK하이닉스는 기대한 대로

2013년 이후부터 오랫동안 성공적인 모습을 보였다.

◆ SK하이닉스 2013~2018년 영업활동현금흐름과 유 · 무형자산 취득액

(단위: 억 원)

	2013년	2014년	2015년	2016년	2017년	2018년
영업활동현금흐름	63,720	58,667	93,195	55,489	146,906	222,271
유 · 무형자산 취득액	-35,073	-51,370	-73,984	-64,867	-99,132	-169,692

보다시피 2013년부터 6조 원이 넘는 영업활동현금흐름을 창출하기 시작해 2018년에는 2012년의 10배 가까운 22조 원을 벌었다. 물론 매년 재투자를 했으나 투자금액 이상으로 다 뽑아냈다. 결과적으로 해피엔딩이지만 모든 기업이 이렇게 아름다운 결말을 내는 것은 아니다.

코스닥 상장회사 F사와 W사

코스닥 상장기업이던 스마트폰부품기업 F회사의 현금흐름을 살펴보자.

◆ 스마트폰부품기업 F회사 영업활동현금흐름과 유 · 무형자산 취득액

(단위: 억 원)

	2012년	2013년	2014년	2015년
영업활동현금흐름	300	132	-282	145
유 · 무형자산 취득액	-216	-1,092	-1,005	-316

현금흐름이 일단 2012년까지는 괜찮다. 영업활동으로 300억 원의 현금을 창출했고 사업 재투자에도 216억 원밖에 들어가지 않았다. 번 돈으로

재투자금을 충당하고도 잉여현금을 만들 만큼 벌이가 괜찮았다.

그랬던 회사가 2013년 들어 급격히 악화되면서 영업활동현금흐름이 132억 원으로 줄어 2012년 대비 44%에 불과하다. 회사 입장에서는 기존 사업이 원활하지 않아 뭔가 수를 내야 했을 것이다. 정보이용자 입장에서 자세한 속사정은 모르겠지만 회사는 대규모 투자를 단행했다. 삼성전자처럼 조 단위는 아니어도 1년에 300억 원 정도를 버는 코스닥 상장기업이 2013년 1,092억 원, 2014년 1,005억 원을 쏟아 부은 것은 그야말로 대규모 투자다.

2013년부터 번 돈의 8배 이상이나 쏟아 부었는데 투자자나 채권자는 이를 어떻게 판단해야 할까? 무리한다고 볼 수도 있고 회사가 번 돈을 충분히 뽑겠지 하고 기대할 수도 있다. 미래는 아무도 모르므로 질적인 판단은 어려울 수밖에 없다. 그렇다면 SK하이닉스 사례처럼 시장지배력, 시장을 개척할 수 있는 지위 등 몇 가지 잣대로 생각을 정리해야 한다.

일단 가장 명확한 사실은 이 기업이 스마트폰부품회사라는 것이다. 이는 스마트폰 시장을 개척할 수 있는 전방산업의 경쟁력 있는 지위가 아니다. 사업보고서를 살펴보니 시장점유율이 전체 시장에서 20% 내외다. 압도적인 1등이 있고 2위 그룹 밑으로 치열하게 경쟁 중이다. 그렇다면 시장지배력이 있다고 보기 어렵다. 더욱이 스마트폰 시장 자체가 성장기를 지나 성숙기로 접어들어 회사 실적이 점점 줄어드는데 회사는 대규모 투자를 단행하고 있다. 여기까지가 분석 내용이다.

과연 어떻게 판단해야 할까? 정보이용자마다 관점과 생각이 다르기 때문에 정답은 없지만 경쟁력이 높지 않은 후방산업을 판단할 때는 보수적으로 하는 게 좋다. 안타깝게도 이 회사는 2015년 실적을 끝으로 완전자본잠식 상태에 놓여 상장폐지되었다. 영업활동에서 현금을 창출하지 못하니 공장에 대규모로 투자한 부분도 결국 유형자산손상차손으로 떨어낼 수밖에 없었다. 그 이후 재무제표는 공시하지 않아 확인할 방법이 없다. 한데 이와 비슷한 사례가 계속 이어졌다. 역시 코스닥에 상장한 스마트폰케이스기업 W회사도 이와 유사한 모습을 보인다.

◆ **스마트폰케이스기업 W사 영업활동현금흐름과 유·무형자산 취득액**

(단위: 억 원)

	2012년	2013년	2014년	2015년	2016년
영업활동현금흐름	344	177	-183	-53	33
유 · 무형자산 취득액	-191	-903	-428	-101	-65

이 회사는 2012년까지 영업활동에서 안정적으로 현금흐름을 창출했고 잉여현금도 만들었다. 그런데 2013년 들어 업황이 급격히 악화되면서 버는 돈이 절반 가까이 줄었다. 그러다가 주저앉을 수 있으니 이 회사도 특단의 대책을 내놨다. 유·무형자산 취득에 무려 903억 원이나 쏟아 부은 것이다.

2012년과 2013년 영업활동에서 번 돈 521억 원보다 많으니 역시 부족한 돈은 차입금으로 해결할 수밖에 없다. 2014년과 2015년 영업활동에서 현금은 창출하지 못하는데 2년간 529억 원을 더 쏟아 부었으나 2016년 33억 원을 버는 데 그쳤다. 2013년부터 3년간 쏟아 부은 1,400억 원이 넘는 돈은 유형자산으로 분류했다가 역시 유형자산손상차손으로 대규모 손실처리했다. 이로 인해 회사는 완전자본잠식에 빠졌고 2016년 재무제표를 끝으로 상장폐지되었다.

한국알콜

후방산업에 속해 있어도 시장경쟁력이 있는 기업이면 대규모 투자로 현금흐름이 악화되어도 괜찮을 수 있다. 품질이 압도적으로 좋아 다른 경쟁자 없이 부품이나 자재를 생산해서 전방산업에 납품하는 중소 상장기업도 많다.

◆ **한국알콜 영업활동현금흐름과 유·무형자산 취득액**

(단위: 억 원)

	2015년	2016년	2017년	2018년
영업활동현금흐름	297	439	52	266
유·무형자산 취득액	-132	-174	-311	-167

한국알콜은 매년 영업활동현금흐름이 안정적인 기업으로 유·무형자산 취득액보다 더 많이 벌어서 잉여현금 창출이 가능했다. 그런데 2017년 영업활동현금흐름이 큰 폭으로 줄었고 회사는 예년보다 더 큰 규모로 시설투자를 했다. 이때 그동안 벌어놓은 돈이 있어서 차입금을 많이 필요로 하지는 않았다.

이 회사의 사업보고서를 보면 주력제품인 초산에틸의 시장점유율이

70%에 이른다. 그 외 합성주정, 무수주정, 초산부틸의 시장점유율이 각각 65%·80%·47%다. 거의 독과점 지위에 있는 제품을 생산한다는 얘기다. 이런 회사는 증설을 해도 크게 불안하지 않다. 설령 전방산업 업황이 좋지 않아도 어차피 한국알콜에서 필요한 화학약품을 사가야 하는 구조이므로 납품가를 후려치는 것도 쉽지 않다. 이 회사는 2018년 주력제품인 초산에틸 매출액이 42%나 증가했으니 결국 성공적인 증설이라 볼 수 있다.

투자자라면 이런 기업을 찾는 게 숙제일 테고 채권자 역시 같은 맥락으로 접근해야 할 것이다.

재무활동현금흐름
관전 포인트

재무활동은 주주와 채권자 부분으로 나뉜다. 주주에게 유상증자를 받거나 채권자에게 돈을 차입하면 회사에 현금이 유입된다. 반면 주주에게 배당금을 지급하거나 채권자에게 차입금을 상환할 경우 현금이 유출된다. 주주가치를 제고하기 위해 자기주식을 취득할 경우 현금이 유출되고, 보유하고 있던 자기주식을 매각하면 현금이 유입된다.

현금유출(−)과 현금유입(+) 중 어느 방향이 이상적일까? 외형상으로는 돈이 나가는 것보다 들어오는 게 좋아 보이지만 재무활동 내용상으로는 유입보다 유출이 좋다. 회사 사업이 잘 되니 유출도 할 수 있는 것이다. 영업활동으로 돈을 많이 벌어 투자활동을 하고 남는 돈으로 차입금 상환, 주주배당, 자기주식 취득을 한다는 얘기다.

현금유출(–) 혹은 유입(+) 여부

그 반대로 사업이 잘 풀리지 않으면 돈을 끌어와야 한다. 영업활동에 들어가는 운영자금이 부족하고 사업에 재투자할 돈도 없으면 차입하든 유상증자를 받든 수단을 강구해야 한다. 일시적으로 영업활동에서 현금이 유입되지 않거나 SK하이닉스 사례처럼 번 돈보다 더 많이 투자해야 한다면 재무활동에서 현금유입이 발생해야 한다. 그러나 이런 현금흐름 모습이 수년간 지속될 경우 기업의 재무구조는 악화될 수밖에 없다. 몇 년째 영업활동에서 (–)현금흐름을 보이고 사업에 재투자해야 하는데 돈이 부족하면 당연히 몇 년째 재무활동에서 (+)현금흐름이 나타난다. 이때 재무구조는 악화되고 만다.

대우조선해양의 현금흐름

대우조선해양의 영업활동, 투자활동, 재무활동 현금흐름을 정리하면 다음 표와 같다.

우리는 268쪽에서 대우조선해양이 6년간 회계상 순이익은 발생했지만 매년 영업활동현금흐름에서 유출(–)되는 모습을 봤다. 6년간 돈을 벌지 못했어도 회사는 쉬지 않고 유·무형자산 취득에 돈을 지출했다. 선박을 건

◆ **대우조선해양 6년간 현금흐름** (단위: 억 원)

	2010년	2011년	2012년	2013년	2014년	2015년 1Q
영업활동현금흐름	-2,098	23	-9,961	-11,979	-5,602	-7,879
유·무형자산 취득액	-4,519	-6,118	-4,134	-3,479	-4,459	-637
재무활동현금흐름	3,567	5,375	11,358	14,625	5,207	8,309

조하고 수리하려면 독Dock을 만들고 기계장치도 들여놔야 하므로 회사는 매년 수천억 원을 투자했다. 영업활동현금흐름이 (−)라는 얘기는 회사가 조선과 플랜트 공사를 위해 지불하는 원재료비, 인건비, 경비가 번 돈보다 더 들었다는 의미다. 공사대금이 잘 들어오면 그 돈으로 다 해결할 테지만 (−)를 기록했으니 회사는 빌려서 쓸 수밖에 없다. 운영자금인 원재료비, 인건비, 경비도 부족한데 투자활동까지 하느라 회사는 결국 은행에서 돈을 빌려왔다.

2010년부터 2015년 1분기까지 약 6년 동안 재무활동현금흐름을 집계해보면 무려 4조 8,441억 원이 유입된 것으로 나온다. 2010년 회사의 연결재무상태표를 보면 총차입금이 2조 9,063억 원이었는데 2015년 1분기에는 8조 4,945억 원으로 표기되어 있다. 5년 만에 차입금이 무려 5조 5,882억 원이나 늘었다는 뜻이다. 매년 평균 1조 원 이상씩 차입금이 늘어난 셈이다. 손익계산서는 회계상 이익을 낸다고 했지만 268쪽 표를 보면 실제로 영업활동현금흐름이 나빠 재무구조는 계속 악화되고 있었다. 은행이 돈을 벌지 못하는 기업에 무한정 자금을 지원해줄 수는 없는 노릇이다. 결국 2015년 2분기 때 대우조선해양 분식회계 사건이 터졌다.

주주나 채권자는 이런 위험을 사전에 회피해야 하므로 반드시 손익계산서만 믿지 말고 현금흐름표와 재무상태표를 봐야 한다. 특히 현금흐름표는 기업의 건전성과 부실 의혹을 검증할 가장 좋은 재무보고서다. 한두 해 영업활동에서 현금흐름이 좋지 않아 차입금을 늘릴 수도 있지만 대우조선해양처럼 수년째 영업활동현금흐름이 (−)고 재무활동현금흐름이 (+)인 상황이 이어지면 기업 재무구조가 급격히 부실화하는 징후로 봐야 한다.

분식회계를 저지르는 기업의 특징

금융감독원은 2008년부터 2013년 3분기까지 분식회계를 저지른 기업의 실태를 조사해 그 내용을 발표했는데, 이는 현금흐름표와 관련해 시사하는 바가 있다. 분식회계를 저지른 기업의 80%가 영업활동현금흐름에서 (−)현금흐름을 보였다. 그러니까 사업에서 돈을 벌지 못해 분식회계를 저질렀다고 볼 수 있다. 현금흐름을 속이는 것은 현실적으로 불가능하다. 누구나 들어온 돈에서 나간 돈을 쉽게 계산할 수 있고 은행조회서나 은행연합회자료 등으로 금융상품과 차입금 잔액을 확인하는 것도 가능하기 때문이다.

특히 돈을 벌지 못하는 기업일수록 분식회계 유혹을 뿌리치기 어렵다. 이익이 잘 나는 것처럼, 재무구조가 우량한 것처럼 꾸며야 주주와 채권단을 안심시킬 수 있으니 말이다. 가공매출로 회사 수익을 늘리고 회수하지 못한 매출채권을 손실처리하지 않으면 이익은 쉽게 늘어난다. 그러나 현금흐름은 속일 수 없다. 회사에 들어오는 돈이 없으면 영업활동현금흐름에서 (−)를 보일 수밖에 없다.

이들 기업은 돈을 벌지 못해도 투자활동에서 유·무형자산은 계속 취득한다. 금융감독원 조사 결과에 따르면 분식회계를 저지른 기업의 77%가 투자활동현금흐름에서 (−)를 보였다.

돈을 벌지 못하고 분식회계를 해도 사업 재투자는 할 수밖에 없다. 올해까지 실적을 내지 못해도 내년에는 돈을 벌어야 만회할 수 있으니 결국 투자에 돈을 써야 한다. 문제는 영업활동에서 (−)현금흐름이면 투자할 돈이 없다는 뜻이니 결국 빚으로 투자해야 한다는 데 있다. 이때 재무활동에서 (+)현금흐름이 나온다. 금융감독원이 조사한 결과 분식회계를 저지른 기업의 85%가 재무활동현금흐름에서 (+)현금흐름을 보였다고 한다. 기업은 주주에게 유상증자를 받든 채권단에게 차입하든 투자를 해야 한다. 아니면 전환사채와 신주인수권부사채를 발행해서라도 자본을 조달해야 한다.

다음 연도 이후부터 영업활동에서 벌어주면 다행이지만 계속 영업활동현금흐름이 (−)면 결국 회사는 문을 닫을 수밖에 없다. 영업활동에서 돈은 벌지 못하는데 투자는 해야 하고 그 부족한 돈을 빚으로만 충당하다 보면 계속 버틸 수 있는 회사는 없기 때문이다.

이렇게 몇 년 치 현금흐름표를 놓고 보면 기업의 분식과 부실 징후까지 사전에 파악할 수 있다. 정보이용자는 그런 사건이 터지기 전에 미리 위험을 회피해야 하는데 현금흐름표가 그 좋은 판단 근거를 제공한다.

요점 정리

1 손익계산서의 수익과 비용은 현금유입, 현금유출과 정확히 일치하지 않는다. 거래나 사건이 발생한 시점에 수익과 비용을 인식하기 때문이다. 회사가 정말 정상적으로 돈을 버는지 확인하려면 반드시 현금흐름표를 검토해야 한다.

2 영업활동현금흐름은 (+)현금흐름이어야 한다.

3 원칙적으로 영업활동현금흐름은 당기순이익보다 커야 한다. 비현금성 비용인 감가상각비 무형자산상각비로 인해 회계상 이익보다 현금흐름이 더 크기 때문이다.

4 수주산업처럼 현금흐름이 불규칙한 업종은 3년 이상 현금흐름을 검토한다. 매년 영업활동현금흐름이 (−)면 부실을 우려해야 한다.

5 영업활동현금흐름으로 번 돈이 투자활동의 유·무형자산 취득액보다 커야 한다. 즉, 번 돈으로 사업에 재투자할 능력이 있어야 한다.

6 재무활동현금흐름은 (−)인 것이 좋다. 회사에서 돈은 빠져나가지만 주주에게 배당해주고 차입금을 갚는다는 의미이므로 좋은 흐름으로 봐야 한다.

어렵지만 자주 보이는 투자지표, EV/EBITDA 한 번에 정리하자

2019. 5. 23. WADIZ, 인터비즈 등

EV = Enterprise Value

$$\underset{\text{(차입금 - 현금)}}{\text{순차입금}} + \underset{\text{(주가×주식수)}}{\text{자본의 합}} = \text{EV}$$

PER, PBR, PSR과 더불어 EV/EBITDA도 투자자가 많이 이용하는 투자지표다. EV는 Enterprise Value의 약자로 기업가치를 의미한다. 재무상태표로 치면 부채와 자본을 더한 총자산 개념이다.

실무적으로 EV는 순차입금(차입금 - 현금)과 자본(주가×주식수)의 합으로 계산한다. A회사가 갚아야 할 차입금이 100억 원, 보유한 현금이 20억 원, 시가총액이 200억 원일 경우 EV는 280억 원으로 나온다. 만약 A회사가 갖고 있는 현금이 갚아야 할 차입금보다 훨씬 많다면 EV는 더 작아진다.

영업이익을 대신할 수 있는 EBITDA

EBITDA는 영업이익에 감가상각비와 무형자산상각비를 더한 값이다. 예를 들어 A회사의 영업이익이 20억 원인데 상각비(감가상각비, 무형자산상각비) 합이 50억 원이라고 가정해보자. 이 회사의 EBITDA는 70억 원이다. 이때 회사는 주주들에게 이렇게 얘기할 수 있다.

"우리의 회계상 영업이익이 20억 원에 불과한 이유는 상각비가 많이 발생하기 때문입니다. 이렇게 많은 상각비가 발생하지 않았다면 아마 영업이익은 70억 원이었을 겁니다."

상각비는 현금으로 지출하는 비용이 아니다. 유형자산과 무형자산을 투자할 때 현금지출은 이미 끝났고 수익이 발생하는 기간 동안 수익에 대응해 장부에 비용으로 표시만 할 뿐이다. 그래서 EBITDA를 현금성 영업이익의 대용치로 활용하기도 한다.

EV/EBITDA를 알면
투자금 회수 시점이 보인다

EV가 280억 원이고 EBITDA가 70억 원이니 EV/EBITDA는 4로 나온다. 이는 만약 200억 원을 주고 A회사의 주식을 전부 인수하면 4년 만에 회수가 가능하다는 의미로 해석할 수 있다. 200억 원을 주고 A회사의 주식을 모두 인수할 경우 20억 원의 현금을 보유하고 갚아야 할 차입금이 100억 원인 회사를 소유하는 셈이다. 보유한 현금으로 차입금을 일부 갚으면 남는 차입금은 80억 원이다. 회사를 인수한 입장에서 투자원금 200억 원을 회수하려면 차입금 80억 원을 갚고 A회사의 사업으로 200억 원을 벌면 된다. 다행히 A회사는 현금성 영업이익으로 70억 원씩 벌고 있으니 4년이면 회수 가능하다는 계산이 나온다. 그리고 4년 이후부터 발생하는 EBITDA는 오롯이 내 돈으로 남는다. 또한 A회사의 당기순이익이 영업이익과 같은 20억 원이라고 단순히 가정했을 때 회사의 PER은 10인데, EV/EBITDA는 4에 불과하므로 상당히 저평가된 상태라고 판단할 수 있다.

EV/EBITDA에는
재투자를 고려하지 않는다

A회사가 앞으로 유·무형자산에 재투자 없이 계속 이익 창출이 가능하다면 맞는 얘기다. 그러나 앞으로 유·무형자산에 일정 금액을 꾸준히 재투자해야 한다면 4년 후 회수는 불가능하다. 만약 A회사가 발생하는 상각비만큼 재투자해야 한다면 어떻게 될까? EBITDA로 70억 원을 벌었지만 상각비 50억 원만큼 재투자해야 하므로 남는 돈은 20억 원이다. 다시 말해 PER 10만큼, 10년이 지나야 원금 회수가 가능하다. EV/EBITDA보다 PER로 계산한 값이 더 설득력 있어 보인다. EV/EBITDA에는 재투자를 고려하지 않기 때문이다.

그럼 상장기업들의 사례를 살펴보자. 삼성전자는 2018년 상각비로 26조 원을 비용 처리했는데, 유·무형자산에 30조 원을 투자했다. 발생한 상각비 이상으로 재투자한 것이다. 2018년에 벌어들인 EBITDA가 85조 원이 넘으니 당연히 삼성전자는 번 돈으로 재투자를 했다고 볼 수 있다. 이 이야기가 와 닿지 않는다면 현금흐름표로 확인해보자. 다음 현금흐름표는 1월 1일부터 12월 31일까지 기업의 현금흐름을 보여주는 재무보고서다.

삼성전자는 제50기(2018년)에 영업활동에서 67조 원의 현금흐름을 창출했다. 반도체, 휴대전화, 가전제품 등을 판매해 수취한 돈에서 제품 생산·판매를 위해 지출한 돈과 세금 등을 차감하고 67조 원을 벌었다는 의미다. 당기순이익 44조 원에 비해 23조 원이나 많다. 이 수치는 대략 상각비 26조 원과 비슷하다. 비현금성 비용인 상각비보다 현금흐름이 당연히 많아야 하는데 매년 상각비 정도만큼 차이가 난다. 한편 삼성전자는 투자활동에 52조 원을 썼다. 52조 원 중 유형자산과 무형자산 취득에 약 30조 원을 쓴 것으로 나온다. 나머지 22조 원은 금융자산 등에 투자했다. 결론적으로 67조 원을 벌어 30조 원을 사업에 재투자했고 나머지 37조 원은 잉여현금으로 남았다는 얘기다.

적자가 나는 기업은 어떨까?

적자가 나는 기업도 영업활동에서 (+)현금흐름인 경우가 있다. 금호타이어의 사례를 보자. 금호타이어는 매년 당기순손실을 기록하고 있는데 영업활동현금흐름은 제16기(2018년)에 568억 원이고 전기, 전전기는 더 컸다. 이는 타이어를 만드는 데 들어간 생산원가와 판매관리비보다 타이어를 판매해서 유입된 돈이 훨씬 크다는 의미다. 금호타이어도 영업활동현금흐름과 당기순손실의 차이만큼 감가상각비가 발생한다. 만약 감가상각비가 크지 않다면 이 회사는 회계상 순이익도 가능했을 것이다.

그러나 그 얘기는 할 필요가 없다. 왜냐하면 회사는 매년 투자활동에서 많은 돈을

◆ **삼성전자 2018년 현금흐름표**

(단위 : 백만원)

	제 50 기	제 49 기	제 48 기
영업활동 현금흐름	67,031,863	62,162,041	47,385,644
영업에서 창출된 현금흐름	78,025,064	67,777,432	52,299,610
당기순이익	44,344,857	42,186,747	22,726,092
투자활동 현금흐름	(52,240,453)	(49,385,216)	(29,658,675)
유형자산의 취득	(29,556,406)	(42,792,234)	(24,142,973)
무형자산의 취득	(1,020,517)	(983,740)	(1,047,668)

투입하고 있고 유형자산 취득에 대부분의 돈이 들어가기 때문이다. 오히려 영업활동에서 번 돈 이상으로 유형자산에 투자하는 모습을 수년째 보이고 있다. 즉, 벌어서 투자하는 게 어려운 상황이다. 1~2년만 그런 게 아니고 수년째 그러다 보니 안타깝게도 버티지 못하고 2018년 중국으로 매각되고 말았다.

재무비율 하나하나에 얽매이지 말고 기업을 크게 보자

실제 현금흐름표로 기업을 분석해보면 EV/EBITDA를 유용한 지표로 느끼기는 어렵다. 오히려 EV/EBITDA를 계산할 시간에 현금흐름표를 분석하는 게 더 나을 것이다. 회사는 이익을 남기는 것도 중요하지만 영업활동에서 현금을 창출해야 한다. 최소한 사업에 재투자해 남길 수 있을 만큼 잉여현금을 벌어야 한다. 그래야 차입금도 갚고 주주에게 배당도 가능하기 때문이다. 재무비율 몇 개에 너무 얽매이지 말고 전반적으로 기업을 분석하는 힘을 계속 키우길 권한다. 그 바탕에는 재무지식이 깔려야 하니 조금씩이라도 공부하는 것이 좋다. 인생은 길고 투자는 계속되어야 하니 말이다.

◆ 금호타이어 2018년 현금흐름표

(단위 : 원)

	제 16 기	제 15 기	제 14 기
영업활동현금흐름	56,801,694,733	71,303,133,759	188,347,713,416
영업으로부터 창출된 현금	154,776,128,521	222,853,992,160	281,642,226,948
당기순이익(손실)	(182,696,266,319)	(111,842,234,080)	(37,895,035,342)
투자활동으로 인한 현금흐름	(167,173,496,817)	(83,675,463,961)	(264,899,232,632)
유형자산의 취득	158,815,560,529	289,852,203,449	365,465,455,589

넷마블, 웅진코웨이 품고
캐시카우 확보하나

2019. 10. 22. 〈매경프리미엄〉 '직장인들이여, 회계하라'

모바일게임 전문기업 넷마블은 웅진씽크빅이 보유한 웅진코웨이 주식 25.08%에 대한 인수 계획을 밝혔다. 그리고 지난 14일에 넷마블은 웅진코웨이 지분 인수 우선협상대상자로 선정되었음을 공시했다.

웅진코웨이는 정수기, 비데, 공기청정기, 침대 매트리스 등을 생산하여 렌탈, 일시불, 멤버십 등의 방식으로 수익 창출을 하고 있다. 모바일 게임 기업의 사업과는 전혀 관련성이 없어 보인다. 일각에서는 웅진코웨이를 통해 넷마블이 구독경제 시장에 뛰어들었다고 분석하고 있다. 구독경제는 소비자가 일정 금액을 내면 재화나 서비스를 약정한 기간 동안 이용할 수 있는 유통 서비스를 일컫는다.

재무적 관점에서 접근해보면 넷마블은 캐시카우Cash cow 확보를 위해 웅진코웨이를 인수하는 것으로 보인다.

넷마블이 하고 있는 게임사업은 기복이 심한 특성이 있다. '모두의 마블'이나 '리니지2 레볼루션' 같은 게임을 잘 만들어 단기간에 큰돈을 벌 수도 있고 야심차게 준비한 게임이 뜻하지 않게 실패작이 되어 버리기도 한다. 손익과 현금흐름의 변동성이 클 수밖에 없다. 그렇기 때문에 게임회사들은 자금운영에 고충을 느낀다. 기대했던 게임이 흥행에 실패해서 수익이 줄더라도 계속 새 게임을 개발해야 한다. 그러려면 회사가 금융자산을 많이 보유해서 금융수익을 벌어야 한다. 매출이 줄어도 금융수익으로 게임 개발비 같은 영업비용을 충당해야 한다는 얘기다.

엔씨소프트는 현금, 금융상품, 주식, 채권 및 투자부동산으로 약 2조5000억원 이상을 보유하고 있다. 이를 활용하여 연간 600억원 이상의 금융수익과 임대수익 등을 번다. 컴투스 역시 금융자산과 투자부동산이

◆ 웅진코웨이 2018년 요약 현금흐름표

	제 30 기	제 29 기	제 28 기
영업활동현금흐름	539,129,777,646	553,585,083,431	357,544,315,166
유·무형자산의 취득	-406,622,032,878	-345,578,436,224	-341,702,080,175
배당금의 지급	-230,886,664,000	-409,214,507,200	-208,032,045,200
장·단기차입금의 순증가	59,330,000,000	330,491,000,000	263,820,281,133

약 8300억원 이상 되고 금융수익과 임대수익으로 약 170억원을 벌고 있다. 넷마블도 3조원 이상의 금융자산을 보유하고 있고 약 500억원 이상의 금융수익을 벌고 있다. 대부분 큰 게임회사들은 이렇게 안정적인 재무구조를 바탕으로 자금운용을 효과적으로 하여 가외수입을 올린다. 영업이익이 감소해도 기업을 경영하는 데 재무적으로 큰 어려움이 없다.

웅진코웨이는 매년 약 2000억원 이상의 돈을 배당금으로 풀었다. 넷마블이 25.08%의 주주가 되면 매년 약 500억원 이상의 배당금을 챙길 수 있다는 계산이 나온다. 웅진코웨이를 인수함으로써 넷마블은 안정적으로 금융수익을 벌 수 있다. 문제는 웅진코웨이의 현금흐름이 그렇게 좋지만은 않다는 것이다.

웅진코웨이의 30기(2018년) 요약 현금흐름표를 보면 영업활동을 통해 5391억

원 이상의 현금을 벌었음을 알 수 있다. 그리고 사업을 위한 유·무형자산 투자, 소위 CAPEX로 4066억원을 지출했다. 사업해서 번 돈으로 재투자를 하고 남은 돈은 1325억원이다. 회사는 2308억원의 배당금을 주주에게 지급하려면 결국 은행에서 빚을 내야 한다. 최근 3년간의 현금흐름은 이런 패턴이다.

웅진코웨이의 장·단기차입금은 매년 순증가하고 있다. 최근 3년간 증가한 순차입금을 더해보면 무려 6536억원이나 된다. 결국 영업활동에서 번 돈 대부분을 사업에 재투자했고 은행 빚으로 주주에게 배당금을 지급한 셈이다. 웅진코웨이의 재무구조는 게임회사들처럼 그렇게 넉넉한 편이 아니다. 보유한 현금, 금융상품, 주식, 채권 및 투자부동산이 1000억원 정도지만 갚아야 하는 차입금 총액은 7000억원이 넘는다.

넷마블이 웅진코웨이의 최대주주가 되

어 매년 안정적으로 배당금을 받을 수 있지만 시너지를 통해 웅진코웨이의 실적을 끌어올리지 못한다면 재무 불안을 떨치기 어려울 것이다. 넷마블도 이미 이런 점은 다 파악하고 기업 인수 의사결정을 내렸을 것이다. 넷마블을 굴지의 게임회사로 만들어낸 경영진이 사업 역량을 다시 발휘하여 웅진코웨이의 실적과 재무구조를 한 단계 업그레이드해낼 것을 기대한다.

믿을 만한 기업인가
(특수관계자 거래)

일감몰아주기 기업

기업을 분석하다 보면 예상한 것보다 이익이 조금밖에 나오지 않는 경우도 있고, 기업이 생각지도 못한 이유로 문을 닫는 일도 생긴다. 갑자기 감사의 견 거절을 받아 상장폐지 대상이 되거나 횡령·배임으로 거래가 정지되는 경우도 자주 있다. 이익이 덜 나도 망하지 않으면 괜찮지만 갑자기 망해버리면 주주나 채권자는 큰 손실을 보고 만다. 그런 위험에 빠지지 않으려면 재무제표를 열심히 들여다봐야 한다.

재무제표의 어디를 봐야 그런 위험을 피할 수 있을까? 바로 '특수관계자 거래' 주석사항이다. 문제가 있는 기업은 대부분 이 주석사항에서 힌트를 찾을 수 있다. 재무제표 주석사항 중 주로 중·후반부에 포함되어 있어서 살펴보지 않고 건너뛸 수 있지만 이 주석사항만큼 중요한 정보도 없다. 재무제표 정보이용자는 특수관계자 거래 주석사항만 잘 살펴봐도 위험을 충분히 피할 수 있다.

간혹 돈이 되는 사업을 따로 떼어내 2세가 운영하는 회사나 가족이 만든 회사로 넘기는 경우가 있다. 때론 회사에 반드시 필요한 일 자체를 넘기기도 한다. 제조업을 예로 들면 제품 생산을 위해 원재료를 사오는 일, 제조하는 일은 회사 내부에서 직접 하는 게 당연해 보이지만 이것조차 계열사에 맡긴다. 물론 그 계열사의 최대주주는 보통 2세나 가족이 맡는다. 회사 구매팀에서 원재료를 사오고 생산라인에서 제품을 만드는 것이 일반적인 상식이지만 실상은 이런 일마저 계열사에 외주로 넘긴다는 얘기다. 그 목적이 경영 효율화 혹은 이익 극대화에 있다면 그나마 이해할 수 있다. 나이키나 애플 등의 글로벌기업도 디자인, 마케팅 같은 핵심 부서를 제외하고 나머지는 외주로 해결한다. 차이가 있다면 이들 기업은 제3자 기업에 일을 주지만 일감 몰아주기 기업은 2세나 가족 등 특수관계자에게 일을 준다는 점이다.

회사가 제품을 판매하는 과정에서도 일감몰아주기가 발생한다. 회사가 거래처에 직접 납품해도 되는데 꼭 한 군데를 들렀다 가는 식이다. 실물이 움직이는 경우도 있지만 실물은 거치지 않고 그냥 서류상으로 한 군데에 들러 매출을 일으킨다. 이를 전문용어로 '통행세를 낸다'고 표현한다.

이런 일을 한다고 회사가 망하거나 크게 어려움에 처하지는 않는다. 문제는 회사가 정상적으로 이익을 실현하기 어렵다는 데 있다. 이 경우 가장 크게 손해를 보는 사람은 당연히 해당 기업 주주다. 만약 그 기업이 상장했다면 소액주주의 피해가 가장 크다.

특수관계자와의 매입·매출 거래

공정거래위원회는 10년간 총수 2세에게 일감을 몰아준 하이트진로와 계열사에 100억 원이 넘는 과징금을 부과하고 부당 지원을 받은 총수 2세, 대표이사 등을 검찰에 고발했다. 뉴스에 따르면 하이트진로는 캔맥주의 주요 원재료인 공캔을 계열사 서영이앤티㈜에서 공급받았는데 이 회사의 최대주주는 하이트진로 최대주주의 2세로 알려져 있다.

제품(캔맥주) 원재료(공캔)를 회사가 다른 곳에서 구매하거나 직접 생산하지 않고 계열사에서 구입한 것은 표면상으로 조금도 이상하게 보이지 않는다. 생산에 필요한 원재료를 외부에서 사오든 계열사에서 사오든 똑같기 때문이다. 그런데 그림을 그려서 생각해보면 그렇지 않다.

비상장회사에 서영이앤티, 상장회사에 하이트진로를 대입해서 생각해보자. 공캔을 제조하는 하이트진로의 계열사 서영이앤티의 최대주주는 하이트진로 최대주주의 2세다. 맥주를 판매하는 하이트진로는 상장기업이고 최대주주 일가 외에 기관투자자, 외국인투자자, 소액주주 등으로 주식이 고루 분산되어 있다.

서영이앤티는 안정적인 기업이다. 캔맥주가 계속 팔리는 한 공캔을 만들어 아버지가 최대주주인 회사에 제때 납품하고 돈을 받으면 그만이니 말

◆ 일감몰아주기 구조

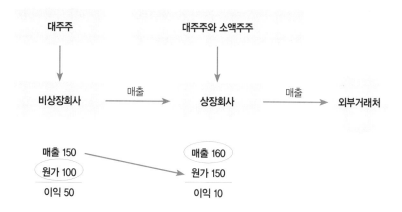

이다. 2세의 이익을 위해 욕심을 좀 더 내면 공캔을 하이트진로에 납품할 때 마진을 많이 챙기는 것도 가능하다. 위 그림에 나타낸 것처럼 공캔을 100원에 만들어 150원에 판매할 경우 서영이앤티는 한 캔당 50원의 이익 실현이 가능하다. 서영이앤티의 매출은 하이트진로의 매입인데 공캔을 150원에 사온 하이트진로가 맥주를 160원에 팔면 이익은 10원에 불과하다(이해를 돕기 위해 맥주 원가를 공캔 150원뿐이고 맥주를 160원에 판다고 단순 가정했다).

이런 상황이면 공캔을 비싸게 파는 2세는 많은 돈을 벌 수 있다. 반대로 원재료를 비싸게 사와 최종 제품을 생산·판매하는 상장기업 하이트진로는 그만큼 마진이 감소할 수밖에 없다. 만약 하이트진로가 공캔을 서영이앤티의 원가 100원만큼 부담해서 직접 만들거나 다른 회사에서 사온다면 60원의 이익을 거둘 수 있기 때문이다.

일감몰아주기는 사회적으로 공정한 경쟁을 해치고 중소기업의 수익성을 악화하며 대주주 일가가 이익을 편취하는 등 여러 가지 문제를 일으킨다. 상장기업 주주가 겪는 가장 큰 문제는 투자한 기업의 이익이 정상적이지 않은 점이다. 매일 같이 이어진 폭염과 스포츠중계 등으로 맥주 판매량이 증가했는데 이익이 매출 증가에 비례해 늘지 않았다면 일감몰아주기가 그 이유일 수 있다.

정상 마진이 얼마인지, 회사의 이익을 침해했는지는 공정거래위원회에서 조사하고 법원이 판단할 내용이지만 정보이용자는 재무제표 주석사항으로 미리 일감몰아주기를 하는 기업인지 확인해볼 필요가 있다.

하이트진로의 특수관계자 거래

하이트진로의 연결재무제표 주석사항에서 특수관계자 거래를 살펴보면 다음과 같다.

보다시피 하이트진로가 서영이앤티㈜에서 원재료를 당기에 199억 원, 전기에 203억 원어치 매입한 것으로 나온다. 이것은 하이트진로 입장에서는 매입이고 서영이앤티㈜에는 매출이다. 서영이앤티㈜는 하이트진로라는 안정적인 거래처 덕분에 매년 200억 원 내외의 거래를 하고 있다. 서영이앤티㈜의 감사보고서를 전자공시시스템에서 찾아보면 이 회사의 최대주주는 하이트진로 최대주주의 2세 등 가족 일가가 주식을 모두 소유한 것으로 나온다. 회사의 연매출 746억 원 중 약 27%인 199억 원어치를 특수관계자인 하이트진로에 판매했다. 이는 연매출 1조 8,000억 원이 넘는 하이트진로의

◆ 하이트진로 2018년 연결재무제표 주석사항

32-2 특수관계자와의 거래내역

(단위: 원)

특수관계자명	특수관계자구분	거래내역	당기	전기
〈매출 등〉				
하이트진로홀딩스(주)	지배기업	임대료 등	27,696,256	81,827,734
(주)진로소주	기타특수관계자	수수료수익 등	1,168,774,409	1,197,492,983
		제품매출	81,040,080	96,601,200
		상품매출	7,709,443,318	7,374,530,729
세왕금속공업(주)	기타특수관계자	배당금수익	85,358,000	367,039,400
서영이앤티(주)	기타특수관계자	수수료수익 등	2,266,726,598	1,873,490,312
합계			11,339,038,661	10,990,982,358
〈매입 등〉				
하이트진로홀딩스(주)	지배기업	로열티	4,296,726,074	4,418,346,378
		배당금 지급	28,667,843,200	32,250,367,400
(주)진로소주	기타특수관계자	상품매입 등	41,993,532,231	38,991,690,060
세왕금속공업(주)	기타특수관계자	원재료매입	4,668,906,163	5,081,710,145
서영이앤티(주)	기타특수관계자	원재료매입 등	19,920,665,356	20,370,244,497
		배당금 지급	24,943,250	27,877,750
하이트문화재단	기타특수관계자	배당금 지급	20,490,100	22,900,700
		유형자산 매입	105,000,000	–
		지급수수료	7,170,750	–
합계			99,705,277,124	101,163,136,930

외형 대비 큰 숫자는 아니다. 그런데 하이트진로의 영업이익률이 5%도 되지 않는 상황이므로 소액주주 입장에서는 하이트진로가 서영이앤티㈜에서 공캔을 비싸게 사와 이익률이 낮을 거라는 의심을 해볼 수 있다.

위 표를 보면 하이트진로는 서영이앤티㈜뿐 아니라 ㈜진로소주, 세왕금속공업㈜ 등 여러 특수관계자로부터 원재료를 매입하고 있다. 그런데 왜 공정거래위원회는 서영이앤티㈜만 문제 삼았을까?

전자공시시스템에서 세왕금속공업㈜의 감사보고서에 첨부한 재무제표 주석사항 중 주주 현황을 보면 하이트진로, 무학, 보해양조 등 주류업체

들이 골고루 주식을 보유한 것으로 나온다. 즉, 세왕금속공업㈜의 주주에 하이트진로 최대주주 일가는 없다.

㈜진로소주는 하이트진로의 최대주주인 하이트진로홀딩스㈜가 100% 보유한 회사다. 다시 말해 하이트진로, 진로소주 모두 하이트진로홀딩스의 종속기업이다. 하이트진로홀딩스는 재무제표를 작성할 때 두 회사를 합친 연결재무제표를 만든다. 진로소주가 소주를 제조해 하이트진로에 팔고 각자 매출, 매입을 인식해도 하이트진로홀딩스 연결재무제표 안에서는 내부거래로 상계하므로 손익에 미치는 효과도 없고 최대주주가 덕을 보는 것도 아니다. 한마디로 일감몰아주기에서 핵심은 주주 구성이다. 돈이 되는 사업을 최대주주 일가가 소유하고 있는가를 봐야 한다.

에스엠엔터테인먼트의 일감몰아주기

최대 연예기획사 에스엠엔터테인먼트도 일감몰아주기로 주목을 받았다. 에스엠 주식의 7.59%를 보유한 3대주주 KB자산운용이 공시한 주주서한에 따르면 에스엠엔터테인먼트가 최대주주인 이수만 총괄프로듀서의 개인사업체 라이크기획에 일감몰아주기를 하고 있다는 것이다.

에스엠엔터테인먼트의 연결재무제표 주석사항 중 특수관계자 거래를 살펴보면 회사는 라이크기획에 영업비용 145억 원을 지급했다. 만약 에스엠이 라이크기획에 이 돈을 지불하지 않았다면 회사의 2018년 영업이익은 477억 원이 아닌 622억 원이 되고 영업이익률은 7.8%에서 10.2%까지 올

라간다. 이 영업비용은 에스엠이 라이크기획에 지불한 프로듀싱 대가라고
한다.

◆ 에스엠 2018년 연결재무제표 주석사항

35.2 당기와 전기 중 특수관계자와의 거래 내역은 다음과 같습니다.

(단위: 천원)

특수관계 구분	특수관계자명	당기				
		매출	기타수익	재고자산거래	영업비용	기타비용
	(주)에브리싱코리아	500	-	-	10,080	-
	라이크기획	-	-	-	14,525,436	-

에스엠 측은 라이크기획과의 계약은 외부 전문기관의 자문과 검토를
거쳐 적정기준으로 계약을 체결했고 일감몰아주기에 해당하지 않으며 법
률적 문제가 없다고 해명했다. 그러나 최대주주가 개인사업체를 차려 매년
150억 원에 가까운 돈을 프로듀싱 대가로 가져간 사실을 알게 된 상장기업
에스엠의 주주들은 납득하기 어려울 수밖에 없다. 대부분의 음반기획사가
프로듀싱을 내부에서 소화하고 있고 에스엠도 당연히 그럴 거라고 생각했
는데, 그 핵심 기능을 외주로 돌린 데다 외주사가 바로 최대주주의 개인회사
니 말이다.

대기업 집단에 속하지 않거나 내부거래 비중이 크지 않아 일감몰아주기
규제 대상에 들어가지 않는 중견기업 중에 이런 기업이 생각보다 많다. 그
피해는 결국 상장기업 소액주주가 볼 수밖에 없다. 최대주주가 일감몰아주
기로 이익을 많이 취할 경우 상장기업은 정상적인 이익 실현이 어렵다. 그러
니 주식시장에서 기업가치를 높이 쳐주지 않는 것은 당연하다.

다행히 최근에는 고객, 수익자 등의 자산을 관리·운용하는 기관투자자가 자금 수탁자로서 고객이나 수익자 이익을 최우선에 두고 책임을 이행하는 스튜어드십 코드(수탁자 책임 원칙)에 따라 행동하려 한다. 에스엠의 최대주주와 특수관계자 지분율은 19.49%인데 KB자산운용, 국민연금 등 5% 이상 지분을 보유한 기관투자자의 지분율 합계는 25.91%에 달한다. 5% 미만으로 보유한 기관투자자까지 고려하면 기관의 주식 보유 비중은 상당하다. 기관투자자들은 즉시 에스엠이 라이크기획을 합병하고 매년 순이익의 30% 이상을 배당할 것을 요구했다. 이는 합병으로 사내에서 프로듀싱을 소화하고 영업이익률을 끌어올리라는 취지로 해석할 수 있다. 결국 에스엠은 주주 제안을 받아들일 수밖에 없을 것이다.

대기업 집단에 속하지 않거나 내부거래 비중이 크지 않아 일감몰아주기 규제 대상에 포함되지 않아도 피해는 항상 상장기업 주주가 받는다. 힘없는 소액주주를 대신해 기관투자자들이 계속 적극적으로 주주행동을 해서 기업이 투명해지는 데 일조했으면 하는 바람이다. 기업이 투명해질수록 기업가치는 자연스럽게 올라가며 최대주주 입장에서도 당연히 이것이 더 좋다.

나는 2년 전에 쓴 《박 회계사의 사업보고서 분석법》에서 오뚜기, 손오공 등의 재무제표와 주석사항을 다루며 일감몰아주기가 의심스러운 기업으로 지목했고 이후 언론에서도 많이 지적했다. 새 정부 들어 공정거래위원회에서 일감몰아주기 감독을 강화하고 있으니 투자자인 나 역시 기대하는 바가 크다.

삼양식품의 일감몰아주기

매입 관련 일감몰아주기가 있다면 반대로 매출 관련 일감몰아주기를 하는 기업도 있다. 소위 통행세를 내는 기업이다. 가령 불닭볶음면이 인기를 끌며 주가가 탄력을 받았던 삼양식품은 2014년 공정거래위원회로부터 시정명령과 과징금을 부과받았다. 보도자료에 따르면 삼양식품의 최대주주 부부가 만든 회사 내츄럴삼양에 라면류를 공급할 때 현저히 유리한 조건으로 거래 과정에 끼워 넣어 부당지원했다고 한다. 그럼 특수관계자 거래 주석 사항을 살펴보자.

◆ **삼양식품 2014년 연결재무제표 주석사항**

36.2 특수관계자와의 매출 및 매입 등 거래

(단위: 천원)

특수관계 구분	회사명	2014				2013			
		매출	매입	기타수익 등	기타비용 등	매출	매입	기타수익 등	기타비용 등
관계기업	에코그린캠퍼스(주)	1,125,856	814,883	30	147,753	1,027,118	959,973	30	312,841
	삼양베이커(주)	-	-	-	-	-	30,167	50,000	-
기타	내츄럴삼양(주)	22,251,589	13,171,474	-	874,877	23,555,171	13,844,716	-	970,814
	(주)제주우유	2,123	15,611,447	127,695	25,507	3,738	14,280,698	124,208	29,327
	와이더웨일홀딩스(주)	-	4,971,215	-	-	-	4,302,049	-	-
합계		23,379,568	34,569,019	127,725	1,048,137	24,586,027	33,417,603	174,238	1,312,982

삼양식품의 2014년 면스낵사업부 연간매출액 2,745억 원 중 222억 원은 내츄럴삼양㈜에 대한 부분이다. 거래 규모가 큰 편은 아니지만 영업이익률이 3%대, 영업이익이 97억 원에 불과한 삼양식품에서는 영향을 받을 수 있다. 회사의 영업이익과 영업이익률이 낮은 원인이 일감몰아주기일 수 있다는 얘기다. 보도자료에 나오는 것처럼 유리한 조건으로 팔았다는 것은 정

상 마진보다 덜 남기고 팔았다는 의미다. 즉, 최대주주 부부 회사인 내츄럴삼양이 많은 이익을 남기려고 삼양식품에서 싸게 사왔다는 뜻이다.

현재 공정거래위원회에서 조사 중인 회사는 대부분 대기업 위주다. 상장한 소규모 기업까지 다 조사하면 생각보다 많은 기업이 일감몰아주기를 하고 있음이 드러날 것이다. 정보이용자, 특히 주주라면 반드시 특수관계자 거래 주석사항을 살펴야 한다. 회사가 특수관계자와 거래하는 매출 또는 매입 규모가 크면 그 회사의 최대주주가 누구인지 찾아보기 바란다. 최대주주가 대주주 일가일 경우 상장기업이 정상 마진을 실현하지 못하고 있음을 의미하는 것일 수 있다.

지배 · 종속구조에서 매입 · 매출 거래

일감몰아주기의 핵심은 돈이 되는 사업을 최대주주 일가가 소유했는가에 있다. 특수관계자 간 거래 규모가 커도 최대주주 일가가 소유한 회사와의 거래가 아니면 일감몰아주기로 볼 수 없다.

포스코케미칼

포스코의 종속기업 포스코케미칼의 연결재무제표 주석사항에서 특수관계자 거래 내역을 살펴보자.

◆ 포스코케미칼 2018년 연결재무제표 주석사항

(2) 특수관계자와의 거래내역 및 채권·채무 잔액은 다음과 같습니다(단위:천원).

구분	회사명	당기				
		매출 등		매입 등		
		매출	기타수익	매입	기타비용	자산취득
지배기업	(주)포스코	872,676,189	689,299	439,125,541	392,002	–

포스코케미칼은 포스코를 상대로 매출 8,726억 원어치, 매입 4,391억 원어치 거래를 했다. 포스코케미칼의 손익계산서에 나오는 연간 매출액 규모는 1조 3,836억 원이다. 회사 총매출액의 63%가 포스코와의 거래 부분이다. 포스코케미칼 입장에서는 안정적인 매출처를 보유한 셈이다. 포스코케미칼이 이익을 극대화하려면 포스코에 제품을 비싸게 팔거나 많이 팔면 된다.

그렇지만 포스코나 포스코케미칼 모두 그럴 필요가 없다. 왜냐하면 포스코가 포스코케미칼의 발행주식 60%를 보유했기 때문이다. 포스코가 포스코케미칼 지분을 50% 초과해서 보유하고 있으니 실질적 지배기업이라 할 수 있다. 포스코는 포스코케미칼을 하나의 회사로 보고 재무제표를 합쳐서 만든다. 두 회사는 법적으로 각각 다른 회사지만 경제적으로 하나의 회사로 간주해 연결재무제표를 작성하는 것이다.

포스코의 연결재무제표 안에는 포스코케미칼이 포스코와 거래한 매출액 1조 3,836억 원과 포스코가 포스코케미칼에서 매입한 같은 금액의 매입액이 다 포함되어 있다. 하나의 회사 안에 있는 포스코케미칼 창고에서 포스코 창고로 물건이 옮겨간 셈이다. 포스코의 연결재무제표 안에서 이는 의미 없는 거래다. 물건이 외부로 팔린 게 아니라 회사 안에서 옮겨 다닌 것이나 다를 바 없다. 그래서 포스코는 연결재무제표를 만들 때 둘 사이에 발생한 내부거래를 제거한다. 어차피 제거될 거래라 포스코는 포스코케미칼에서 더 비싸게 사거나 더 싸게 사올 필요가 전혀 없다. 만약 포스코케미칼의 최대주주가 포스코가 아니라 최대주주 일가라면 연결재무제표 작성 대상이 아니다. 포스코가 포스코케미칼을 지배하는 상황이 아니므로 둘을 하나의 회사로 간주할 이유가 없다.

포스코케미칼이 포스코에서 매입한 4,391억 원도 마찬가지다. 포스코가 포스코케미칼에 비싸게 팔거나 포스코케미칼이 포스코에서 싸게 사올 필요가 없다. 어차피 두 회사의 재무제표를 합쳐 연결재무제표를 만드는 포스코가 둘 사이에 발생한 거래를 상계해서 없애기 때문이다.

따라서 지배기업, 종속기업 간에 발생한 거래는 일감몰아주기 의혹을 받지 않는다. 일감몰아주기는 종속기업이 아닌 최대주주 일가 회사와 벌어진 거래만 문제 삼는다.

수상한 자금거래

Point 1에서 살펴본 대로 회사는 때로 전환사채를 발행해 자본을 조달한다. 그 돈을 회사 사업에 투입해 실적을 끌어올리면 전혀 문제가 없지만 간혹 이상한 자금거래를 하는 경우도 있다. 최근 상장폐지 대상에 오르는 기업들의 면면을 살펴보면 이상한 자금거래를 많이 볼 수 있다.

지투하이소닉

2018년 12월 31일 재무제표에서 감사의견 거절을 받은 코스닥 상장기업 지투하이소닉의 전자공시 내용을 따라가 보면 2018년 12월 13일 횡령

·배임 혐의 발생 전자공시가 올라왔고 거래소는 상장주식 거래를 중지시켰다. 공시 내용에 따르면 258억 원의 횡령이 발생해 피해자가 고소장을 제출했다고 한다. 2019년 1월 28일 상장 적격성 실질심사 대상으로 결정되었다는 공시가 올라왔고 2월 1일 이 회사는 회생절차 개시 신청을 했다. 이어 2월 15일 대표이사가 구속되었다는 공시가 나왔으며, 3월 22일 제출한 감사보고서에서 감사의견 거절을 받아 상장폐지 대상으로 확정되었다.

이 회사의 주주나 채권자는 아마 악몽 같은 시간의 연속이었을 것이다. 사실 횡령·배임 사건이 터져도 회사 내부에서 몇몇 사람만 인지할 뿐 외부 정보이용자는 알 방법이 없다. 그렇다고 넋 놓고 당할 수만은 없다. 사업보고서에 나오는 여러 정보와 재무제표, 재무제표 주석사항, 전자공시시스템에 올라오는 기업들의 공시에 힌트가 있으므로 사전 예방은 충분히 가능하다.

시간을 되돌려 12월 13일 지투하이소닉의 횡령·배임 혐의 공시가 나오기 전인 11월 14일 공시한 3분기 보고서를 살펴보자(313쪽).

재무상태표 모습은 평온해 보인다. 유동자산 479억 원, 유동부채 191억 원으로 안정성도 있다. 매출채권 및 기타유동채권 293억 원을 어떤 내용으로 구성했는지 확인하기 전까지는 말이다.

우리가 재무제표 주석사항을 봐야 하는 이유 중 하나가 바로 여기에 있다. 재무상태표에는 '기타' 계정과목이 너무 많다. 여러 개의 계정과목을 묶어 '기타' 계정과목 하나에 표시하는 것이 요즘 재무제표 작성 스타일이기도 하다. 주석사항에서 매출채권 및 기타유동채권의 내용을 살펴보자.

보다시피 매출채권보다 단기대여금 숫자가 훨씬 더 크다. 대여금은 돈

◆ 지투하이소닉 2018년 3분기 연결재무상태표

(단위: 원)

	제 18 기 3분기말	제 17 기말
자산		
유동자산	47,978,462,917	20,729,743,621
현금및현금성자산	11,521,975,313	1,306,511,303
매출채권 및 기타유동채권	29,374,188,470	8,359,299,018
기타유동자산	4,650,399,286	531,112,911
기타금융자산		7,333,875,795
당기법인세자산	11,862,668	154,504,000
재고자산	2,420,037,180	3,044,440,594
비유동자산	20,228,149,434	19,930,856,346
장기매출채권 및 기타비유동채권	476,267,770	579,744,110
유형자산	12,975,214,618	15,455,356,972
영업권		449,972,576
영업권 이외의 무형자산	1,207,635,854	1,624,010,586
관계기업투자자산	5,348,105,485	
기타비유동금융자산	31,200,000	31,200,000
기타비유동자산	189,725,707	184,876,731
이연법인세자산		1,605,695,371
자산총계	68,206,612,351	40,660,599,967
부채		
유동부채	19,189,695,114	15,845,918,045

◆ 지투하이소닉 2018년 3분기 연결재무제표 주석사항

6. 매출채권및기타채권

(1) 매출채권및기타채권의 내용은 다음과 같습니다.

(단위 : 천원)

구분	당분기			전기		
	채권액	손실충당금	장부금액	채권액	대손충당금	장부금액
〈유동〉						
매출채권	4,097,872	(200,352)	3,897,520	7,029,047	(200,352)	6,828,695
단기대여금	25,052,200	-	25,052,200	987,700	-	987,700
미수금	165,024	-	165,024	382,779	-	382,779
미수수익	259,445		259,445	160,125	-	160,125
소 계	29,574,541	(200,352)	29,374,188	8,559,651	(200,352)	8,359,299

을 빌려주고 미래에 받을 예정이므로 자산처리한다. 전기말에 10억 원도 되지 않던 대여금이 1년 사이 250억 원으로 늘어났는데 사실 지투하이소닉은 금융회사가 아니다. 즉, 불특정 다수에게 돈을 대여하는 업을 하지 않는다. 금융업이 아닌 회사가 돈을 빌려줄 때 상대방은 보통 대주주, 임직원, 계열사 또는 대주주나 임직원이 만든 회사 등이다. 이들을 가리켜 특수관계자라고 한다. 그리고 특수관계자와 거래한 내역은 일감몰아주기에서 본 것처럼 재무제표 주석사항에 공시한다. 이제 이 회사의 특수관계자 거래 주석사항을 살펴보자.

◆ **지투하이소닉 2018년 3분기 연결재무제표 주석사항 중 특수관계자 거래**

(2) 특수관계자와의 자금거래에 대한 내용은 다음과 같습니다.

(단위 : 천원)

특수관계자	관계	과목	변동내용			
			기초	증가	감소	기말
임직원	임직원	대여금	92,084	24,650	(58,799)	57,934
㈜지투코리아그룹	기타	대여금	-	21,898,000	(740,000)	21,158,000
대여금 합계			92,084	21,922,650	(798,799)	21,215,934

보다시피 ㈜지투코리아그룹이라는 회사에 218억 원을 빌려주었고 3분기 말 현재 잔액 211억 원이 남아 있다고 공시했다. ㈜지투코리아그룹과 지투하이소닉의 관계는 계열사도 아닌 기타로 표시했다. 분기보고서에서 주주에 관한 사항을 찾아보면 ㈜지투코리아그룹은 지투하이소닉의 최대주주로 나온다. 그리고 ㈜지투코리아그룹은 지투하이소닉의 이전 최대주주가 지분을 100% 보유한 회사다.

정리하자면 원래 곽모 씨가 지투하이소닉의 최대주주였고 그 곽모 씨가 ㈜지투코리아그룹을 세웠다. 그런 다음 ㈜지투코리아그룹으로 지투하이소닉을 지배했다. 지투하이소닉은 회삿돈 220억 원 정도를 최대주주가 세운 회사 ㈜지투코리아그룹에 빌려줬다. 즉, 최대주주가 회사를 만들고 그쪽으로 지투하이소닉 회삿돈을 다 보낸 셈이다.

3개월 뒤 공시한 지투하이소닉의 사업보고서에 따르면 대여금 중 약 201억 원에 대손충당금을 설정했다. 다시 말해 회수 가능성이 어렵다고 판단했다. 이어 전자공시시스템에 횡령·배임 혐의 발생 공시가 올라왔고 회사는 감사의견 거절로 상장폐지 대상이 되었다.

횡령·배임 의심기업

2018년 상장폐지 대상에 오른 감사의견 거절 30개 기업 중 전환사채를 발행해 거액의 자금을 조달한 후 특수관계자에게 송금해서 대여금 처리하고 대손으로 떨어낸 기업만 20개가 넘는다. 그중에는 횡령·배임 혐의 발생 공시를 낸 기업도 있지만 대개는 공시 없이 넘어갔다. 이들 기업의 감사보고서에서 감사의견 거절 근거를 보면 대부분 겹치는 키워드가 있다.

'자금거래 신뢰성', '법인 인감 내부 통제', '특수관계자 거래 내역'과 관련하여 충분하고 적합한 감사 증거를 확보하지 못했다는 내용이 가장 많다. 키워드만 봐도 회사 내에서 자금 사고가 발생했음을 알 수 있다. 의심이 가도 입증할 만한 증거가 나오거나 내부고발이 있지 않는 한 횡령·배임으로 간주하기는 어렵다. 그러나 누구든 이런 문구만 봐도 횡령·배임을 의심할 것이다.

이 20개 기업의 또 다른 공통점은 모두 최대주주가 바뀌었고 전환사채 같은 메자닌으로 자본을 조달했으며 그 돈을 회사 사업에 투입한 게 아니라 대부분 대여금으로 흘러갔다는 점이다. 왜 이런 일이 발생하는 걸까? 그 힌트는 2018년 12월 6일 금융감독원 보도자료에서 얻을 수 있다.

◆ 금융감독원 '무자본 M&A 추정 기업의 회계처리 점검' 보도자료   (2018. 12. 06.)

금융생활에 필요한 모든 정보, 인터넷에서 「파인」 두 글자를 쳐보세요

"금융은 튼튼하게, 소비자는 행복하게"

보 도 자 료

보도	2018. 12. 6.(목) 조간	배포	2018. 12. 5.(수)
담당부서	회계기획감리실	정규성 실장(3145-7860), 류태열 팀장(3145-7864)	

제 목 : 무자본 M&A 추정기업의 회계처리 점검

☑ **무자본 M&A** 세력이 **횡령·배임** 등을 **은폐**하기 위해 **분식회계**를 일삼아 **투자자**에게 막대한 **피해**를 입히고 있어, 이에 **일제점검**을 **실시**하고 위반혐의 발견시 **감리**를 통해 **엄중히 조치**할 예정

☑ **투자자**들은 해당 **기업 투자시** 신중을 기할 **필요**가 있고, **감사인**들은 **자금흐름** 등에 대한 **충분한 감사**를 실시하고 **경영진의 부정행위** 등이 발견된 경우 **증선위에 보고**해야 함

I 개 요

☐ **기업사냥꾼**이 **무자본 M&A**를 통해 **상장사**를 **인수**한 후 차입금 상환 등 경영 정상화 명분으로 **거액**의 **자금**을 **조달**하고,
   * 인수자가 자기자금 없이 차입한 자금으로 기업 인수

  ○ 실제 자금은 비상장주식 고가 취득 등에 사용하는 등 불투명한 자금거래를 일삼아 회사 **재무상황**은 **더욱 악화**

  ○ 불법적인 자금거래를 **은폐**하기 위해 **회계분식**을 일삼고 종국에는 **상장폐지**로 이어져 선의의 **투자자 피해 발생** 우려

☐ 이에 금융감독원(원장 윤석헌)은 투자자 보호를 위해 **무자본 M&A 추정기업**에 대해 **일제점검**을 **실시**하고, 회계처리 위반 혐의 사항이 발견될 경우 **감리**를 통해 **엄중히 조치**할 예정임

나는 금융감독원이 '드디어 칼을 뽑았다'는 표현을 쓰고 싶다. 이미 수년 전부터 위 자료에서 설명하는 기업들이 코스닥 시장에서 눈에 많이 보였다. 이들은 감사인이 아직 부정을 발견하지 못해 상장을 유지하는 것일 뿐 기업 행태를 보면 횡령·배임의 의심이 가는 기업이다.

회계감사 과정에서 회사의 부정행위까지 검토하는 것은 현실적으로 불가능하다. 회계사에게 수사권이 있는 것도 아니고 모든 내부 자료를 압수해 검토할 권한도 없다. 회사가 제시한 자료를 보며 재무제표를 회계기준에 따라 적절히 작성했는지 확인하는 게 회계감사의 주요 목적이다. 회계감사 과정에서 부정행위를 발견하는 경우도 있지만 부정행위를 적발하기 위해 회계감사를 할 수는 없다. 따라서 발견하지 못하는 경우가 많다.

반면 회계감리는 다르다. 금융당국에서 실시하므로 감사인보다 더 많은 자료 징구가 가능하고 더 많은 인력과 시간을 투입하는데, 의심이 가는 사항을 발견하면 분식회계나 횡령·배임 적발을 목표로 자료를 검토할 수 있다. 중요한 사항을 발견할 경우 고의, 과실 유무 등에 따라 검찰 고발까지 이뤄진다. 자칫하면 연중에도 상장폐지 대상이 될 수 있다.

기업사냥꾼의 무자본 코스닥기업 인수·합병 과정

소규모 코스닥기업은 기관투자자나 외국인의 투자 대상이 아닐 정도로 규모가 작다. 또 개인투자자 투자 비중이 높고 주식이 많이 분산되어 있어서

한 사람이 주식을 조금만 보유해도 최대주주 지위에 오를 수 있다. 예를 들어 기관투자자나 외국인은 시가총액 300억 원짜리 기업에 거의 투자하지 않는다. 대개는 최대주주 일가와 수많은 개인투자자들이 주식을 보유하고 있다. 최대주주가 지분율 10% 정도만 확보해도 회사를 장악할 수 있다 보니 30억 원이면 코스닥 상장기업 하나쯤은 인수가 가능하다. 앞서 살펴본 지투하이소닉의 최대주주인 지투코리아그룹과 곽모 씨는 지분율 9.78%로 최대주주에 올랐다. 상장폐지 대상에 오른 코스닥기업 중에는 지분율 4.24%가 최대주주인 경우도 있다. 회사마다 규모에 차이가 있지만 이렇게 큰돈을 투입하지 않아도 코스닥기업 최대주주가 될 수 있다.

소규모 코스닥기업을 노리는 기업사냥꾼 중에는 돈이 없는 경우가 많다. 기업을 인수하고 싶은데 돈이 없으니 다음 그림처럼 주식을 담보로 돈을 빌리기도 한다.

◆ **무자본 M&A 흐름**

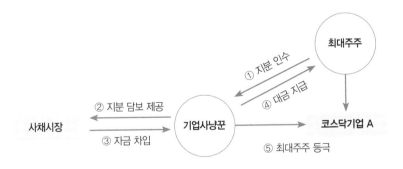

위 그림은 기업사냥꾼이 소규모 코스닥기업 A회사를 인수하는 과정을

보여준다. 일단 최대주주로 등극하면 A회사를 좌지우지할 힘이 생긴다. 이 기업사냥꾼은 A회사를 키우려는 목적보다 회사가 보유한 돈을 최대한 빼먹으려는 의도가 강하다. 일단 목표 회사를 정한 뒤 기존 최대주주에게 접근해 지분 인수 계약을 맺는다. 당장 돈이 없는 기업사냥꾼은 사채시장에서 주식을 담보로 제공하고 인수자금을 마련한다. 실질적으로 주식은 사채시장에 담보로 가 있지만 표면상 A회사의 최대주주는 기업사냥꾼이다. 이렇게 기업사냥꾼은 돈 한 푼 없이 A회사를 쉽게 인수한다. 다만 고리사채를 생각하면 그 역시 마음이 편치 않아 빨리 돈을 벌어서 갚으려고 한다.

어떻게 하면 빨리 돈을 벌 수 있을까? 무너져가는 코스닥기업을 인수했으니 기존 사업을 키워 기업가치를 끌어올리는 것은 어렵다. 그리고 기본적으로 무너져가는 회사를 인수했기 때문에 회사 금고에는 사업을 벌일 돈이 없다. 일단 회사 금고부터 채워 넣어야 한다. 어떻게 해야 할까? 답은 전환사채를 발행하는 것이다.

기업사냥꾼의 무자본 코스닥 기업 인수·합병 이후 흐름

이 기업사냥꾼이 인수한 A회사는 1,000원으로 주식 전환이 가능한 전환사채를 100억 원어치 발행한다. 자본시장에서 전환사채를 발행할 경우 웬만하면 다 인수되므로 어려움이 없다. 문제는 A회사 주식이 1,000원보다 훨씬 위에서 거래가 이뤄져야 전환사채 사채권자들이 주식으로 전환한다는 데 있다. 또 사채권자가 주식으로 전환해야 회사도 만기상환 부담이 사라진다. A회사 주가가 오르려면 결국 기업가치가 높아져야 한다. 물론 A회사가 실적을 잘 내면 주가는 알아서 올라간다. 그런데 기존 사업으로는 어려우므로 A회사는 새로운 사업을 벌인다. 이때 새로운 사업은 본사가 아닌 새로운 계열사를 만들어 추진한다. A회사는 전환사채를 발행해 들어온 돈으로 계열사를 만들기 시작한다. 이왕이면 주가에 민감한 바이오, 화장품, 헬스케어 등의 계열사를 만든다. 소규모 코스닥기업은 실적보다 핫한 재료와 소문으로 주가가 많이 올라가니 말이다.

계열사를 만들었으니 출자를 해준다. 즉, 계열사에 설립 자본금을 송금하고 계열사 주식을 받는다. 물론 그 계열사의 대표이사와 주요 임원은 기업사냥꾼들이 다 차지한다. 소규모 회사를 만들어 운영하다 보면 경비를 충당하느라 바빠서 돈은 금세 다 떨어진다. 그러면 A회사는 계열사에 다시 돈을 대준다. 이번에는 복잡하게 출자하는 방식보다 대여금 거래로 한다. 계열사에 유상증자를 하는 것보다 절차가 훨씬 간편하기 때문이다.

A회사가 계열사에 돈을 언제까지 얼마를 빌려주고 이자는 몇 %로 한다는 금전대여계약서 1부를 쓰고 돈을 송금해주면 끝이다. 계열사에 증자를

◆ **전환사채 발행 후 자금 횡령 과정**

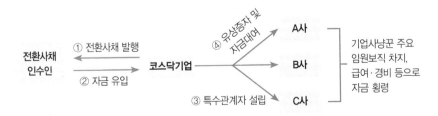

해줄 경우 주식도 발행하고 법원 등기도 해야 하는 등 여러 행정절차가 필요하지만 대여금 거래는 그렇지 않다. 계약 후 송금하면 끝난다.

결국 전환사채 발행으로 코스닥기업에 들어온 돈은 계열사 설립과 자금대여 등을 거치며 계열사로 모두 흘러 나간다. 계열사는 너무 크게 만들지 않는다. 외부감사를 받는 규모(자산총액 120억 원) 미만으로 작게 여러 개를 만드는 게 좋다. 그래야 마음껏 분식회계를 하면서 돈을 빼낼 수 있다.

이렇게 기업사냥꾼은 사채시장에서 빌려온 돈을 갚는다. 그리고 계열사에서 이슈를 만들어 코스닥기업 주가를 끌어올리면 전환사채 사채권자는 주식으로 전환하고 모두 나가니 자연스럽게 사채를 발행해서 들어온 돈은 회사 돈으로 굳는다. 전환사채 몇 개만 발행하면 기업사냥꾼은 무자본 M&A할 때 빌려온 돈도 갚고 횡령으로 돈도 다 빼먹을 수 있다.

그럼 계열사들은 어떻게 될까? 대부분 몇 년 뒤 폐업한다. 소규모 자금으로 설립한 계열사를 이용해 이슈는 만들 수 있지만 사업을 성공적으로 하는 것은 쉽지 않다. 대부분 경비만 쓰다가 결손 누적으로 폐업 절차를 밟는다. 회사는 폐업 절차를 밟는 계열사에서 대여금을 회수하는 것이 불가능하므로 당연히 대여금에 대하여 대손충당금을 쌓는다.

지투하이소닉의 단기대여금

이제 313쪽 표에서 살펴본 지투하이소닉의 단기대여금이 연말에 어떻게 되었는지 살펴보자.

연결재무제표 주석사항에서 매출채권과 기타채권 내역을 살펴보면 단

(단위: 천 원)

구분	당기			전기		
	채권액	손실충당금	장부금액	채권액	대손충당금	장부금액
〈유동〉						
매출채권	2,502,917	(200,352)	2,302,565	7,029,047	(200,352)	6,828,695
단기대여금	25,901,534	(20,144,400)	5,757,134	987,700	–	987,700
미수금	4,092,923	–	4,092,923	382,779	–	382,779
미수수익	558,273	(558,273)	–	160,125	–	160,125
소계	33,055,647	(20,903,025)	12,152,622	8,559,651	(200,352)	8,359,299
〈비유동〉						
보증금	456,818	–	456,818	531,360	–	531,360
장기대여금	12,850	–	12,850	48,384	–	48,384
소계	469,668	–	469,668	579,744	–	579,744
합계	33,525,315	(20,903,025)	12,622,290	9,139,396	(200,352)	8,939,044

기대여금 259억 원 채권액 중 손실충당금(대손충당금)을 201억 원 쌓았다. 회수 가능한 금액은 57억 원만 남았다. 회사의 전기 대여금은 10억 원도 되지 않았는데 1년 만에 250억 원 가까이 증가했고 빌려주자마자 회수 불가능하다고 판단해 대손처리했다. 그야말로 회사 이해관계자라면 이해할 수 없는 회계처리다.

당연히 이 대여금은 특수관계자 쪽으로 흘러갔다. 대손도 대부분 특수관계자와 관련된 것이다. 주석사항을 살펴보면 회사는 ㈜지투코리아그룹에 264억 원을 빌려주고 44억 원을 회수했다. 기말 현재 받을 돈 220억 원이 남아 있는데 176억 원을 대손처리했다고 공시했다. 3분기 보고서가 나오고 불과 3개월 만에 거액의 대손충당금이 쌓였다. 12월 전자공시시스템에 대표이사의 횡령·배임 혐의가 발생했고 그 금액이 258억 원이라는 공시

◆ **지투하이소닉 2018년 연결재무제표 주석사항 중 특수관계자 거래**

(2) 특수관계자와의 대여금 및 차입금에 대한 내용은 다음과 같습니다.

(단위: 천원)

특수관계자	관계	과 목	변동내용			
			기초	증가	감소	기말
임직원	임직원	대여금	92,084	28,034	(83,734)	36,384
㈜지투코리아그룹(주1)	최대주주	대여금	-	26,458,000	(4,440,000)	22,018,000
대여금 합계			92,084	26,486,034	(4,523,734)	22,054,384
㈜알비케이메디케어	관계기업	차입금	5,000,000	-	(5,000,000)	-

(주1) 당기말 현재 ㈜지투코리아그룹에 대한 대여금에 대하여 80% 손실충당금을 설정하고 있으며, 이와 관련하여 당기 중 인식한 대손상각비는 17,614,400천원입니다.

가 나왔으니 대손충당금을 쌓았을 것으로 보인다. 이렇게 횡령·배임 혐의가 밝혀져 법적 조치하는 경우도 있지만 조용히 묻히기도 한다. 재무제표 정보이용자는 회사 내부에서 횡령·배임이 일어나는지 알기 어려우며 전자공시시스템과 사업보고서 등으로 사전에 징후를 포착하는 것이 가장 좋다.

전자공시시스템으로 확인하는 방법

최대주주, 대표이사, 회사 이름이 바뀌는 것은 회사가 반드시 전자공시시스템에 공시해야 하는 사항이다. 이것이 자주 바뀌면 정보이용자는 당연히 의심해야 한다.

◆ 전자공시시스템을 이용한 최대주주 변경 조회

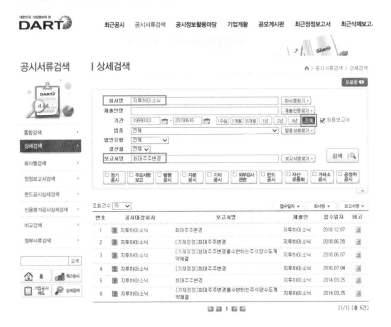

실시간으로 공시하는 전자공시 내용을 보면서 모니터링하는 것이 좋지만 투자자나 채권자 모두 매일, 매시간 그렇게 확인하는 게 현실적으로 쉽지 않다. 그 대안으로 회사 연혁을 보면서 최대주주가 자주 바뀌었는지 확인해보는 것이 좋다. 전자공시시스템에서 상세검색 메뉴를 활용해보자.

전자공시시스템(dart.fss.or.kr)에 접속하면 보통 회사명을 입력하고 여러 보고서를 찾아보는데, 초기화면 상단을 보면 공시서류검색에서 상세검색이라는 훌륭한 메뉴를 찾을 수 있다. 여기에 들어가면 회사의 특정보고서를 키워드 입력으로 몰아서 볼 수 있다. 〈전자공시시스템을 이용한 최대주

◆ 전자공시시스템 화면

주 변경 조회〉는 '최대주주변경'이라는 키워드를 입력하고 검색한 것이다. 전자공시시스템에서 보고서를 찾을 때 통상 기간을 6개월로 설정해놓았으므로 이것을 전체로 늘리는 것이 좋다.

보고서명에 '대표이사변경', '상호변경' 등의 키워드를 넣고 검색하면서 같은 방식으로 해보기 바란다. 이 회사를 대표이사변경, 상호변경 키워드로 검색한 결과 대표이사는 총 6번, 상호는 총 2번 바뀌었음을 확인할 수 있었다.

이미 상장폐지되었거나 상장폐지 대상에 오른 기업을 골라 같은 방식으로 검색해보면 대체로 많은 변경사항이 드러난다. 2018년 10월 상장폐지된 회사 위너지스를 똑같은 방법으로 검색할 경우 총 9번의 최대주주 변경, 15번의 대표이사 변경, 8번의 상호 변경을 거친 것으로 나온다. 상장한 지 22년에 불과한데 그간 많은 변화를 겪은 셈이다.

기업이 전환사채나 신주인수권부사채를 발행해도 역시 전자공시시스템에 보고서를 공시한다. 상세검색 메뉴에서 보고서명에 '전환사채권발행

결정', '신주인수권부사채권발행결정'으로 검색해보면 메자닌으로 얼마나 많은 자본을 조달했는지 알 수 있다.

◆ 전자공시시스템을 이용한 전환사채권발행결정 조회

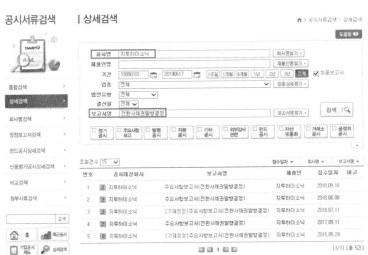

보다시피 최근 3년간 5번이나 전환사채를 발행한 것으로 나온다. 보고 서명에 '전환사채권발행결정' 대신 '신주인수권부사채권발행결정'을 치면 3년간 1번 발행한 것을 확인할 수 있다.

하나의 기업을 분석할 때는 전자공시시스템에서 이렇게 확인하는 것이 좋다. 또 다른 방법은 그 기업의 사업보고서를 검토하는 것이다.

사업보고서로 확인하는 방법

다음 표처럼 사업보고서의 'I. 회사의 개요' 아래에 있는 '2. 회사의 연혁'에서 최대주주, 대표이사, 회사 이름 변경사항을 확인할 수 있다.

◆ **지투하이소닉 사업보고서 중 '2. 회사의 연혁'**

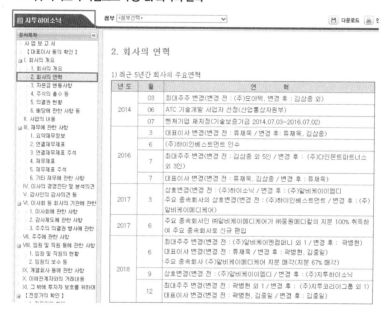

회사 연혁을 보면 최대주주, 대표이사, 상호 변경 내용이 나온다. 회사가 돈을 잘 벌거나 재무구조가 탄탄하면 굳이 최대주주가 기업을 매각할 이유는 없다. 만약 1년이 멀다 하고 최대주주가 자꾸 바뀐다면 분명 색안경을 끼고 봐야 한다.

대표이사와 회사 이름이 자주 바뀌는 것도 최대주주 변동과 인과관계가 있다. 바뀐 최대주주가 직접 대표이사가 되기도 하고 본인이 선호하는 전문 경영인을 앉히기도 한다. 대표이사 변경 역시 주로 최대주주 변동 후에 이뤄지므로 잦은 대표이사 변경도 잘 살펴봐야 한다. 새로운 최대주주가 들어오면서 회사명을 바꾸는 것은 자주 발생하는 이벤트 중 하나다. 물론 이것은 새로운 기분으로 다시 시작하자는 취지일 수 있다. 또 기존의 좋지 않던 회사 이미지를 바꾸고 처음 들어보는 이름으로 지으면 주식시장 참여자가 신선함을 느껴 관심을 보이는 점을 고려했을 수도 있다.

◆ **지투하이소닉 기업 개황 정보**

위 표처럼 '회사의 연혁'에서 대표이사와 회사 이름 변경 내역을 확인할 수 있다. 그리고 사업보고서 좌측 상단에 있는 회사명을 클릭하면 기업 개황 정보가 열린다. 여기에서 회사와 대표자 이름이 그동안 어떻게 바뀌었는지 그 과정을 쭉 볼 수 있다.

기업 개황 정보가 열리면 회사와 대표자 이름 옆에 있는 말줄임표 모양 버튼(⋯)을 클릭해보자. 그러면 그동안 바뀐 회사와 대표이사 이름 확인이 가능하다. 업력 대비 너무 잦은 변경이 있었다면 의심해봐야 한다. 이 회사 는 18년 동안 회사명은 4번, 대표이사 이름은 8번 바뀐 것으로 나온다.

한편 사업보고서에서 기업이 전환사채나 신주인수권부사채를 발행했 는지는 'I. 회사의 개요' 아래에 있는 '3. 자본금 변동사항'을 살펴보면 알 수 있다.

◆ 지투하이소닉 사업보고서 '3. 자본금 변동사항'

미상환 전환사채 발행현황

(기준일: 2018.12.31) (단위 : 원, 주)

| 종류\구분 | 발행일 | 만기일 | 권면총액 | 전환대상 주식의 종류 | 전환청구 가능기간 | 전환조건 | | 미상환사채 | | 비고 |
						전환비율 (%)	전환가액	권면총액	전환가능주식수	
제8회 무기명식 이권부 무보증 사모전환사채	2017. 09.14	2020. 09.14	3,000,000,000	보통주	2018.9.14 ~ 2020.8.15	100%	2,510	3,000,000,000	1,195,219	-
제9회 무기명식 이권부 무보증 사모전환사채	2018. 07.30	2023. 07.30	10,000,000,000	보통주	2019.7.30 ~ 2023.6.30	100%	2,565	10,000,000,000	3,898,635	-
제10회 무기명식 이권부 무보증 사모전환사채	2018. 08.08	2023. 08.08	5,000,000,000	보통주	2019.8.8~ 2023.7.8	100%	2,565	5,000,000,000	1,943,317	-
합계	-	-	18,000,000,000	보통주	-	100%	-	18,000,000,000	7,037,171	-

미상환 신주인수권부사채 등 발행현황

(기준일: 2018.12.31) (단위 : 원, 주)

| 종류\구분 | 발행일 | 만기일 | 권면총액 | 행사대상 주식의 종류 | 신주인수권 행사가능기간 | 행사조건 | | 미행사신주인수권부사채 | | 비고 |
						행사비율 (%)	행사가액	권면총액	행사가능주식수	
제7회 무기명식 이권부 무보증 신주인수권부사채	2016.0 5.19	2021.05. 19	20,000,000,000	보통주	2016.6.19 ~2021.4.19	100%	2,590	2,764,572,884	2,226,843	-
합계	-	-	20,000,000,000	보통주	-	100%	2,590	2,764,572,884	2,226,843	-

이 회사는 최근 3년간 신주인수권부사채 200억 원, 전환사채 180억 원을 발행했다. 회사는 메자닌으로 총 380억 원을 조달했고 2018년 말 현재 미상환 사채는 약 207억 원이다. 그런데 회사의 연결재무제표를 보면 자산 규모가 340억 원에 불과하다. 이는 자산 규모보다 더 많은 돈을 조달했다는 얘기인데 그 돈은 다 어디로 갔을까? 이미 살펴본 것처럼 대여금으로 대부분 빠져나갔다. 재무상태표에서는 대여금 계정과목이 보이지 않으므로 재무제표 주석사항에서 대여금 계정과목 유무를 반드시 살펴봐야 한다. 대여금이 있다면 그 대상은 특수관계자 관련 부분일 것이다.

특수관계자를 이용한
매출밀어내기 의혹

회사가 외상매출을 하면 받을 돈을 재무상태표에 매출채권으로 기록한다. 이 매출채권은 시간이 지나면 회수되는데 회수 시점에 회사 매출채권은 감소하고 현금이 증가한다. 이렇게 하나의 거래 사이클이 끝난다.

만약 외상매출 후 한동안 매출채권이 회수되지 않으면 어떻게 될까? 회사는 돈을 받기로 약속한 날짜가 훨씬 지나도록 채권을 회수하지 못하면 대손충당금을 설정한다. 즉, 회수 불가능한 금액을 손실처리하고 그만큼 채권 금액을 줄인다. 대손충당금을 설정하는 만큼 같은 금액의 대손상각비를 비용처리해야 하므로 회사 손익이 나빠지는 문제가 생긴다.

손익도 문제지만 사실 채권을 회수하지 못했을 때 발생하는 더 큰 문제는 회사의 현금흐름 악화다. 사업을 하다 보면 형편이 어려운 거래처에 물건을 외상으로 주었는데 거래처가 너무 어려워서 대금 지급을 차일피일 미루는 경우도 있다. 더 심한 경우 거래처의 부도나 폐업으로 아예 받지 못하기도 한다.

이상한 거래

힘들게 사업을 꾸려가는 경영자 입장에서는 그야말로 힘이 쭉 빠지는 일이다. 채권을 회수할 방법이 없으니 어쩔 수 없이 대손충당금을 쌓으며 손실처리한다. 그런데 이런 불가피한 일이 아니라 이상한 거래 때문에 대손처리하는 경우도 있다. 이는 매출밀어내기나 가공매출을 일으켜 원래부터 채권 회수가 불가능한 경우다.

상장기업의 경우 실적이 악화되면 주가도 하락하고 자금조달에도 어려움을 겪으니 부족한 실적을 채우려고 매출밀어내기를 한다. 반품을 받아 다음 연도 이후 매출을 취소하더라도 일단 올해의 실적은 만들자는 취지다.

더 나쁜 일은 가공매출이다. 있지도 않은 매출상대에게 마치 매출이 발생한 것처럼 손익을 조작하는 것이다. 분식회계를 하는 기업 입장에서 이런 거래는 국내 거래처보다 해외 거래처, 특히 해외 계열사에 하는 게 편하다. 국내에서 거래하면 매입처와 매출처 간 세금계산서를 주고받아야 하고 부가세도 납부해야 하니 금전적으로도 부담이 가고 국세청 전산망에 수상한 거래가 포착되기도 쉽다. 해외 쪽과 거래한 것처럼 꾸미는 게 실무적으로도 오히려 수월한 면이 있어서 과거에는 해외 매출밀어내기를 한 경우가 훨씬 많았다.

특수관계자를 통한 매출밀어내기 후 몇 년간 채권이 회수되지 않아 대손충당금을 100% 가까이 쌓은 사례는 Point 2의 '3. 정상매출인가, 가공매출인가'에서 확인했다. 회수되지 않을 것으로 예상하는 매출채권을 지체 없이 대손충당금으로 쌓았으니 결산을 잘했다고 넘어가서는 안 된다. 특수관계자와 관련된 매출채권 전액을 대손충당금으로 쌓았기 때문에 매출밀어내기나 가공매출을 의심해야 한다.

재무제표에서 매출액 대비 매출채권 잔액이 너무 크거나 대손충당금 설정률이 너무 높으면 반드시 특수관계자 주석사항을 확인하는 습관을 들이기 바란다.

요점 정리

1 일감몰아주기의 가장 큰 목적은 최대주주 일가의 재산 증식에 있다. 이는 회사 존속이 위험해질 정도는 아니지만 정상이익 실현이 불가능하다는 문제가 있다. 그리고 일감몰아주기의 최대 피해자는 언제나 상장기업의 소액주주다.

2 최대주주, 대표이사, 상호를 자주 변경한다면 기업사냥꾼이 기업을 인수했을 가능성이 크다. 그들은 전환사채 발행 등으로 자본을 조달하고 수많은 특수관계자를 동원해 자금을 빼돌린다. 전자공시시스템에 올라오는 공시내역이나 사업보고서의 회사 연혁, 자본금 변동사항, 특수관계자 거래 주석사항 등을 보고 사전에 그 징후를 포착할 수 있다.

3 매출채권을 대손충당금으로 많이 설정하는 기업은 결산을 투명하게 하는 것이 아니다. 이는 오히려 과거 매출이 가공매출일 가능성이 크다는 것을 암시한다. 연간 매출액 대비 매출채권 잔액이 과도하고 대손충당금을 많이 쌓기 시작하면 특수관계자를 통해 매출밀어내기를 했을 확률이 높다.

4 투명하지 않은 기업은 신뢰하기 어렵다. 기대한 것보다 이익이 적게 발생하기도 하고 회사의 돈이 사라지기도 하며 주주와 채권자를 속이기 위해 매출을 부풀리기도 한다. 이런 위험을 사전에 예방하려면 반드시 특수관계자 거래 주석사항을 살펴봐야 한다.

외부 감사의견 거절이 늘어난 이유? 기업에 문제 있으니까

2019. 4. 21. 〈경향신문〉 '박동흠의 생활 속 회계이야기'

12월 말 결산 상장기업 중 지난해 재무제표와 관련해 외부 감사인에게 의견 거절을 받은 기업이 30곳에 이른다. 올해부터 외부감사법이 강화돼 회계감사가 엄격해지면서 의견 거절 건수가 예년에 비해 대폭 증가했다는 의견이 지배적이다. 틀린 얘기는 아니지만 이들 기업의 의견 거절 근거 문구를 읽어보면 의견 거절을 받는 것이 당연하다는 생각이 들 정도로 심각한 문제를 많이 지적받은 게 사실이다.

회계감사는 기업 사업연도 종료일의 재무상태, 연간 경영성, 현금흐름 등을 보고 적절성과 합리성을 확인하는 절차로 정의할 수 있다. 회사가 재무상태표에 자산 100억 원을 표시했다면 감사인은 자산 100억 원이 실제로 있는지, 가치 측정은 제대로 했는지 등을 외부 증빙으로 살펴본다. 회사가 1년 수익을 150억 원으로 결산했을 경우 수익 인식 요건을 충족했는지, 관련 증빙이 타당한지, 올해의 매출액이 맞는지 등을 확인한다.

이런 기본 절차를 진행한 뒤 회사의 재무제표를 회계기준에 따라 작성했으면 적정의견을 준다. 만약 적정 의견을 줄 수 없을 만큼 숫자를 왜곡했을 때는 중요성에 따라 한정이나 부적정 등으로 의견이 달라진다. 그런데 의견 거절을 냈다는 것은 아예 의견을 형성할 정도의 자료조차 제시받지 못했다는 의미다. 감사보고서에서 의견 거절 근거를 읽어보면 항상 '~와 관련하여 충분하고 적합한 감사 증거를 확보할 수 없었습니다'라는 문구가 등장한다. 기본 자료도 받지 못했으니 회사의 재무제표 숫자를 확정하거나 의견 표명을 하지 못하는 것은 당연하다. 여기서 '~와 관련하여'에 나오는 내용은 무엇일까? 가장 많이 등장하는 키워드를 뽑아

보면 자금지출, 법인 인감 내부 통제, 특수관계자 거래 등이다. 회사의 자금지출 관련 내부 통제, 자금흐름 내역, 특수관계자와의 거래 관련 자료 등을 요청했지만 받을 수 없었다는 내용이 주를 이룬다.

한 가지 특이한 것은 30곳에 달하는 감사의견 거절 기업 중 23곳이 최근 5년 내에 적게는 한 번 많게는 수회 최대주주가 바뀌었고, 27군데가 전환사채 발행 등으로 자본을 조달했다는 점이다. 그리고 회사에 들어온 돈은 특수관계자와의 자금거래로 계열사로 빠져나갔다. 의견 거절 키워드와 연관지어 짐작해보면 자본조달이 사업을 위해서가 아닌 다른 목적이었을 것으로 보이고 더 나아가 횡령까지 의심이 간다.

지난해 12월 6일 금융감독원은 무자본 인수·합병 추정 기업의 회계처리를 중점적으로 점검하겠다고 보도자료를 냈다. 기업사냥꾼이 무자본으로 상장사를 인수한 후 경영 정상화 명분으로 거액의 자금을 조달하고 불투명한 자금거래를 일삼아 재무 상황은 더 악화되고 불법 자금거래를 은폐하기 위해 회계분식을 해 선의의 투자자에게 피해를 주는 것을 막겠다는 취지다.

그동안 전환사채 발행 등의 자금조달 방법으로 상장 중소기업들은 자금난을 해결하고 사채권자는 적정 투자수익률을 거두며 자본시장 활성화에 크게 기여했지만 이렇게 악용하는 사례도 끊이지 않고 계속 발생했다.

기업의 이해관계자인 주주나 채권단은 전자공시와 사업보고서로 잦은 최대주주와 회사 이름 변경, 기업 규모 대비 큰 금액의 자본조달, 복잡한 특수관계자 간 자금거래를 반드시 확인해야 위험회피가 가능하다. 금융당국 역시 자본시장의 건전화를 위해 이들 기업을 사전에 적발해 엄중한 조치를 취해야 한다.

더
읽을
거리
2

주당 400만 원에 거래되던 옐로모바일의 이상한 특수관계자 거래

2018. 5. 8. 〈매경프리미엄〉 '직장인들이여, 회계하라'

12월이 결산기인 비상장법인의 감사보고서 발행이 4월 중에 마무리되었다. 외부 감사를 받는 주식회사의 재무제표는 전자공시시스템에 올라온 감사보고서로 확인이 가능하다.

상장법인에 비해 덜 주목받지만 쿠팡, 위메프, 우아한형제들, 직방, 쏘카, 야놀자 같은 유명 이커머스와 O2O기업은 세간의 관심을 많이 받아서 그런지 일부러 찾아보게 된다. 광고에도 많이 등장할 뿐더러 우리가 실생활에서 자주 사용하다 보니 아무래도 이 기업들의 실적이 궁금하기 때문이다.

유명한 여러 비상장기업 중 유독 내 관심을 끈 기업은 단연 옐로모바일이다. 3년 전 장외시장에서 1주당 400만 원에 거래되기도 하고 벤처연합군이라 불리던 기업이 올해 감사의견 거절을 받았으니 이는 당연하다. 적정 의견을 받지 못한 탓에 주식시장

에 상장하는 것은 어려워졌고 장외시장에서 거래도 끊겼다.

옐로모바일의 사업보고서를 살펴보면 특이한 점을 많이 볼 수 있다. 가장 먼저 눈에 띄는 것은 자산총계가 9,683억 원에 불과한데 계열사가 무려 149개에 이른다는 점이다. 계열사가 웬만한 대기업보다 압도적으로 많다. 옐로모바일은 여러 벤처회사·스타트업과 주식 스왑으로 몸집을 불린 것으로 잘 알려져 있다. 그처럼 수많은 회사를 인수하는 과정에서 몸값 논란이 일기도 했다.

옐로모바일 재무제표의 가장 큰 특징은 영업권 금액이 크다는 사실이다. 영업권이란 인수·합병 과정에서 피인수기업의 자산가치와 매수대가의 차이를 말한다. 이해를 돕기 위해 A사가 B사 대주주에게 100만 원을 지급하고 B사 주식을 인수한다고 가정해

337

보자. 이때 B사 재무제표에서 자산 − 부채인 순자산이 60만 원에 불과한데 A사는 100만 원이나 주고 인수한다. A사가 100만 원을 지급한 이유는 현재 B사의 순자산가치는 고작 60만 원이지만 이 회사가 보유한 우수한 인적자원, 기술력, 브랜드 등으로 미래에 많은 수익가치를 창출할 것이라는 기대 때문이다. 일종의 프리미엄을 얹어준 셈이다. 이 프리미엄을 가리켜 영업권이라고 한다. 소위 목 좋은 상가를 인수할 때 권리금을 주는 것과 같은 맥락이다.

60만 원짜리 주식을 인수하면서 100만 원을 지급한 A사는 그 차이인 40만 원을 영업권으로 인식하고 무형자산에 표시한다. 무형자산으로 표시한다는 것은 미래에 B사에서 40만 원 이상 뽑을 수 있다는 의미이다. 만약 이 기대가 무너지면 A사는 무형자산에 있는 영업권을 지우고 그 금액만큼 전액 손실로 처리해야 한다.

옐로모바일이 많은 벤처회사와 스타트업을 인수할 때 너무 비싸게 인수해 영업권을 무형자산에 많이 표시한 것 아니냐는 논란이 있었다.

표에서 보는 것처럼 회사의 총자산에서 영업권 취득가액이 차지하는 비중이 많은 해에는 47%였고, 2017년에도 32%에 달했다. 인수·합병으로 150개에 가까운 회사를 계열사로 둔 회사의 특징이 재무제표에 고스란히 반영되어 있는 것이다. 문제는 계열사를 비싸게 인수한 만큼 그들 회사가 돈을 잘 벌어야 한다는 데 있다. 그렇지 않으면 영업권을 자산으로 달아놓을 명분이 없다. 회계학에서 자산은 미래의 경제적 효익이 기업에 유입될 것으로 기대하는 경제 자원이라 정의하기 때문이다.

회사는 결국 미래의 경제적 효익이 유

◆ **옐로 모바일의 영업권 취득가액**

(단위: 억원)

	2015년	2016년	2017년
영업권 취득가액(ㄱ)	2,487	2,394	3,137
총 자산(ㄴ)	5,492	5,072	9,683
비중(ㄱ/ㄴ)	45%	47%	32%

◆ 옐로모바일 2017년 연결재무제표 주석사항 중 특수관계자 거래

(5) 당기 및 전기 중 현재 특수관계자로부터의 차입거래내용은 다음과 같습니다.

(당기)

(단위: 천원)

구 분	계정과목	기초	증가	감소	기말
주요경영진 등	단기차입금	3,380,011	47,661,730	(20,401,303)	30,640,438
㈜어니스트펀드	단기차입금	-	2,563,232	(2,200,000)	363,232
㈜피플펀드컴퍼니	단기차입금	-	5,206	-	5,206
합 계		3,380,011	50,230,168	(22,601,303)	31,008,876

(전기)

(단위: 천원)

구 분	계정과목	기초	증가	감소	기말
주요경영진 등	단기차입금	21,975,163	29,872,250	-48,467,402	3,380,011

입될 것으로 기대하지 않는 영업권을 손실(손상차손)로 처리했다. 그 손실 규모가 2015년 143억 원, 2016년 632억 원, 2017년 617억 원에 달한다. 매년 거액의 영업권 손상차손을 인식하니 처음부터 벤처회사와 스타트업을 인수할 때 값을 비싸게 매긴 것이 아니냐는 얘기가 나올 수 있다.

그다음으로 특이한 점은 특수관계자와 거래한 내역이다. 매년 반복적으로 등장하는 특수관계자 거래 중 하나는 주요 경영진과 회사 간에 자금이 오간 일이다. 특수관계자 거래 주석사항을 보면 회사가 주요 경영진에게 차입해온 금액 규모가 크게 나온다. 전기(2016년)에는 298억 원을 빌려오고 484억 원을 상환한 것으로 나오고, 당기(2017년)에는 476억 원을 빌렸다가 204억 원을 상환했다.

사업을 하는 입장에서 외부 투자를 받지 못하거나 은행에서 돈을 빌려오기 어려우면 경영진이 회사에 자금을 댈 수밖에 없다. 그런데 금리가 너무 높아 보여 이 역시 논란거리가 될 수 있다. 차입금 주석사항을 보면 옐로모바일은 주요 경영진 등에게 2.34~26.84% 금리로 돈을 빌렸고, 계열사 올리펀딩에서도 시중금리보다 높은 8.00~13.00%로 돈을 빌렸다고 공시했다.

또한 회사는 특수관계자 거래 주석사항에서 주요 경영진 등에게 174억 원을 빌려주고, 29억 원을 상환받았다고 공시했다. 즉, 회사는 경영진에게 수백억 원대 돈을 빌려

(2) 당기 및 전기 중 특수관계자 거래 내용(자금거래는 아래 별도 주석 참고)은 다음
과 같습니다.

(당기)

구 분	특수관계자	영업수익 등	(단위: 천원) 영업비용 등
주요경영진 등	기타특수관계자	11,996,726	1,631,420
딸랑㈜	기타특수관계자	1,304,129	–

오고 빌려주는 거래를 매년 반복적으로 한 것이다.

마지막으로 특이한 것은 회사가 2017년 영업이익 189억 원을 냈다고 공시한 점이다. 2016년까지 3년 내리 영업적자였는데 드디어 이익을 실현했다는 얘기다. 여기서 또 한 가지 이상한 점이 눈에 보인다. 역시 특수관계자 거래 주석사항이다.

이미 언급한 자금거래 외에 옐로모바일은 주요 경영진 등에게서 119억 원어치 수익을 창출했고, 관련 영업비용은 불과 16억 원 정도만 지출했다. 과거에도 주요 경영진 등을 상대로 영업 관련 거래가 있었지만 이렇게 큰 금액으로 거래한 적은 없었다. 혹시 이런 거래로 회사가 큰 금액의 영업이익을 달성한 것은 아닌지 의심이 가기도 한다.

무엇보다 회사는 외부 감사인에게 재무제표 회계감사와 관련해 의견 거절을 받았다. 의견 거절 근거 문구를 보면 계열사 인수, 특수관계자 거래와 관련하여 충분하고 적합한 감사 증거를 확보할 수 없었고 중요 계열사 자료도 받지 못해 감사 절차를 진행하지 못했다고 나와 있다. 이는 주석사항에 공시한 특수관계자 거래 내역이 전부가 아닐 수 있다는 의미이자 재무제표상 숫자가 실제와 다를 수 있다고 읽힌다.

예전부터 이 회사는 영업권, 경영진과의 자금거래 등으로 여러 차례 논란이 있었는데 2017년 의견 거절을 받으면서 신뢰성을 많이 잃어버린 모습이다. 한때 장외시장에서 대장주였던 터라 소액주주 574명이 옐로모바일 전체 발행 주식 중 25.78%를 보유한 상황이다. 상장 기대감이 높았고 이해관계자도 많이 얽혀 있어서 회사는 어떻게든 논란

이 일어날 만한 부분을 납득할 수 있을 만큼 설명해야 할 것이다. 그래야 논란을 잠재우고 외부 투자도 원활하게 받을 수 있다. 모든 것을 투명하게 보여주고 회사를 정상화해 애를 태우고 있는 투자자들을 보호해줘야 한다.

기업분석
실전 사례

대한약품

대한약품은 2011년부터 2018년까지 7년간 매출액, 영업이익, 순이익이 꾸준히 증가한 기업이다. 또 매년 영업이익률을 높여 상장기업 평균 이상의 영업이익률과 ROE를 실현할 만큼 실적을 검증받은 기업이다.

　시작점을 2011년으로 잡은 이유는 한국 상장기업이 적용하는 한국채 택국제회계기준을 2011년에 도입했기 때문이다. 지금의 회계기준으로 작성한 재무제표끼리 비교해야 의미가 있지 않겠는가. 책의 본문에서 제시한 5가지 point에 따라 회사의 사업보고서를 차근차근 분석해보자.

Point 1. 돈이 많은 기업인가(비영업자산, 금융부채)

대한약품의 재무상태표는 다음과 같다.

◆ 대한약품 2018년 재무상태표

(단위: 원)

자산		부채	
Ⅰ.유동자산	104,967,109,715	Ⅰ.유동부채	55,495,624,541
(1)현금및현금성자산	40,505,810,076	(1)매입채무 및 기타유동채무	30,517,562,988
(2)매출채권 및 기타유동채권	40,206,243,480	(2)유동성장기차입금	2,400,000,000
(3)재고자산	20,837,075,823	(3)단기차입금	12,000,000,000
(4)단기금융자산	2,120,000,000	(4)당기법인세부채	4,648,983,757
(5)기타유동자산	1,297,980,336	(5)기타유동부채	5,929,077,796
Ⅱ.비유동자산	129,787,534,398	Ⅱ.비유동부채	38,897,336,338
(1)장기금융상품	7,798,821,938	(1)장기차입금	24,000,000,000
(2)유형자산	120,237,758,811	(2)기타비유동금융부채	2,683,649,380
(3)영업권 이외의 무형자산	404,283,366	(3)퇴직급여부채	12,213,686,958
(4)기타비유동금융자산	13,800,000	부채총계	94,392,960,879
(5)이연법인세자산	1,090,526,102		
(6)기타수취채권	242,344,181	자본	
자산총계	234,754,644,113	Ⅰ.자본금	3,000,000,000
		Ⅱ.자본잉여금	175,922,721
		Ⅲ.이익잉여금	137,185,760,513
		자본총계	140,361,683,234

대한약품은 자산총계가 2,347억 원으로 부채 943억 원, 자본 1,403억 원인 중소기업이다. 수십조, 수백조 원대 대기업을 보다가 이런 기업을 보면 숫자가 작게 느껴진다. 반면 이제부터 기업 재무제표를 자세히 보기 시작한 독자는 이 숫자도 크게 느껴질 수 있다.

우리는 숫자가 크든 작든 관계없이 재무상태표를 다음과 같이 나누기로 했다.

◆ 재무상태표 구분

　　또한 영업자산과 영업부채를 구분하는 게 어려울 수 있으므로 비영업자산과 차입부채부터 찾자고 했다. 대한약품 2018년 재무상태표(345쪽)를 보면 비영업자산과 차입부채를 눈에 띄게 표시해놓았다. 복습하자면 비영업자산은 현금및현금성자산, 금융상품시리즈, 금융자산시리즈, 투자부동산이고 차입부채는 차입금시리즈와 사채시리즈다. 나머지는 모두 영업자산, 영업부채로 간주한다.

　　영업자산과 영업부채는 회사 매출액은 물론 영업이익을 만들어내는 데도 기여한다. '자산 – 부채'를 자본 또는 순자산이라 하므로 영업자산에서 영업부채를 차감한 부분은 순영업자산, 비영업자산에서 차입부채를 차감한 부분은 순비영업자산으로 정의할 수 있다.

　　이렇게 자산과 부채를 재구성하면 다음과 같다.

◆ **자산과 부채 재구성**

자본 (자산 − 부채)	순영업자산(영업자산 − 영업부채)	128,323,251,220
	순비영업자산(비영업자산 − 차입부채)	12,038,432,014
	기본(순자산) 합계	140,361,683,234

　이 회사가 보유한 순비영업자산은 120억 원 정도다. 현금및현금성자산을 405억 원 넘게 보유했지만 차입금도 384억 원이나 되기 때문에 상계하면 숫자가 크지 않다. 그래도 여유자금을 보유한 상황에서 매년 안정적인 이익을 내고 있으므로 채권자나 외상을 주는 거래처 입장에서는 전혀 문제가 없어 보이는 회사다.

　대한약품의 시가총액은 약 1,900억 원인데 보유한 순비영업자산만 120억 원 정도다. 즉, 주식시장에서 이 기업의 주식을 1,900억 원에 전량 거둬들이면 120억 원은 바로 회수가 가능하다. 나머지 1,780억 원은 회사 사업으로 벌어들여야 하는데 회사가 약 285억 원의 순이익을 내고 있으니 6.2년(1,780억 원/285억 원)이면 회수가 가능하다는 계산이 나온다. 물론 이것은 시간가치와 현금흐름을 무시한 간편법이다. 주식시장에서 PER을 구할 때 계산하는 것과 비슷한 논리다. 차이점은 주가에서 회사가 보유한 순비영업자산을 차감한 것이다.

　주주 입장에서 PER을 구하는 취지는 회사 주가가 회사 이익 대비 몇 배인지 측정하는 데 있다. 또는 회사의 이익 수준 대비 몇 년이면 투자원금 회수가 가능한지 계산하기 위한 것이기도 하다. PER을 역수로 나타내면 '1주당순이익/1주당 주가'다. 총액으로 나타낼 경우에는 '순이익/시가총액'이다. 1,900억 원을 주고 산 회사가 285억 원의 순이익을 낸다는 것은 주주의 기대수익률이 약 15%(285억 원/1,900억 원)라는 의미다.

나아가 시가총액 1,900억 원이라는 것은 120억 원의 순비영업자산을 보유하고 285억 원의 순이익을 내는 기업이 시장에서 이렇게 평가받고 있음을 뜻한다. 1,900억 원을 주고 기업을 통째로 인수한 주주는 순비영업자산 120억 원을 손에 넣고 나머지 1,780억 원은 회사 사업으로 벌어서 원금 회수가 가능하기 때문이다.

같은 맥락에서 피터 린치는 《전설로 떠나는 월가의 영웅》에서 다음 일화를 들려준다.

포드 주식은 38달러로 올라갔다. 포드는 쌓아놓은 현금이 주당 16.3달러나 되었다. 내가 보유한 포드 주식 모두에 주당 16.3달러의 보너스가 마치 환불금처럼 숨어 있었다. 나는 이 회사를 시가 38달러가 아니라 주당 21.7달러에 사는 셈이었다. 주가 38달러로 계산하면 PER이 5.4였지만 주가 21.7달러로 계산하면 3.1이었다.

여기서 '현금이 주당 16.3달러'라고 했는데 이는 금융상품, 금융자산을 모두 더하고 차입금을 뺀 순비영업자산을 총주식수로 나눠 계산한 것으로 보인다. 피터 린치는 이 순비영업자산을 가리켜 환불금이라고 표현했다. 그가 포드 주식을 1주당 38달러에 인수했는데 이 회사 금고에는 이미 1주당 16.3달러가 있으니 21.7달러로 사는 셈이라는 얘기다. 그 21.7달러는 3.1년 동안 벌면 원금 회수가 가능하고 4년 차부터 버는 돈은 모두 피터 린치의 것이라는 계산이다. 이 일화는 주주 입장에서 왜 비영업자산과 금융부채를 찾아 숫자를 계산하는지 이해하기 좋은 사례다.

Point 2. 정상적으로 이익을 내고 있는가 (영업자산, 영업부채)

대한약품의 자산과 부채는 대부분 영업자산, 영업부채로 이뤄져 있다. 순영업자산만 1,283억 원에 이른다. 순영업자산은 앞의 재무상태표에 나타난 것처럼 유형자산이 1,202억 원으로 가장 많고 매출채권, 재고자산, 매입채무 등으로 구성되어 있다. 제조업이므로 유형자산, 재고자산 숫자가 클 수밖에 없다.

회사가 1,283억 원의 영업자산으로 매출액과 이익을 어느 정도 창출했는지 손익계산서를 확인해보자(350쪽).

손익계산서를 보면 매년 매출액과 영업이익이 증가 추세고 2018년 362억 원의 영업이익을 만들었다. 매출액 대비 영업이익(영업이익률)은 23%인데 세금 반영 전 ROIC를 계산하면 약 28%(362억 원 / 1,283억 원)다. 주주나 채권자 입장에서 이 회사는 사업을 굉장히 잘한다고 평할 수 있다.

매년 영업이익을 안정적으로 실현하기 때문에 영업자산, 영업부채와 관련해 딱히 더 검토할 사항은 없다. 만약 현금흐름표에 문제가 있다면 더 검토해야 하지만 그런 것이 없으면 더 짚어볼 내용은 없다.

◆ 2018년 손익계산서

포괄손익계산서

제 55 기 2018.01.01 부터 2018.12.31 까지
제 54 기 2017.01.01 부터 2017.12.31 까지
제 53 기 2016.01.01 부터 2016.12.31 까지

(단위 : 원)

	제 55 기	제 54 기	제 53 기
Ⅰ.수익(매출액)	158,720,344,007	144,439,321,461	139,436,904,028
Ⅱ.매출원가	98,468,959,281	89,650,273,454	95,820,424,714
Ⅲ.매출총이익	60,251,384,726	54,789,048,007	43,616,479,314
Ⅳ.대손상각비(대손충당금환입)	(384,776,557)	305,094,366	180,003,420
Ⅴ.판매비와관리비	24,417,961,774	22,230,136,388	21,715,376,688
Ⅵ.영업이익(손실)	36,218,199,509	32,253,817,253	21,721,099,206
Ⅶ.기타이익	2,371,178,218	1,033,973,048	634,109,304
Ⅷ.기타손실	490,608,867	941,368,642	745,333,938
Ⅸ.금융수익	122,042,133	58,069,781	112,163,682
Ⅹ.금융원가	1,028,841,348	351,325,145	436,505,561
Ⅺ.법인세비용차감전순이익(손실)	37,191,969,645	32,053,166,295	21,285,532,693
Ⅻ.법인세비용	8,673,865,846	7,220,804,283	3,628,238,261
ⅩⅢ.당기순이익(손실)	28,518,103,799	24,832,362,012	17,657,294,432

대표적인 영업자산인 유형자산과 무형자산으로 재고자산을 생산·판매해 매출채권을 회수하는 사이클이 정상적으로 돌아가고 있으므로 건너뛰어도 무방하다. 앞으로도 계속 이익을 유지하거나 2018년 이상으로 이익을 만들어낼 것인지는 'Point 3. 이익을 극대화할 수 있는가(손익계산서 분석)'에서 집중적으로 검토하고 끝내면 된다.

Point 3. 이익을 극대화할 수 있는가(손익계산서 분석)

영업이익 윗단 – 매출액

손익계산서에서 보듯 회사 매출액과 영업이익은 매년 증가 추세다. 제약회사이므로 매출액은 약 '판매가격×판매량'으로 정의할 수 있다. 매출 증가 요인이 가격 인상 혹은 판매량 증가에 있는지 아니면 둘 다 영향을 미친 것인지 살펴보자.

◆ 사업보고서 중 주요 제품 정보

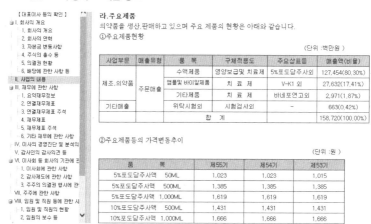

라.주요제품

의약품을 생산,판매하고 있으며 주요 제품의 현황은 아래와 같습니다.

①주요제품현황

(단위 :백만원)

사업부문	매출유형	품 목	구체적용도	주요상표등	매출액(비율)
제조,의약품	주문매출	수액제품	영양보급및 치료제	5%포도당주사외	127,454(80.30%)
		앰플및 바이알제품	치 료 제	V-K1 외	27,632(17.41%)
		기타제품	치 료 제	바네포연고외	2,971(1.87%)
기타매출		위탁시험외	시험검사외	-	663(0.42%)
합 계					158,720(100.00%)

②주요제품등의 가격변동추이

(단위 :원)

품 목		제55기	제54기	제53기
5%포도당주사액	50ML	1,023	1,023	1,015
5%포도당주사액	500ML	1,385	1,385	1,385
5%포도당주사액	1,000ML	1,619	1,619	1,619
10%포도당주사액	500ML	1,431	1,431	1,431
10%포도당주사액	1,000ML	1,666	1,666	1,666

대한약품은 위 표의 ① 주요 제품 현황에서 보는 것처럼 주로 수액제품을 만들어 판매하는 회사다. 수액은 대한약품과 JW생명과학, CJ헬스케어 등 몇 개 업체만 만들고 있는데 대한약품의 매출 규모가 가장 큰 편이다. 수

액 자동화 생산라인 설치비용이 큰 편이라 진입장벽이 높아서 지금 같은 과점 체제가 만들어졌다고 한다.

시장에 이런 특성이 있으면 보통 판매가격 결정권을 기업이 쥐기 쉽다. 경쟁이 심한 시장에서는 판매가격을 올리기보다 내려서라도 판매량을 늘리는 모습을 자주 볼 수 있으나 소수기업만 존재하는 독과점 구조에서는 가격 결정권이 기업에 있어서 가격을 올리는 데 자유로운 편이다.

사업보고서에서 이 회사의 주요 제품 정보를 찾아보면 포도당주사액은 제54기(전기) 대비 가격 변동이 없다. 가격을 올리지 않았는데 매출액이 증가했으니 판매량이 늘어났을 것으로 보인다. 사업보고서에는 주요 제품 가격 정보는 나오지만 판매량 정보는 공개하지 않는다. '매출액=판매가격×판매량'이므로 판매가격 추이로 판매량을 추정해보는 것이 현실적인 방법이다.

고령화사회에 접어들면서 수액 판매량이 증가하다 보니 이 회사의 매출액은 매년 늘어났고 이는 경쟁사인 JW생명과학이나 CJ헬스케어 모두 마찬가지다. 그래도 이 회사는 판매가격을 올리지 않았다. 사업보고서의 'II. 사업의 내용'을 보면 정부는 보험재정 건실화를 위해 약가재평가제도를 실시하고 지속적인 약가 사후관리를 한다고 한다. 다시 말해 독과점 체제여도 정부 규제 때문에 약 판매가격을 올리는 데 자유롭지 못하다. 대신 희소식도 있다. 수액에 퇴장방지의약품 상한가 91% 미만 판매금지제도를 적용받는다는 것이다. 사업보고서에는 관련 규정 설명이 없지만 포털사이트와 증권사 리포트를 찾아 정리해보면 이 제도는 의약품의 안정적인 공급을 위해 퇴장방지약 가격을 상한 금액의 91%로 명시하는 것을 말한다. 수액처럼 꼭 필요한 약은 과거에 70% 이하로 싸게 납품했는데 이 경우 수지타산이 맞지 않아 제약회사가 사업을 접을 수도 있다. 그러면 초고령사회로 접어드는 요즘 사회적으로 큰 문제가 발생하므로 이를 막고자 정상가격에 거래가 이뤄지도록 정부가 제도를 마련한 것이다. 이는 약사법 개정으로 2017년 1월부터 시행했고 유통채널별로 기존 계약 만료 후 새로운 약 가격을 적용받을 예정이라 판매가격은 과거 대비 더 오를 것으로 보인다.

정리하면 초고령사회에 접어들면서 판매량은 계속 증가할 전망이다. 판매가격도 정부 정책에 따라 기존보다 인상될 가능성이 크다. 국내 시장에서만 판매하므로 시장 규모가 크지 않고 3개 회사가 양분하는 탓에 큰 성장은 기대하기 어려워도 매출이 안정적으로 꾸준히 증가할 것으로 예상할 수 있다.

영업이익 윗단 – 매출원가, 판매비와관리비

연간 투입하는 매출원가와 판매비와관리비 합계를 모아놓은 주석사항 '비용의 성격별 분류'를 찾아 정리해보면 다음과 같다.

◆ **비용의 성격별 분류 주석사항 요약 정리**

(단위: 원)

구분	당기		전기	
원재료와 소모품 사용액	52,390,993,605	33%	49,745,219,519	34%
감가상각비	8,788,200,721	6%	7,583,853,190	5%
급여	32,647,983,070	21%	30,370,802,720	21%
경상개발비	474,063,133	0%	402,375,195	0%
매출액	158,720,344,007		144,439,321,461	

이 표는 주석사항에서 양적, 질적으로 중요한 숫자만 뽑아 매출액과 비교하는 식으로 정리한 것이다. 이것을 분석해보면 수액 1만 원짜리를 판매할 경우 원재료 사용액이 3,300원이고, 인건비가 2,100원 정도라는 의미다. 원재료가 가장 중요한 비용이라고 할 수 있다. 감가상각비와 급여 같은 고정비는 전기, 당기 모두 매출액 대비 약 27% 발생한다. 고정비 비중도 큰 편인데 과점구조와 고령화사회로 인해 판매량이 계속 증가하는 점을 감안하면 고정비 부담이 있을 것 같지는 않다.

원재료가격이 떨어지거나 판매가격이 올라가면 판매량 증가와 맞물려 이익이 크게 늘어날 가능성이 있다고 판단할 수 있다. 판매가격 인상 가능성은 이미 앞에서 살펴봤으니 이번에는 원재료가격을 보자.

사업보고서 중 원재료에 관한 사항(355쪽)을 살펴보면 ① 주요 원재료를 보면 특정 품목 매입 비중이 큰 편은 아니다. 만약 수액병 매입 비중이 절대적이고 그 가격이 오르는 추세라면 수액 한 병 판매에 따른 회사 마진이 줄겠지만 매입 비중은 10%에 불과하다. 수액병과 수액BAG만 매입 비중이 10%가 넘고 나머지는 10% 밑이다. 그리고 자잘한 원재료가 많다 보니 기타로 묶어놓았다. 한마디로 특정 원재료가 중요한 회사라고 보기 어렵다.

② 주요 원재료 등의 가격 변동 추이를 보면 원재료가격이 매년 같은 품목도 있고 2018년(제55기)에 소폭 올라간 부분도 있다. 원유나 농산품처럼 국제 원자재가격에 따라 민감하게 움직이는 품목이 아니라서 가격 추이 자체가 큰 변동이 없다. 무엇보다 특정 원재료 매입 비중이 크지 않아 원재료가격 변동에 따른 손익 변동은 크지 않을 것으로 예상해볼 수 있다.

◆ 사업보고서 중 주요 원재료에 관한 사항

마.주요원재료에 관한 사항

주요원재료는 국내사입및 수입에 의존하고 있으며 원재료 매입현황은 아래와 같습니다.

① 주요원재료

(단위 :백만원)

사업부문	매입유형	품 목	구체적용도	매입액(비율)	비 고
제조.의약품	주문납품	수 액 병	포장용기	5,418(10.24%)	-
		수액BAG	포장용기	5,653(10.69%)	-
		앰플및바이알	포장용기	4,286(8.10%)	-
		B O X	포 장	2,516(4.76%)	-
		포 도 당	원 료	1,064(2.01%)	-
		기 타	-	33,951(64.20%)	-
합 계			-	52,888(100.00%)	

② 주요원재료등의 가격변동추이

(단위 :원)

품 목	제55기	제54기	제53기
수액BOX 1,000ML	335	335	335
수액BAG BOX 1,000ML	509	525	525
수액병 500ML	219	199	199
수액병 1,000ML	363	330	330
수액고무마개	61.50	61.50	61.50
수 액 캡	31	31	31
앰 플 2ML	33	33	33
포 도 당	1,360	1,300	1,300
수액BAG 500ML	257	257	257
수액BAG 1,000ML	282	282	282

한편 제약기업치고 연구개발비 지출액이 너무 적은 편이다. 같은 규모의 다른 제약사를 보면 보통 연 100억 원 내외의 연구개발비를 지출하는데 이 회사는 좀 적다. 수액에만 집중하다 보니 그런 측면도 있고 시설 투자가 많아 새로운 약을 개발할 여유가 없는 것 같기도 하다.

◆ 사업보고서 중 주요 생산 및 설비에 관한 사항

바.생산및 설비에 관한 사항

①생산능력 및 생산능력 산출근거

(단위 : 백만원)

사업 부문	품 목	사업소	제55기	제54기	제53기
제조 의약품	수액제품	반월공장	85,000	85,000	77,000
	소 계		85,000	85,000	77,000
	앰플및 바이알제품	반월공장	18,000	18,000	15,000
	소 계		18,000	18,000	15,000
	기타제품	반월공장	10,000	10,000	10,000
	소 계		10,000	10,000	10,000
합 계			113,000	113,000	102,000

　　위 표를 보면 이 회사의 생산능력은 제54기에 증가했다. 사업보고서 목차 중 'I. 회사의 개요' 아래에 있는 '2. 회사의 연혁'을 찾아보면 2016년 수액BAG 제품 자동화 생산라인을 구축했고 2017년 1월부터 수액BAG 제품을 생산하기 시작했다고 한다. 2017년 10월 반월공단에 있는 토지 2,500평 그리고 2018년 4월 토지와 건물을 각각 5,000평, 9,500평 매입 했다고 하니 추가 증설할 것으로 보인다. 수액 제품 특성상 자동화 생산라인 을 구축하고 고령화사회 진입에 따라 판매량 증가 예상으로 계속 증설하느 라 연구개발비를 많이 투입할 여유는 없는 듯하다. 수액을 선택해 집중하는 것은 좋은 전략일 수 있으나 추가 성장을 기대하기는 쉽지 않다.

　　한편 '생산 및 설비에 관한 사항' 표에서 조금 아래로 내려가면 다음과 같이 가동률 정보가 나온다.

◆ 사업보고서 중 가동률 정보

4. 주식의 총수 등
5. 의결권 현황
6. 배당에 관한 사항 등
Ⅱ. 사업의 내용
□ Ⅲ. 재무에 관한 사항
  1. 요약재무정보
  2. 연결재무제표
  2. 연결재무제표 주석

(2) 당해 사업연도의 가동률

(단위 : 시간)

사업소(사업부문)	가동가능시간	실제가동시간	평균가동률
대한약품(주)반월공장	3,009	2,922	97.11%
합　　계	3,009	2,922	97.11%

앞서 비용의 성격별 분류 주석사항 요약 정리(353쪽)에서 본 것처럼 이 회사는 고정비 성격인 급여와 감가상각비가 매출액 대비 27% 정도 발생한다. 이는 원재료 다음으로 많은 비중을 차지한다. 연간 400억 원 이상의 고정비가 생산량이나 판매량과 관계없이 발생하는 셈이다. 만약 회사의 수액 판매량이 4억 개면 제품 한 개당 고정비가 100원이라는 얘기다. 수액 판매량이 2억 개에 불과하면 제품 한 개당 고정비는 200원이다. 판매량이 감소할 경우 공장 가동률이 반으로 줄어들면서 회사에 고정비 부담이 올 수 있다. 공장을 덜 돌렸다고 제품가격을 올려 이익을 보존할 만한 입장이 아니므로 이익 감소는 불가피하다. 그래서 고정비 규모가 제법 있는 기업은 가동률 정보를 확인해야 한다. 이 회사는 공장을 차려 97% 이상 가동하고 있으니 투입한 고정비를 거의 다 쓰는 셈이다. 즉, 이익 극대화를 위한 원가구조를 갖추고 있다.

영업이익 아랫단

2018년 손익계산서(350쪽)에서 보는 것처럼 영업이익 아랫단에 중요한 숫자는 없다. 기타이익, 기타손실, 금융수익, 금융원가 숫자가 예년에 비해 큰 편도 아니고 이것은 영업이익 대비 중요성도 떨어진다. 관련 주석사항을 찾아봐도 특별한 내용이 없기 때문에 분석을 생략해도 전혀 문제가 없다.

Point 4. 돈을 충분히 벌고 있는가 (현금흐름표 분석)

이제 현금흐름표에서 중요한 숫자만 뽑아 분석해보자.

◆ 2018년 현금흐름표

	제55기	제54기	제53기
Ⅰ.영업활동현금흐름	44,943,541,449	20,454,551,059	27,924,477,170
(1)당기순이익	28,518,103,799	24,832,362,012	17,657,294,432
Ⅱ. 투자활동현금흐름	-35,620,953,706	-20,766,649,274	-23,717,644,301
(4)유형자산 취득	-46,691,293,405	-21,046,796,303	-21,897,701,060
Ⅲ. 재무활동현금흐름	17,987,646,050	4,690,000,000	-4,597,064,086
(3)장기차입금 증가	25,000,000,000	9,000,000,000	2,000,000,000

현금흐름표를 분석할 때 봐야 하는 주요 관전 포인트를 복기하며 분석해보자.

영업활동현금흐름 관전 포인트: 영업활동현금흐름 〉당기순이익

이 회사는 제54기 외에는 공식대로 잘 흘러왔다. 제54기도 숫자 차이가 크지 않아 넘어갈 수 있는데 굳이 분석하자면 제54기 때 매입채무 결제액이 크게 나와 있다. 사실 이것은 지엽적인 부분으로 실무에서 회사의 채권·채무 결제가 밀리거나 빨라져 현금흐름상 변동성이 생길 수 있다. 재무 정보이용자는 3년 치를 합산했을 때 영업활동에서 933억 원을 벌고 회계상 710억 원의 순이익을 내 차이가 나는 223억 원과 3년간 감가상각비 합산금액 간 큰 차이가 없으므로 정상적인 기업으로 판단하고 넘기면 된다.

투자활동현금흐름 관전 포인트: 영업활동현금흐름 〉| 유·무형자산 취득액 |

이 회사는 제54기부터 영업활동에서 벌어들인 돈보다 유형자산 취득에 들어가는 돈이 더 많다. 즉, 관전 포인트에 어긋나고 있다. 3년 치 합계액을 내면 933억 원을 벌어 896억 원을 재투자한 셈이다. 매년 주주에게 배당금도 지급하다 보니 돈이 부족해져 제54기와 제55기에 장기차입금이 늘기 시작했다. '생산 및 설비에 관한 사항'에서 본 것처럼 2016년 증설하고 2017년과 2018년 반월공단에 있는 토지와 건물을 매입했으니 유형자산 취득액이 클 수밖에 없다.

'Point 1. 돈이 많은 기업인가(비영업자산, 금융부채)'에서 보았듯 이 회사의 순비영업자산은 120억 원이다. 최근 차입금이 증가했지만 그래도 잉여현금이 많은 기업이다. 매년 매출액과 영업이익이 증가하고 있고 'Point 3. 이익을 극대화할 수 있는가(손익계산서 분석)'에서 살펴본 것처럼 제품의 판매가격과 판매량 모두 늘어날 것이라고 기대할 수 있다. 비록 관전 포인트에 어긋나지만 재무구조가 우수하고 이익을 잘 내고 있으며 앞으로도 잘 낼 것으로 기대하므로 괜찮다고 볼 수 있다. 만약 실적이 계속 줄어들 것으로 예상하는 상황에서 유형자산 투자에 큰돈이 들어가고 차입금이 늘어나 순비영업자산이 없거나 순차입금이 더 많다면 문제가 되겠지만 그렇지 않아 괜찮다는 것이다.

재무 정보이용자는 2019년부터 이 회사의 현금흐름이 어떻게 흘러갈지 지켜봐야 한다. 이미 토지, 건물을 샀으므로 더 이상 큰돈은 들어가지 않을 것으로 예상할 수 있다. 공장 안에 기계장치와 시설을 들여놓아야 하니 유형자산 취득은 계속 발생하겠지만 영업활동에서 번 돈으로 해결하고 다시 잉여현금을 창출할 것으로 보인다.

재무활동현금흐름 관전 포인트: 현금 유출(−) 혹은 유입(+) 여부

이 회사는 제54기와 제55기에 토지와 건물을 집중 매입해 장기차입금이 많이 증가했고 결국 재무활동현금흐름은 (+) 방향으로 나온다. 영업활동에서 번 돈으로 차입금을 상환하는 (−) 방향이 좋지만 최근 2년간은 투자가 집중적으로 이뤄진 시기니 일시적 (+)로 이해해야 한다. 재무 정보이용자는 2019년부터 현금흐름이 다시 (−)로 바뀌는지 살펴봐야 하는데 추가로 대규모 증설이 없는 한 그럴 가능성이 높을 것으로 예상할 수 있다.

Point 5. 믿을 만한 기업인가 (특수관계자 거래)

◆ **2018년 재무제표 주석 중 특수관계자 거래**

(1) 특수관계자와의 거래 및 채권,채무는 없습니다.

(2) 특수관계자와의 담보 및 지급보증은 없습니다.

특수관계자 거래 주석사항을 살펴보면 특수관계자 간 거래가 아예 없다. 일감몰아주기나 매출밀어내기 등을 의심해볼 만한 기업이 전혀 아니다. 다른 제약·바이오기업을 보면 최대주주가 별도로 판매 기업을 만들어 그쪽에서 매출을 일으키기도 하고, 2세에게 약병이나 약 포장지 회사를 차리게 해 거기에서 원재료를 사오기도 한다. 위 자료처럼 특수관계자와의 거래, 즉 매출·매입이 없고 대여금 거래도 일체 없으므로 투명하다고 판단할 수 있다.

종합 분석

우리는 사업보고서 분석으로 얻은 정보를 바탕으로 대한약품의 장점을 다음과 같이 정리할 수 있다.

1. 수액은 과점 체제이고 대한약품은 매출액 기준 시장점유율 1위다.
2. 퇴장방지의약품 상한가 91% 미만 판매금지제도에 따라 판매금액은 예년 대비 오를 전망이다.

3. 초고령사회 진입에 따라 판매량은 계속 증가할 것이다.
4. 회사는 2016년 한 차례 증설했고 2018년 토지와 건물을 추가로 매입했으니 계속 증설해서 실적 증가 추세를 이어갈 것으로 기대할 수 있다.
5. 비영업자산을 120억 원 정도 보유했고 매년 매출액과 영업이익이 증가하므로 앞으로도 잉여현금이 계속 쌓일 것으로 기대한다.

이렇게 사업보고서의 주요 정보와 재무제표로 계량적 내용 외에 비계량적 내용까지 많이 확인했다. 이번에는 약점을 정리해보자.

1. 시설투자가 크다 보니 연구개발비 투입액이 적은 편이다.
2. 국내 수액 판매에 집중되어 있어 큰 폭의 성장을 기대하기는 어렵다.

대한약품 주주는 안정성과 투명성은 확신해도 급격한 성장을 확신하기는 어려울 것이다. 글로벌 신약을 개발하겠다는 중소 바이오기업은 기대감으로 주가가 10배 이상 올라가기도 하지만 이 회사는 그런 것을 기대할 수 없다. 국내의 한정된 시장에서 단일 제품군으로 이익을 창출하는 기업이므로 안전마진Margin of Safety을 충분히 확보할 수 있는 주가 하락기에 매수해 적정 가치에 도달할 때 매도하는 전략을 취하는 게 바람직해 보인다.

컴투스

컴투스는 모바일게임 전문기업으로 대한약품과 달리 서비스기업이라 분석 방법이 다를 수밖에 없다. 그래도 큰 틀은 같고 세부적인 분석만 좀 다를 뿐이다. 예를 들어 제조업이 아니기 때문에 대한약품처럼 주요 제품 판매가격, 원재료, 가동률 같은 분석이 필요 없다. 컴투스는 대표 모바일게임 서머너즈워가 크게 히트하면서 2014년부터 큰 폭의 매출 증가와 이익 증가를 달성했다. 그러나 후속작 부재로 최근 실적이 감소 추세로 접어든 상황이다.

그럼 본문에서 제시한 5가지 방법론에 따라 회사의 사업보고서를 차근차근 분석해보자.

Point 1. 돈이 많은 기업인가 (비영업자산, 차입부채)

컴투스의 연결재무상태표는 다음과 같다.

◆ **2018년 연결재무상태표**

자산		부채	
유동자산	774,006,572,406	유동부채	63,224,519,508
현금및현금성자산	32,804,499,308	기타유동채무	34,191,371,471
채무상품	236,000,000,000	당기법인세부채	20,399,955,409
금융기관예치금	428,246,434,325	유동충당부채	197,010,000
매출채권 및 기타유동채권	69,421,849,299	기타유동부채	8,436,182,628
기타유동자산	7,533,789,474	비유동부채	1,579,641,563
비유동자산	135,294,123,773	장기기타채무	1,457,092,914
당기손익-공정가치금융자산	76,679,577,471	기타비유동금융부채	12,780,037
기타포괄손익-공정가치금융자산	9,611,957,316	이연법인세부채	109,768,612
장기기타채권	698,197,721	부채총계	64,804,161,071
관계기업에 대한 투자자산	14,376,712,740		
기타비유동자산	105,817,517	자본	
유형자산	2,949,440,831	지배기업의 소유주에게 귀속되는 자본	844,042,525,556
투자부동산	28,808,762,728	자본금	6,433,210,000
무형자산	2,063,657,449	기타불입자본	163,288,673,489
자산총계	909,300,696,179	이익잉여금(결손금)	675,165,968,748
		기타자본구성요소	-845,326,681
		비지배지분	454,009,552
		자본총계	844,496,535,108

컴투스는 자산총계가 9,093억 원으로 부채 648억 원, 자본 8,444억 원인 기업이다. 그럼 재무상태표를 영업, 비영업 성격으로 나눠 다시 살펴보자.

보다시피 컴투스는 표준계정과목 명칭과 다른 것이 2가지 보인다. 유동자산에 나오는 채무상품, 금융기관예치금이 그것이다. 단일 계정과목으로 숫자 크기가 1, 2위이므로 반드시 살펴봐야 한다. 채무상품은 채권을 의미하며 국공채에 투자했을 가능성이 크다. 금융기관예치금은 단기금융상품과 같은 계정과목이다. 즉, 이 회사는 비교적 안전한 채권과 1년 이내에 만기가 도래하는 예금·적금만 총 6,642억 원어치 보유하고 있다. 위 표에서 강조한 비영업자산을 모두 더해 정리하면 다음과 같다.

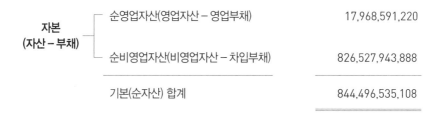

◆ 순영업자산과 순비영업자산의 합계

자본 (자산 − 부채)	순영업자산(영업자산 − 영업부채)	17,968,591,220
	순비영업자산(비영업자산 − 차입부채)	826,527,943,888
	기본(순자산) 합계	844,496,535,108

회사가 보유한 순비영업자산이 무려 8,265억 원이다. 실은 이 금액보다 조금 더 크다. 투자부동산 관련 주석사항을 찾아보면 재무제표상 투자부동산은 288억 원인데 공정가치를 323억 원으로 공시했다. 여기서는 일단 재무상태표에 나온 숫자로 정리했다.

컴투스는 돈이 많은 회사라 차입금과 사채 시리즈는 아예 없다. 자산총계 9,093억 원 중 비영업자산이 차지하는 비중이 90%가 넘는다. 실제로 영업에 투입하는 자산은 얼마 되지 않는다. 서비스업이라 공장이나 재고자산이 필요 없으니 이는 당연하다. 오로지 인적자원의 빛나는 아이디어로 이익을 창출해야 하는 기업이다 보니 영업자산 규모가 매우 작다.

컴투스의 시가총액은 약 1조 1,000억 원인데 보유한 순비영업자산만 8,265억 원이니 주식시장에서 이 기업의 주식을 1조 1,000억 원에 전량 거둬들이면 8,265억 원은 바로 회수가 가능하다. 나머지 2,735억 원은 회사 사업으로 벌어들여야 하는데 회사가 약 1,296억 원의 순이익을 내고 있으니 2.1년(2,735억 원/1,296억 원)이면 회수 가능하다. 이것은 시간가치와 현금흐름을 무시한 간편법이고 게임 흥행 여부와 신작게임 출시 같은 변수에 따라 더 빨라질 수도 있고 더 느려질 수도 있다. 어쨌든 분명한 것은 컴투스는 부자회사라는 사실이다.

Point 2. 정상적으로 이익을 내고 있는가 (영업자산, 영업부채)

회사의 자산과 부채 중 영업자산, 영업부채 비중은 매우 작다. 매출채권이나 매입채무(재무제표상 기타유동채무)가 큰 숫자고 무형자산과 유형자산은 합쳐봤자 50억 원에 불과하다. 이 회사는 신작게임 개발에 투자하는 개발비도 자산이 아닌 비용으로 처리했기 때문에 무형자산에는 소프트웨어, 회원권 정도밖에 없다. 유형자산은 비품, 차량운반구뿐이고 사옥이 없어서 금액이 매우 적다. 이 회사는 슬림한 구조를 갖췄고 재무제표 정보이용자 입장에서는 이런 기업이 제조업보다 보기가 훨씬 편하다.

그러면 이 회사가 179억 원의 순영업자산으로 어느 정도 매출액과 이익을 창출했는지 손익계산서를 확인해보자.

2018년 연결손익계산서(367쪽)을 보면 대표게임 서머너즈워 이후 뚜렷한 신작이 없어서 매출은 감소 추세에 접어들었고 2018년 영업이익도 큰 폭으로 감소했다. 그래도 순영업자산 179억 원으로 영업이익 1,466억 원을 창출하니 수익률이 대단히 높은 편이다. 매출액 대비 영업이익(영업이

◆ 2018년 연결손익계산서

연결 포괄손익계산서

제 21 기 2018.01.01 부터 2018.12.31 까지
제 20 기 2017.01.01 부터 2017.12.31 까지
제 19 기 2016.01.01 부터 2016.12.31 까지

(단위 : 원)

	제 21 기	제 20 기	제 19 기
수익(매출액)	481,754,716,811	507,987,250,927	513,049,917,922
매출원가	58,845,449,930	51,331,998,028	51,536,824,093
매출총이익	422,909,266,881	456,655,252,899	461,513,093,829
판매비와관리비	276,270,068,416	262,008,153,994	269,536,625,623
영업이익(손실)	146,639,198,465	194,647,098,905	191,976,468,206
이자수익	15,057,262,823	10,159,199,603	
금융수익	408,299,149	11,289,390	8,218,689,276
금융원가	725,652,386	2,523,095,857	1,882,792,274
기타이익	4,689,930,471	609,857,134	163,323,301
지분법이익	4,689,930,471	609,857,134	163,323,301
기타영업외수익	10,313,084,897	2,222,731,790	6,717,921,558
기타영업외비용	5,481,811,984	11,900,168,933	6,246,089,597
법인세비용차감전순이익(손실)	170,900,311,435	193,226,912,032	198,947,520,470
법인세비용	41,213,030,341	50,851,498,490	47,180,385,576
당기순이익(손실)	129,687,281,094	142,375,413,542	151,767,134,894

익률)은 30%, 세금 반영 전 ROIC는 무려 819%(1,466억 원/179억 원)로 나온다. 주주나 채권자 입장에서 이 회사는 수익성이 굉장히 높다고 평할 수 있다.

매년 안정적으로 영업이익을 실현하고 있으므로 영업자산, 영업부채와 관련해 딱히 더 검토할 사항은 없다. 만약 현금흐름표에 문제가 있으면 더 검토해야겠지만 그런 게 없을 경우 더 짚어볼 내용은 없다.

컴투스는 사업과 관련된 모든 비용(매출원가, 판매비와관리비)을 쓰고

1,466억 원의 이익을 남기고 있다. 그 비용에는 회사의 핵심인 인적자원을 위한 인건비, 개발비도 포함되어 있으므로 제조업과 다르게 바라봐야 한다. 제조업은 유형자산, 재고자산 같은 영업자산이 핵심이지만 이 회사는 대부분 비용처리하는 인건비, 개발비가 더 중요하다. 그러면 무형의 인적자원으로 앞으로도 계속 이익을 유지하거나 2018년 이상으로 이익을 만들어낼 것인지 살펴보자.

Point 3. 이익을 극대화할 수 있는가 (손익계산서 분석)

매출액

'매출액=판매가격×판매량' 공식에 대입해보면 게임회사 매출액은 '아이템가격×사용자수'로 표현할 수 있다. 그러나 게임회사 사업보고서에서 판매가격과 판매량 정보를 확인하는 것은 현실적으로 어렵다. 컴투스의 사업보고서 중 주요 제품 정보는 다음과 같이 공시하고 있다.

◆ **사업보고서 중 주요 제품 등의 가격 변동 추이**

```
3. 자본금 변동사항          나. 주요 제품 등의 가격변동 추이
4. 주식의 출수 등          스마트폰 환경 하에서는 게임사가 자유롭게 가격을 책정할 수 있게 되었으며 다운로
5. 의결권 현황             드에 따라 과금되는 방식 외에 무료로 게임을 제공하고 부분유료화 아이템 등으로 추
6. 배당에 관한 사항 등       가 매출을 창출케 하는 모델을 적용한 게임이 늘어나고 있는 추세입니다.
II. 사업의 내용           당사 역시 각 개별 게임의 장르 및 특성에 따라 다른 수익 모델을 적용하고 있습니다.
III. 재무에 관한 사항
 1. 요약재무정보
```

회사의 설명처럼 게임별 가격 정보를 자세히 받아보는 게 쉽지 않다. 가

장 현실적인 방법은 게임 사이트나 앱스토어에서 인기 순위 또는 최고매출 순위 등으로 매출 추이 힌트를 얻는 것이다.

게임회사가 매출 극대화를 위해 갖춰야 할 기본 조건은 4가지 정도다.

첫째, 개발 능력이다. 연간 수많은 게임이 앱스토어에 올라왔다가 사라진다. 설령 히트해도 유저들이 게임을 지속하는 기간은 그리 길지 않다. 돈을 벌 수 있는 기간은 짧고 그 기간이 끝나면 새로운 게임으로 수익을 창출해야 하므로 게임사는 많은 수익 창출이 가능한 게임을 꾸준히 만드는 능력을 갖춰야 한다.

둘째, 퍼블리싱(유통, 마케팅, 서비스 전략 수립) 능력이다. 잘 만들었으면 전 세계에 빨리 알려 유통시켜야 한다. 또 고객이 최고 환경에서 불편 없이 게임을 즐기도록 잘 운영해야 하므로 퍼블리싱 능력은 개발 이상으로 중요하다.

셋째, 수출 능력이다. 서비스든 제품이든 내수시장이 좁으므로 크게 성장하려면 수출해야 한다. 수출할 때는 텐센트 같은 해외 플랫폼을 활용하는 것이 일반적이지만 자체 플랫폼으로 해외에서 직접 퍼블리싱할 수 있으면 더 좋다. 그래야 비용 절감으로 이익을 극대화할 수 있다. 가령 게임에서 수익이 발생하면 앱스토어에서 수수료로 30%를 가져가고, 해외 플랫폼에서도 40%를 떼어가므로 외국에서 대박이 나도 자체 플랫폼이 없으면 회사에 남는 게 별로 없다.

넷째, 많은 게임 지적재산권IP, Intellectual Property을 보유하고 있어야 한다. 쉽게 말해 히트한 게임이 많아야 한다. 그래야 IP를 활용한 추가 매출 창출이 가능하다. 예를 들어 PC방 대표게임 리니지II^{Lineage2}를 제작한 엔씨소프트는 이 게임의 지적재산권을 넷마블에 빌려줬다. 넷마블은 이것을 활용해 모바일화에 성공했다. 그 게임이 바로 '리니지II 레볼루션'이다. 이 게임은 제작과 퍼블리싱을 넷마블에서 했지만 발생하는 수익의 일정 부분은 엔씨소프트에서 로열티 명목으로 가져간다. 엔씨소프트는 자사가 소유한 또 다른 PC방게임 블레이드&소울$^{Blade\ \&\ Soul}$을 같은 방식으로 모바일화했다. 또한 리니지1을 자체 모바일화해 리니지M을 만들었다. 기존 게임을 모바일화해 추가 수입을 크게 늘린 것이다.

컴투스도 IP를 적극 활용한다. 가령 예전에 TV에 연결해서 즐기던 비디오게임 스카이랜더스를 모바일화했고, 컴투스의 대표 모바일게임 '낚시의 신'은 VR 버전으로 재탄생했다. IP사업은 범위가 더 커지면서 진화하고 있다. 컴투스의 사업보고서에 따르면 세계적인 IP로 성장한 서머너즈워는 애니메이션, 코믹스, 소설, 영화 등 신규 사업으로 확장되고 있다. 게임 하나

◆ 사업보고서 중 계열회사 등에 관한 사항

IX. 계열회사 등에 관한 사항

1. 계열회사의 현황

구분	회사명	사업부문	법인등록번호	비고
주권상장 국내법인	(주)게임빌	모바일게임 개발 및 서비스	1101111848914	-
주권비상장 해외법인	GAMEVIL COM2US USA Inc.	모바일게임 서비스	-	-
주권비상장 해외법인	GAMEVIL COM2US JAPAN Inc.	모바일게임 서비스	-	-
주권비상장 해외법인	GAMEVIL CHINA Inc.	모바일게임 서비스	-	-
주권비상장 해외법인	GAMEVIL COM2US Southeast Asia Pte.Ltd.	모바일게임 서비스	-	-
주권비상장 해외법인	GAMEVIL COM2US Europe GmbH	모바일게임 서비스	-	-
주권비상장 해외법인	GAMEVIL COM2US Taiwan Ltd.	모바일게임 서비스	-	-
주권비상장 국내법인	(주)게임빌컴투스플랫폼	모바일게임 플랫폼 서비스	1101116174695	-
주권비상장 해외법인	Beijing Raymobile	모바일게임 서비스	-	-

만 잘 만들어도 다방면에서 수익 창출이 가능한 세상이다.

게임회사 매출액은 '판매가격×판매량' 공식으로 추정하는 것이 어려우므로 기업의 펀더멘털로 판단해야 한다. 이 펀더멘털을 판단하려면 역시 사업보고서에 나오는 정보를 취합해봐야 한다. 이를테면 첫째와 둘째는 계열회사 보유 현황으로 파악이 가능하다. 사업보고서 문서 목차 중 'IX. 계열회사 등에 관한 사항'에서 회사가 보유한 모바일게임 개발과 서비스계열사 수를 확인한다.

개발과 퍼블리싱 측면

모바일게임사 중에는 개발만 하는 기업도 있고 퍼블리싱만 하는 기업도 있다. 컴투스, 넷마블, 엔씨소프트 같은 큰 게임사는 2가지를 모두 한다. 2가지를 모두 해야 이익 극대화가 가능하다. 그렇지 않을 경우 게임에서 매출이 발생하면 개발사, 퍼블리셔 등 여러 군데로 수익을 배분해줘야 한다.

모바일게임에서 수익이 1만 원 발생하면 기본적으로 그의 30%에 해당하는 3,000원은 애플, 구글 등 앱을 올려야 하는 플랫폼이 가져간다. 카카오플랫폼까지 활용할 경우 여기서도 2,100원(21%)을 떼어간다. 그러면 남는 것은 49%에 불과하다. 그 4,900원을 또 개발사와 퍼블리셔가 나눠 갖는다. 둘 사이의 수익 배분비율은 보통 퍼블리셔 60 대 개발사 40이다. 개발사가 가져가는 부분이 제일 작다.

게임사가 돈을 벌려면 애플과 구글에 떼어주는 수수료 30%를 제외하고 모두 가져갈 수 있어야 한다. 개발만 해서는 먹고살기 힘들고 퍼블리싱만

해서도 마찬가지다. 둘 다 할 수 있어야 한다.

만약 수출을 많이 하는데 해외 퍼블리싱 능력이 없어서 텐센트 같은 플랫폼을 활용한다면 거기서도 40%를 떼어가므로 수출을 해도 매출액에서 개발사와 퍼블리셔가 가져가는 부분은 미미하다. 최고 게임회사는 국내외에서 유통이 가능한 자체 플랫폼을 보유하고 개발과 퍼블리싱을 모두 할 수 있는 회사다. 그 정보는 'IX. 계열회사 등에 관한 사항'에서 확인할 수 있다.

1년 동안 모든 게임회사에서 출시하는 신작게임이 워낙 많다 보니 야심차게 출시해도 흥행하기보다 조용히 사라지는 게임이 더 많아 게임사들도 대형사 위주로 재편되는 분위기다. 모든 것을 다 할 수 있는 능력을 갖춘 게임사 위주로 살아남을 수밖에 없는 것이 현실이다.

셋째 조건인 수출 능력은 사업보고서의 매출실적에서 확인이 가능하다. 참고로 대한약품 사례에서는 매출 전액이 내수라 이 표를 보는 절차를

◆ **사업보고서 중 매출실적 정보**

가. 매출실적

(단위 : 천원)

사업 부문	매출 유형		제21기 (2018년)	제20기 (2017년)	제19기 (2016년)
게임부문	모바일게임	내 수	77,740,833	64,222,450	70,756,513
		수 출	400,552,064	441,568,932	440,508,175
		합 계	478,292,897	505,791,382	511,264,687
	기타	내 수	2,263,205	2,110,453	1,784,869
		수 출	1,198,615	85,415	362
		합 계	3,461,820	2,195,869	1,785,231
합 계		내 수	80,004,038	66,332,903	72,541,381
		수 출	401,750,680	441,654,348	440,508,537
		합 계	481,754,717	507,987,251	513,049,918

생략했다.

　매출실적은 모든 상장사의 사업보고서에 수록되어 있다. 여기서는 품목 또는 사업부별 내수와 수출 금액을 확인할 수 있다. 컴투스는 제21기(2018년)를 기준으로 내수가 16.6%, 수출이 83.4% 정도다. 국내 유저들만 즐기는 게임이라면 5,000억 원 내외의 매출을 만들 수 없다. 내수 위주였을 경우 지금의 기업가치도 불가능했을 것이다. 수출 비중이 크다는 것은 해외 유저도 좋아할 만한 게임을 개발한다는 뜻이자 해외에 퍼블리싱하는 능력도 탁월하다는 의미다.

　마지막으로 넷째 조건인 많은 게임 지적재산권은 사업보고서에 나와 있는 회사의 라인업 또는 주요 제품 정보로 확인할 수 있다.

◆ **사업보고서 중 주요 제품 등의 현황**

또한 당사의 대표적인 게임의 현황은 다음과 같습니다.

품목	제품명	내용
모바일 게임	아이모	- 휴대폰용 최초 실시간 모바일 네트워크 게임
	컴투스프로야구 시리즈	- KBO 라이센스 및 선수 카드시스템 도입으로 현실감 넘치는 3D 리얼 야구게임
	9Innings 시리즈	- MLB 라이센스 및 선수 카드시스템 도입으로 현실감 넘치는 3D 리얼 야구게임
	Homerun Battle	- 네트워크 대전이 가능한 스마트폰 전용 야구게임
	이노티아연대기 시리즈	- 스마트폰용 정통 RPG
	Slice it!	- 다양한 도형을 똑같은 비율로 자르는 스마트폰전용 퍼즐게임
	Tower Defense: Lost Earth	- 화려한 그래픽과 볼륨감있는 콘텐츠로 구성된 디펜스게임
	타이니팜	- 당사 최초의 모바일 SNG (Social Network Game), 농장 경영 게임
	Derby Days	- 명마 육성 SNG (Social Network Game)
	골프스타	- 사실적인 그래픽과 다양한 스킬, 각종 물리 법칙까지 구현된 리얼리티 골프게임
	낚시의 신	- 고품질 3D 그래픽의 리얼 낚시 게임
	서머너즈 워	- 풀 3D그래픽의 방대한 몬스터 컬렉션을 육성할 수 있는 RPG게임
	원더택틱스	- 전략적인 포메이션을 특징으로 다양한 영웅을 육성할 수 있는 RPG 게임
	체인스트라이크	- 체스의 이동과 공격을 모티브로 한 협공 전략 RPG게임
	스카이랜더스	- 액티비전 블리자드사의 콘솔 게임 IP를 활용한 전략 RPG게임
	기타	- 쿵푸펫, 히어로즈워, 타이니팡, 몽키배틀 등

새 게임을 만들어 수익을 창출하는 것이 가장 바람직하지만 이미 히트해 검증을 받은 기존 게임을 활용해 추가 수익을 만들어내는 방법도 있다. 이를 위해서는 위 표처럼 많은 히트작이 있어야 한다. 사업보고서에서 주요 제품 등의 현황을 보면 게임 라인업 정보 확인이 가능하다. 아무래도 대형게임사인 컴투스, 넷마블, 엔씨소프트 같은 기업이 많은 게임 라인업을 갖추고 있다.

정리하면 게임산업은 대한약품 같은 제조업처럼 판매가격과 판매량으로 매출 증가 가능성을 판단하기가 어렵다. 정보이용자는 회사의 펀더멘털을 보고 앞으로 매출이 증가할지 판단해야 한다. 그 판단 근거는 사업보고서 여기저기에 흩어져 있는 정보다. 따라서 정보를 활용하고 분석해서 기업을 확신할 수 있어야 한다. 더 다양하고 자세한 산업 분석 방법은 내가 이전에 쓴 《박 회계사의 사업보고서 분석법》과 《박 회계사의 재무제표로 보는 업종별 투자전략》을 참고하기 바란다. 전자는 제조, 도·소매, 수주, 제약·바이오 산업을 다뤘고 후자는 게임사를 포함해 10가지 서비스 업종을 다뤘다.

매출원가, 판매비와관리비

연간 투입하는 매출원가와 판매비와관리비의 합계를 모아놓은 주석사항 '비용의 성격별 분류'를 찾아 정리해보면 다음과 같다.

◆ **비용의 성격별 분류 주석사항 요약 정리**   (단위: 억 원)

구분	당기		전기	
종업원급여	38,534,697	8%	35,102,039	7%

감가상각비	2,627,448	1%	2,764,899	1%
경상개발비	24,425,514	5%	19,941,896	4%
지급수수료	186,198,283	39%	178,233,270	35%
판촉비, 광고선전비	71,588,288	15%	66,563,280	13%
매출액	481,754,717		507,987,251	

위 표는 주석사항에서 큰 숫자만 뽑아 매출액과 비교하는 식으로 정리한 것이다. 보다시피 계정과목별 금액의 중요성이 제조업과 완전히 다르다. 게임산업에서 가장 비중이 큰 계정과목은 지급수수료다. 앞서 말한 대로 매출이 발생하면 애플, 구글, 카카오 등 플랫폼기업과 정산해야 하기 때문이다. 유료 아이템 판매로 회사에 매출 1만 원이 발생해도 3,900원은 여기저기 수수료로 떼어줘야 한다. 참고로 모바일게임 전문기업 넷마블은 지급수수료 비중이 매출액 대비 45%에 이를 만큼 크다. 국내 카카오, 해외 텐센트 등 여러 플랫폼에 게임을 올리다 보니 비교적 수수료 지출이 많은 편이다.

원활한 퍼블리싱을 위한 판촉비나 광고선전비 지출도 많은데 여기에 매출액 대비 15% 정도를 쓴다. 영업자산 규모가 크지 않은 대신 핵심 자원인 인력에 투자해야 하므로 회사는 급여와 경상개발비로 600억 원 이상씩 쓰고 있다. 합쳐서 매출액 대비 13% 수준인데 많은 편은 아니다. 엔씨소프트의 경우 연 매출 1조 7,000억 원의 33%인 5,600억 원 이상을 급여와 개발비로 쓰고 있다.

이처럼 게임회사 영업비용은 개발과 유통을 위한 비용 위주로 채워져 있다. 해외 플랫폼을 끼지 않고 사업할 정도로 퍼블리싱 능력이 있으면 지급수수료 절감이 가능할 것이다. 물론 구글, 애플의 앱스토어 등에는 게임 앱을 올려야 하니 여기에 지불하는 30%는 절감이 불가능하다.

요약하면 지급수수료는 매출액 대비 30% 넘는 수준에서 거의 고정적으로 발생한다. 판촉비와 광고선전비, 인건비, 경상개발비는 게임회사 상황에 따라 쓰는 정도가 다르지만 여느 제조업보다 이익률이 좋다. 컴투스나 엔씨소프트 모두 매년 영업이익률이 30%가 넘는다.

해외매출 비중이 높고 지적재산권을 활용해 수익을 창출하는 기업은 이익률이 훨씬 더 높다. 크로스파이어를 개발·유통하는 스마일게이트엔터테인먼트는 매출액 5,356억 원에 영업이익 3,789억 원으로 영업이익률이 71%에 이른다. 던전앤파이터를 개발·유통하는 넥슨의 종속기업 네오플은 매출액 1조 3,000억 원, 영업이익 1조 2,000억 원 이상으로 영업이익률이 무려 93%에 달한다. 상장한 컴투스나 엔씨소프트도 훌륭하지만 비상장이라 잘 보이지 않아 그렇지 무림에 고수들이 정말 많다.

두 비상장기업은 어떻게 이처럼 높은 영업이익률을 달성할 수 있었을까? 그 비결은 해외수출과 IP에 있다. 크로스파이어는 국내에서 큰 인기를 끌지 못했지만 중국에서는 국민게임 대접을 받고 있다. 던전앤파이터는 국내 인기도 대단했지만 지금은 회사 매출액의 95%를 중국에서 벌어들이고 있다.

두 회사 모두 중국 텐센트와 게임 IP를 사용하고 운영하도록 계약을 체결했다. 두 회사는 IP 라이선스를 넘기고 텐센트가 퍼블리싱해서 발생하는 중국 본토 매출액의 일정 부분을 로열티로 챙기고 있다. 추가 비용 없이 기존 게임으로 중국에서 큰 수익을 내고 있으니 이익은 더 늘어날 것이다.

현실을 보자면 잘된 기업보다 힘든 기업이 더 많다. 상장한 소규모 게임 개발사들을 보면 과거에 한두 게임으로 돈을 번 이후 히트작을 만들어내지 못해 수년째 적자에 허덕이는 경우가 태반이다. 비상장 게임사까지 다 살펴보면 역시 잘되는 곳보다 힘든 기업이 더 많다. 게임 흥행에 성공하는 확률은 갈수록 낮아지고 개발보다 퍼블리싱이 더 중요해지다 보니 소수 기업만 남고 많이 정리되는 상황이다.

이런 환경에서 재무제표 정보이용자는 신규 게임이 잘될지 그렇지 않을지 판단하기 어렵고 언제 신규게임이 나올지 예상하는 것도 어렵다. 최선은 앞서 살펴본 내용과 재무구조 등을 토대로 기업의 펀더멘털을 판단하는 것이다.

영업이익 아랫단

2018년 연결손익계산서(367쪽)에서 영업이익 아랫단을 보면 중요한 숫자가 눈에 들어오지 않는다. 비영업자산이 많아 이자수익이 많다는 것과 기타영업외수익과 기타영업외비용 숫자가 조금 크다는 정도다. 관련 주석 사항을 찾아보면 회사의 수출 비중이 높아 외화환산손익과 외환차손익이 대부분을 차지한다. 회사 전체 규모 대비 중요한 정도가 아니므로 넘겨도 상관없을 것 같다.

Point 4. 돈을 충분히 벌고 있는가 (현금흐름표 분석)

그럼 현금흐름표에서 중요한 숫자만 뽑아 분석해보자.

◆ **2018년 연결현금흐름표**

	제21기	제20기	제19기
영업활동현금흐름	128,609,494,101	134,548,049,967	155,990,506,432
당기순이익	129,687,281,094	142,375,413,542	151,767,134,894
투자활동현금흐름	(77,571,967,896)	(182,018,452,284)	(131,407,864,745)
유형자산 취득	(1,558,614,035)	(1,085,897,139)	(1,141,758,412)
무형자산 취득	(234,369,250)	(753,646,191)	(938,279,328)
재무활동현금흐름	(44,083,953,520)	(15,872,423,920)	(19,602,489,410)

이제 현금흐름표를 분석할 때 봐야 하는 주요 관전 포인트대로 정리해
보자.

영업활동현금흐름 관전 포인트: 영업활동현금흐름 〉 당기순이익

감가상각비가 26억 원에 불과하다. 비현금성 비용의 대표 계정과목인
감가상각비 금액이 워낙 적다 보니 현금흐름과 회계상 순이익에 거의 차이
가 없다. 현금흐름과 당기순이익 간 숫자가 앞서거니 뒤서거니 한다. 컴투스
는 영업활동으로 연간 1,200억 원 이상을 벌고 있다. 회사가 벌어들이는 매
출액에서 영업비용으로 쓰는 인건비, 경상개발비, 지급수수료, 판촉비, 광고
선전비 등을 쓰고 남았다는 의미다.

제21기(2018년)의 투자활동현금흐름은 775억 원 현금유출이다. 그런데 유·무형자산 취득에 따른 현금유출은 17억 원에 불과하다. 나머지 758억 원은 회사의 비영업자산 취득을 위해 유출한 것이다. 돈은 빠져나갔지만 금융상품시리즈, 금융자산시리즈 등 회사의 비영업자산 증가에 기여했다.

사업을 위한 재투자에 크게 들어가지 않는 업종이라 관전 포인트에 부합한다. 추가로 더 분석할 만한 부분은 없다.

재무활동현금흐름 관전 포인트: 현금 유출(−) 혹은 유입(+) 여부

영업활동에서 돈을 충분히 벌고 재투자에 크게 들어가지 않으니 재무활동에서 특별히 현금을 유입해야 할 이유는 없다. 회사의 재무활동현금흐름은 주주가치 제고를 위한 배당금 지급이나 자기주식 취득 정도 외에 특별한 사항이 없다. 역시 추가 분석 없이 그냥 넘겨도 된다.

Point 5. 믿을 만한 기업인가(특수관계자 거래)

연결재무제표 주석사항에서 특수관계자 거래를 찾아보면 거래내용과 채권, 채무 잔액 등을 보여주는 표가 나온다. 여기서 점검해야 할 사항은 크게 3가지다.

(2) 당기와 전기 중 특수관계자와의 거래내용은 다음과 같습니다.

(단위: 천원)

계정과목	당기		전기	
	매출 등	매입 등	매출 등	매입 등
〈유의적 영향력을 행사하는 회사〉				
㈜게임빌	642,896	109,513	1,675	10,043
〈관계기업〉				
㈜게임빌컴투스플랫폼	519,471	13,112,303	479,110	10,371,470
GAMEVIL COM2US USA Inc.(*)	32,625	14,499,548	–	–
㈜클래게임즈	–	569,071	–	1,466,650
GAMEVIL COM2US Taiwan Ltd.	–	1,116,004	–	–
GAMEVIL COM2US Europe GmbH.	–	4,207,155	–	2,169,114
Gamevil COM2US Southeast Asia pte. Ltd.	–	986,227	–	991,498
합 계	1,194,992	34,599,821	480,786	15,008,775

첫째, 숫자가 큰 지 확인한다. 회사의 총매출액 4,817억 원 중 특수관계자 매출은 11억 원에 불과해 전혀 중요하지 않다. 회사의 매출원가와 판매비와관리비 3,350억 원 대비 매입은 345억 원이다. 이 금액은 중요할 수도 있고 아닐 수도 있다. 판단이 어려우면 다음 단계로 가자.

둘째, 계열사의 지분구조를 파악한다. 계열사의 최대주주가 대주주 일가라면 일감몰아주기를 의심해보고 그렇지 않다면 계열사 간 협업 과정에서 발생한 거래로 봐야 한다. ㈜게임빌컴투스플랫폼을 전자공시시스템에서 검색해 감사보고서를 찾아보면 주석사항에 ㈜게임빌이 100% 최대주주로 나온다. ㈜게임빌은 컴투스의 최대주주고 ㈜게임빌컴투스플랫폼은 순이익이 8억 원에 미치지 못할 정도로 이익 규모가 작아 일감몰아주기라고 의심하기 어렵다. GAMEVIL COM2US USA Inc.는 ㈜게임빌과 컴투스가 각각 69.9%, 30.1% 출자한 회사로 역시 이익 규모가 미미하다. 플랫폼, 해외 게임 유통 등을 위해 설립했고 개인회사가 아닌 점으로 미뤄 일감몰아주기라는 의심은 하지 않아도 될 듯하다.

셋째, 매출 등 관련 계열사로부터 매출채권 결제를 잘 받고 있는지, 매입 등 컴투스가 관련 계열사들에게 매입채무 결제를 잘 해주는지 확인한다. 만약 결제가 원활하지 않다면 가공거래를 의심해볼 필요가 있다. 특수관계자 거래 주석사항에 따르면 컴투스는 ㈜게임빌컴투스플랫폼에서 131억 원어치 매입했는데 기말 현재 지급해야 하는 매입채무는 12억 원이 남아 있다. GAMEVIL COM2US USA Inc.로부터 매입한 것은 144억 원 중 9억 원 정도만 빼고 다 결제한 것으로 나온다. 정상적인 거래로 보인다.

결론을 말하자면 숫자가 복잡해 보이긴 해도 특별히 이상한 거래가 없기 때문에 투명성 측면에서는 의심할 여지가 없어 보인다.

종합 분석

우리는 사업보고서 분석으로 얻은 정보를 바탕으로 컴투스의 장점을 다음과 같이 정리할 수 있다.

1. 비영업자산 가치가 8,265억 원으로 시가총액 1조 1,000억 원 대비 75% 수준이다. 회사가 안정적으로 이익 창출이 가능하면 비영업자산은 계속 쌓일 것이다.
2. 해외매출 비중이 83%를 넘는다. 플랫폼으로 게임을 전 세계에 퍼블리싱할 능력이 있다.
3. 기존 게임 히트작이 많아 IP를 활용한 추가 매출 증대가 가능하다.
4. 게임 개발, 유통 능력을 모두 갖춘 기업으로 평가할 수 있다.

이처럼 사업보고서의 주요 정보와 재무제표로 계량적 내용 외에 비계량적 내용까지 많이 확인했다. 이번에는 약점을 정리해보자.

1. 서머너즈워 이후 신작 부재로 매출과 영업이익이 감소 추세에 있다.
2. 신작이 언제 나와 매출이 얼마나 증가할지 계량적으로 예측하기 어렵다.

컴투스의 주주는 안정성과 투명성은 확신할 수 있으나 미래 손익 예측은 확신하기 어렵다. 그러나 흥행한 게임이 많고 회사가 개발과 해외 유통 능력을 갖췄으므로 기대해볼 수는 있다. 비영업자산이 풍부하고 급격한 실적 감소가 올 정도의 큰 문제가 없는 이상 인내심을 갖고 투자해볼 만한 기업임에 분명하다.

좋은 기업

vs.

나쁜 기업

이제 마무리 차원에서 좋은 기업과 나쁜 기업 체크리스트를 제시한다. 앞서 기업분석 사례에서 살펴봤듯 회사 특성이나 사업 진행 과정에 따라 일시적으로 이 요건을 벗어나는 경우도 있다. 좋은 기업 요건 몇 가지를 충족하지 못하거나 나쁜 기업 요건 몇 가지에 해당한다고 반드시 나쁜 기업은 아니다. 절대 기준이 아니라는 점을 주지하기 바란다.

결국은 사업보고서의 여러 정보를 보고 종합적으로 판단하는 게 가장 이상적이다. 좋은 기업 체크리스트의 대부분에 해당하는지, 만약 일부 요건을 충족하지 못하면 일시적인 것인지 지속적인 것인지, 양적·질적으로 중요한지 등을 놓고 판단해야 한다.

다양한 업종에 속한 많은 기업의 사업보고서를 보며 계속 분석해보는 연습을 하면 판단 속도도 빨라지고 적절한 판단도 내릴 수 있을 것이다.

좋은 기업 체크리스트

살펴볼 사항	체크
POINT 1 돈이 많은 기업인가	
비영업자산(현금및현금성자산, 금융상품시리즈, 금융자산시리즈, 투자부동산의 합)의 합 − 차입부채(차입금시리즈, 사채시리즈)의 합 > 0	☐
POINT 2 정상적으로 이익을 내고 있는가	
영업자산, 영업부채로 영업이익을 창출한다.	☐
매출액(1/1~12/31)이 매출채권(12/31) 잔액보다 훨씬 크다.	☐
매출원가(1/1~12/31)가 재고자산(12/31) 잔액보다 훨씬 크다.	☐
POINT 3 이익을 극대화할 수 있는가	
시장점유율이 매우 높다.	☐
판매가격이 올라가는 추세다.	☐
판매량이 늘어나는 추세다.	☐
재료가격이 떨어지고 있다.	☐
판매가격과 원재료가격의 차이(제품 단위당 공헌 이익)가 커지고 있다.	☐
인건비, 감가상각비 비중이 크지만 판매량이 늘어 공장 가동률이 올라가는 추세라 고정비 부담 효과는 없다.	☐
POINT 4 돈을 충분히 벌고 있는가	
영업활동현금흐름 > 0	☐
영업활동현금흐름 > 당기순이익	☐

영업활동현금흐름 〉 |유·무형자산 취득액|	☐
재무활동현금흐름 〈 0	☐

POINT 믿을 만한 기업인가

특수관계자 간 거래건수가 별로 없고 거래금액도 적거나 거의 없다.	☐
특수관계자에 최대주주 일가가 차린 개인회사가 없다.	☐
잦은 최대주주 변경, 대표이사 변경, 상호 변경이 없다.	☐
특수관계자 간 자금 대여가 없다.	☐
최근 몇 년간 특수관계자가 급격히 증가하지 않았다.	☐

나쁜 기업 체크리스트

살펴볼 사항	체크
POINT 1 돈이 많은 기업인가	
비영업자산(현금및현금성자산, 금융상품시리즈, 금융자산시리즈, 투자부동산의 합)의 합 − 차입부채(차입금시리즈, 사채시리즈)의 합 〈 0	☐
POINT 2 정상적으로 이익을 내고 있는가	
영업자산, 영업부채로 영업이익을 창출하지 못한다.	☐
매출채권(12/31) 잔액이 매출액(1/1~12/31)에 비해 많이 쌓인 편이다.	☐
재고자산(12/31) 잔액이 매출원가(1/1~12/31)에 비해 많이 쌓인 편이다.	☐
영업적자가 지속되면 추가로 재고자산평가손실, 유형자산손상차손, 무형자산손상차손, 이연법인세자산 손상이 추가로 더 발생할 수 있다.	☐
POINT 3 이익을 극대화할 수 있는가	
경쟁구조에 놓여 있고 시장점유율이 높지 않다.	☐
판매가격이 떨어지는 추세다.	☐
판매량이 줄고 있는 추세다.	☐
원재료가격이 올라가고 있다.	☐
판매가격과 원재료가격의 차이(제품 단위당 공헌 이익)가 작아지고 있다.	☐
인건비, 감가상각비 비중이 큰데 판매량이 줄어 공장 가동률이 떨어지는 추세라 고정비 부담이 오고 있다.	☐
POINT 4 돈을 충분히 벌고 있는가	

영업활동현금흐름 〈 0	☐
영업활동현금흐름 〈 당기순이익	☐
영업활동현금흐름 〈 |유·무형자산 취득액|	☐
재무활동현금흐름 〉 0	☐

POINT 5 믿을 만한 기업인가

특수관계자 간 거래건수가 많고 거래금액도 큰 편이다.	☐
특수관계자에 최대주주 일가가 차린 개인회사가 있다.	☐
최대주주 변경, 대표이사 변경, 상호 변경이 빈번하게 일어난다.	☐
전환사채 발행건수가 많고 특수관계자 간 자금 대여 규모가 크다.	☐
최근 몇 년간 특수관계자가 급격히 증가했다.	☐

: 부록 3 :

우수기업
BEST 10

1 | 삼성전자 (005930)

◆ **주요 제품 및 서비스**

반도체, 디스플레이, 가전, 모바일, 전장부품 등

대한민국 대표 글로벌 IT기업, 100조 원 이상의 순금융자산을 보유하고 매년 200조 원 이상의 매출을 창출한다.

◆ **2018년 12월 31일 재무상태표**

(단위: 억 원)

자산	3,393,572	부채	916,041
추정영업자산	2,122,961	추정영업부채	769,370
추정비영업자산	1,270,611	추정금융부채	146,671
현금및현금성자산	303,405	단기차입금	135,867
장·단기금융상품	658,938	유동성장기부채	334
금융자산(주식·채권 등)	130,207	장기차입금	851
관계기업주식	178,061	사채	9,619
투자부동산	0		
		자본	2,477,531
순금융자산	1,123,940		
시가총액(2019.09.30)	2,928,178		
순금융자산/시가총액	38%		

$$\frac{영업이익}{추정영업자산 - 추정영업부채} = 44\%$$

◆ 최근 3년간 손익

(단위: 억 원)

	2018년	2017년	2016년
매출액	2,437,714	2,395,754	2,018,667
매출원가	1,323,944	1,292,907	1,202,777
매출총이익	1,113,770	1,102,847	815,890
판매비와관리비	524,903	566,397	523,484
영업이익	588,867	536,450	292,407
매출총이익률	46%	46%	40%
영업이익률	24%	22%	14%

◆ 최근 3년간 현금흐름

(단위: 억 원)

	2018년	2017년	2016년
영업활동현금흐름	670,319	621,620	473,856
당기순이익(손실)	443,449	421,867	227,261
유·무형자산취득액	-305,769	-437,760	-251,906
재무활동현금흐름	-150,902	-125,609	-86,695

2 | 환인제약 (016580)

◆ 주요 제품 및 서비스

리페리돈, 쿠에타핀(정신질환, 신경질환), 아트로빈(순환장애), 유란탁(궤양), 프로이반(골다공증) 등

국내 유일한, 현대인들의 주요 정신질환(정신분열, 양극성장애, 조증, 우울증, 불면증 등) 약에 특화된 기업이다. 무차입에 재무구조가 우수하고 매년 안정적인 영업이익을 창출한다.

◆ 2018년 12월 31일 재무상태표

(단위: 억 원)

자산	2,877	부채	281
추정영업자산	1,490	추정영업부채	281
추정비영업자산	1,387	추정금융부채	0
현금및현금성자산	385	단기차입금	0
장·단기금융상품	60	유동성장기부채	0
금융자산(주식·채권 등)	587	장기차입금	0
관계기업주식	0	사채	0
투자부동산	355		
		자본	2,596
순금융자산	1,387		
시가총액(2019.09.30)	2,939		
순금융자산/시가총액	47%		

$$\frac{영업이익}{추정영업자산-추정영업부채} = 23\%$$

◆ 최근 3년간 손익

(단위: 억 원)

	2018년	2017년	2016년
매출액	1,547	1,480	1,414
매출원가	754	691	721
매출총이익	793	788	693
판매비와관리비	520	492	477
영업이익	273	297	216
매출총이익률	51%	53%	49%
영업이익률	18%	20%	15%

◆ 최근 3년간 현금흐름

(단위: 억 원)

	2018년	2017년	2016년
영업활동현금흐름	175	235	198
당기순이익	215	272	164
유 · 무형자산취득액	-46	-193	-75
재무활동현금흐름	-46	-38	-38

3 | 강원랜드 (035250)

◆ **주요 제품 및 서비스**

내국인카지노, 호텔, 콘도, 골프, 스키, 워터파크 등

국내 유일 내국인카지노. 워터월드 개장에 따른 집객효과가 기대된다. 매년 30% 이상의 영업이익률을 달성하고 있다.

◆ **2018년 12월 31일 재무상태표**

(단위: 억 원)

자산	42,312	부채	6,445
추정영업자산	15,921	추정영업부채	6,445
추정비영업자산	26,391	추정금융부채	0
현금및현금성자산	488	단기차입금	0
장·단기금융상품	16,209	유동성장기부채	0
금융자산(주식·채권 등)	9,165	장기차입금	0
관계기업주식	529	사채	0
투자부동산	0		
		자본	35,868
순금융자산	26,391		
시가총액(2019.09.30)	63,219		
순금융자산/시가총액	42%		

$$\frac{영업이익}{추정영업자산 - 추정영업부채} = 45\%$$

◆ 최근 3년간 손익

(단위: 억 원)

	2018년	2017년	2016년
매출액	14,380	15,477	16,435
매출원가	7,296	7,308	7,322
매출총이익	7,084	8,169	9,113
판매비와관리비	2,777	2,860	2,927
영업이익	4,307	5,309	6,186
매출총이익률	49%	53%	55%
영업이익률	30%	34%	38%

◆ 최근 3년간 현금흐름

(단위: 억 원)

	2018년	2017년	2016년
영업활동현금흐름	3,639	4,630	5,965
당기순이익	2,972	4,375	4,545
유 · 무형자산취득액	-1,034	-855	-746
재무활동현금흐름	-2,023	-2,002	-1,977

4 | 코리아오토글라스 (152330)

◆ **주요 제품 및 서비스**

자동차 안전유리(접합유리, 강화유리 등)

자동차 안전유리 분야에서 압도적 시장점유율을 유지하고 있다. 제품 판매가격은 상승 추세이고, 원자재 가격은 하락 추세이다. 영업이익률은 10%대를 달성 중이다.

◆ **2018년 12월 31일 재무상태표**

(단위: 억 원)

자산	5,643	부채	2,193
추정영업자산	4,178	추정영업부채	1,393
추정비영업자산	1,465	추정금융부채	800
현금및현금성자산	83	단기차입금	800
장·단기금융상품	1,355	유동성장기부채	0
금융자산(주식·채권 등)	15	장기차입금	0
관계기업주식	0	사채	0
투자부동산	12		
		자본	3,450
순금융자산	665		
시가총액(2019.09.30)	3,380		
순금융자산/시가총액	20%		

$$\frac{영업이익}{추정영업자산 - 추정영업부채} = 18\%$$

◆ 최근 3년간 손익

	2018년	2017년	2016년
매출액	4,387	4,448	4,205
매출원가	3,411	3,405	3,271
매출총이익	976	1,043	934
판매비와관리비	478	518	464
영업이익	498	525	470
매출총이익률	22%	23%	22%
영업이익률	11%	12%	11%

◆ 최근 3년간 현금흐름

(단위: 억 원)

	2018년	2017년	2016년
영업활동현금흐름	585	1,027	453
당기순이익	433	448	422
유 · 무형자산취득액	-222	-191	-84
재무활동현금흐름	-140	100	459

5 | 케이아이엔엑스 (093320)

◆ 주요 제품 및 서비스

인터넷 회선 연동IX 서비스, CDN 서비스, 클라우드허브, 디도스 보안 등

국내 최고의 인터넷 인프라 전문기업. 2011년 이후 7년 연속 매출 및 영업이익이 증가하고 있고, 매년 영업이익을 시현한다.

◆ 2018년 12월 31일 재무상태표

(단위: 억 원)

자산	771	부채	67
추정영업자산	352	추정영업부채	54
추정비영업자산	419	추정금융부채	13
현금및현금성자산	157	단기차입금	4
장 · 단기금융상품	128	유동성장기부채	3
금융자산(주식 · 채권 등)	54	장기차입금	6
관계기업주식	80	사채	0
투자부동산	0		
		자본	704
순금융자산	406		
시가총액(2019.09.30)	1,559		
순금융자산/시가총액	26%		

$$\frac{\text{영업이익}}{\text{추정영업자산−추정영업부채}} = 44\%$$

◆ 최근 3년간 손익

(단위: 억 원)

	2018년	2017년	2016년
매출액	563	473	442
매출원가	292	248	239
매출총이익	271	225	203
판매비와관리비	139	133	125
영업이익	132	92	78
매출총이익률	48%	48%	46%
영업이익률	23%	19%	18%

◆ 최근 3년간 현금흐름

(단위: 억 원)

	2018년	2017년	2016년
영업활동현금흐름	126	102	111
당기순이익	125	67	63
유 · 무형자산취득액	-41	-29	-23
재무활동현금흐름	0	-33	-5

6 | 리노공업 (058470)

◆ **주요 제품 및 서비스**

반도체 불량 체크 소모성 부품

전량 수입에 의존하던 검사용 반도체 부품을 자체 브랜드로 개발한 기업. 2011년 이후 7년 연속으로 매출 및 영업이익, 순이익이 증가하고 있다. 매년 영업이익을 시현한다.

◆ **2018년 12월 31일 재무상태표**

(단위: 억 원)

자산	2,826	부채	198
추정영업자산	1,169	추정영업부채	198
추정비영업자산	1,157	추정금융부채	0
현금및현금성자산	442	단기차입금	0
장·단기금융상품	990	유동성장기부채	0
금융자산(주식·채권 등)	225	장기차입금	0
관계기업주식	0	사채	0
투자부동산	0		
		자본	2,628
순금융자산	1,657		
시가총액(2019.09.30)	8,520		
순금융자산/시가총액	19%		

$$\frac{\text{영업이익}}{\text{추정영업자산} - \text{추정영업부채}} = 53\%$$

◆ 최근 3년간 손익

(단위: 억 원)

	2018년	2017년	2016년
매출액	1,503	1,415	1,128
매출원가	887	819	638
매출총이익	616	596	490
판매비와관리비	104	105	97
영업이익	512	491	393
매출총이익률	41%	42%	43%
영업이익률	34%	35%	35%

◆ 최근 3년간 현금흐름

(단위: 억 원)

	2018년	2017년	2016년
영업활동현금흐름	576	351	416
당기순이익	486	404	354
유 · 무형자산취득액	-175	-80	-119
재무활동현금흐름	-151	-136	-121

7 | 동원개발 (013120)

◆ 주요 제품 및 서비스

건설, 주택, 토목 등

우량한 재무구조와 높은 수익성을 자랑하는 우수 중견 건설사. 2011년 이후 7년 연속 영업이익이 증가하고 있다. 매년 영업이익 시현 및 영업이익률 개선 중이다.

◆ 2018년 12월 31일 재무상태표

(단위: 억 원)

자산	8,777	부채	1,744
추정영업자산	5,324	추정영업부채	1,732
추정비영업자산	3,453	추정금융부채	12
현금및현금성자산	2,847	단기차입금	5
장·단기금융상품	92	유동성장기부채	1
금융자산(주식·채권 등)	514	장기차입금	6
관계기업주식	0	사채	0
투자부동산	0		
		자본	7,033
순금융자산	3,441		
시가총액(2019.09.30)	3,996		
순금융자산/시가총액	86%		

$$\frac{영업이익}{추정영업자산 - 추정영업부채} = 45\%$$

◆ 최근 3년간 손익

(단위: 억 원)

	2018년	2017년	2016년
매출액	6,079	5,630	5,344
매출원가	4,352	4,082	3,896
매출총이익	1,727	1,548	1,448
판매비와관리비	126	117	137
영업이익	1,601	1,431	1,311
매출총이익률	28%	27%	27%
영업이익률	26%	25%	25%

◆ 최근 3년간 현금흐름

(단위: 억 원)

	2018년	2017년	2016년
영업활동현금흐름	1,084	1,388	554
당기순이익	1,219	1,006	980
유 · 무형자산취득액	-13	-5	-1
재무활동현금흐름	-136	-105	-77

8 | LG생활건강 (051900)

◆ 주요 제품 및 서비스

화장품, 생활용품, 음료(콜라, 환타, 파워에이드 등)

국내 최대 화장품, 생활용품, 음료 제조업체. 2011년 이후 7년 연속 매출 및 영업이익이 증가하고 있다. 매년 영업이익을 시현한다.

◆ 2018년 12월 31일 재무상태표

(단위: 억 원)

자산	52,759	부채	16,818
추정영업자산	47,550	추정영업부채	12,006
추정비영업자산	5,209	추정금융부채	4,812
현금및현금성자산	3,966	단기차입금	2,108
장·단기금융상품	169	유동성장기부채	135
금융자산(주식·채권 등)	100	장기차입금	71
관계기업주식	522	사채	2,498
투자부동산	452		
		자본	35,941
순금융자산	397		
시가총액(2019.09.30)	204,130		
순금융자산/시가총액	0%		

$$\frac{영업이익}{추정영업자산-추정영업부채} = 29\%$$

◆ 최근 3년간 손익

(단위: 억 원)

	2018년	2017년	2016년
매출액	67,475	61,051	60,940
매출원가	26,964	26,097	24,340
매출총이익	40,511	34,954	36,600
판매비와관리비	30,119	25,654	27,791
영업이익	10,392	9,300	8,809
매출총이익률	60%	57%	60%
영업이익률	15%	15%	14%

◆ 최근 3년간 현금흐름

(단위: 억 원)

	2018년	2017년	2016년
영업활동현금흐름	8,171	7,355	7,134
당기순이익	6,923	6,183	5,792
유 · 무형자산취득액	-3,641	-2,908	-3,396
재무활동현금흐름	-3,780	-3,511	-3,670

9 | NICE평가정보 (030190)

◆ **주요 제품 및 서비스**

기업정보 제공, 개인신용정보 제공, 채권추심, 신용조사, 데이터분석 서비스 등

국내 1위의 금융 인프라 기업. 2011년 이후 7년 연속 매출 및 영업이익이 증가하고 있다. 매년 영업이익을 시현한다.

◆ **2018년 12월 31일 재무상태표**

(단위: 억 원)

자산	2,680	부채	697
추정영업자산	1,273	추정영업부채	697
추정비영업자산	1,407	추정금융부채	0
현금및현금성자산	719	단기차입금	0
장 · 단기금융상품	343	유동성장기부채	0
금융자산(주식 · 채권 등)	65	장기차입금	0
관계기업주식	114	사채	0
투자부동산	166		
		자본	1,983
순금융자산	1,407		
시가총액(2019.09.30)	7,984		
순금융자산/시가총액	18%		

$$\frac{영업이익}{추정영업자산-추정영업부채} \quad = \quad 84\%$$

◆ 최근 3년간 손익

(단위: 억 원)

	2018년	2017년	2016년
영업수익	3,838	3,604	3,455
영업비용	3,352	3,178	3,063
영업이익	486	426	392
영업이익률	13%	12%	11%

◆ 최근 3년간 현금흐름

(단위: 억 원)

	2018년	2017년	2016년
영업활동현금흐름	494	437	368
당기순이익	383	307	283
유 · 무형자산취득액	-133	-251	-116
재무활동현금흐름	-84	-144	-73

10 | 인바디 (041830)

◆ **주요 제품 및 서비스**

체성분 분석기, 자동혈압계, 신장계 등

고령화, 건강에 대한 관심 증가 등에 따라 지속적인 고성장이 전망되는 기업이다. 2011년 이후 7년 연속 매출이 증가(연평균 18% 성장)하고 있다. 매년 영업이익을 시현한다.

◆ **2018년 12월 31일 재무상태표**

(단위: 억 원)

자산	1,317	부채	72
추정영업자산	1,053	추정영업부채	72
추정비영업자산	264	추정금융부채	0
현금및현금성자산	96	단기차입금	0
장·단기금융상품	161	유동성장기부채	0
금융자산(주식·채권 등)	0	장기차입금	0
관계기업주식	7	사채	0
투자부동산	0		
		자본	1,245
순금융자산	264		
시가총액(2019.09.30)	3,093		
순금융자산/시가총액	9%		

$$\frac{영업이익}{추정영업자산 - 추정영업부채} = 74\%$$

◆ 최근 3년간 손익

	2018년	2017년	2016년
매출액	996	933	798
매출원가	267	238	220
매출총이익	729	695	578
판매비와관리비	492	446	358
영업이익	237	249	220
매출총이익률	73%	74%	72%
영업이익률	24%	27%	28%

◆ 최근 3년간 현금흐름

(단위: 억 원)

	2018년	2017년	2016년
영업활동현금흐름	177	186	182
당기순이익	195	193	170
유 · 무형자산취득액	-409	-56	-84
재무활동현금흐름	-16	-42	-11

회계는 어렵고 보기만 해도 머리가 아프다고 말하는 사람이 꽤 많다. 하지만 회계 공부를 위해 사칙연산 외에 특별히 수학적으로 복잡한 풀이법을 알아야 하는 것은 아니다. 사실 일상생활에서 돈 계산만큼 많이 하는 것도 없다. 고로 회계는 어렵지 않아야 한다.

그럼에도 불구하고 회계가 어렵게 느껴지는 이유는 기업들의 재무제표를 펼쳐보면 복잡해 보이기 때문이다. 평소에 잘 쓰지 않는 낯선 계정과목이 나열되어 있어서 더 그럴 텐데 인내심을 발휘해 자주 접하다 보면 어느새 친숙해진다.

요즘 회계가 어렵고 머리 아픈 이유는 다른 데 있다. 본문에서 봤다시피 재무제표는 짧아지고 주석사항은 방대해지고 있는 점, 기업마다 계정과목 명칭이 일관적이지 않은 점이 그것이다. 여기에다 산업이나 기업마다 상황이 모두 다르다 보니 일정한 재무비율 공식으로 답을 찾기 어렵다. 2011년 국제회계기준을 도입한 이래 회계기준을 자주 개정하는 것도 회계를 어렵게 만드는 원인 중 하나다.

이렇게 회계는 점점 어려워지는데 사건·사고는 예전보다 더 많이 발생하고 있다. 유명 대기업의 회계분식 사건이 연이어 일어났고 제약·바이오기업의 개발비 회계처리가 사회적으로 큰 문제로 부상했다. 그뿐 아니라 코스닥 상장기업 중심으로 배임·횡령 사건이 계속 터지고 있다. 그런데도 사람들은 여전히 재무제표 분석을 소홀히 하는 경향이 있다.

이것이 안타까워 나는 재무제표 정보이용자의 피해를 막고자 재무제표 분석 관련 블로그를 시작했고 그것이 결국 책을 쓰고 강의를 하는 계기로 작용했다. 증권사, 은행 등 재무제표 분석이 필요한 여러 곳에 강의를 다니다 보니 어느새 나는 회계감사를 하는 회계사에서 재무제표 정보이용자를 도와주는 사람으로 서서히 위치가 바뀌었다.

회계기준을 제대로 알아야 한다고 강조하고 위험한 기업이 있다는 취지로 회계 칼럼을 기고하면 뉴스 댓글창에 온갖 모진 악플이 올라온다. 비이성적인 주식시장에 이슈를 제기하고 조심해야 한다는 얘기를 쓸 경우 주가가 떨어지게 만든다고 욕을 퍼붓는다. 그러다가 예상하던 일이 터져 선의의 피해자들이 생기면 똥 밟았다고 생각하지만 시간이 흐르면서 잊혔다가 또 새로운 사건이 터지는 악순환이 반복된다.

우리가 자본주의 경제 체제에서 살아야 하는 이상 회계는 피하기보다 정복해야 하는 대상이다. 투자자는 자기 재산을 보호해야 하고 채권자와 거래처는 문제없이 원리금을 회수해야 한다. 투자나 거래가 발생한 다음 날부터 발 뻗고 편하게 잘 것인지, 아니면 불안한 밤을 보낼 것인지는 결국 기업의 재무제표를 보고 내가 확신했는지 아닌지로 갈린다.

이 책은 재무제표를 펼쳐놓고 어디서부터 어떻게 봐야 하는지 고민하는 것부터 시작했다. 그리고 기업에 왜 그리 많은 자산과 부채가 있는지, 이익을 내고 있고 앞으로도 그럴 것인지, 회계상 숫자는 좋은데 진짜로 돈을 충분히 버는 회사인지, 돈을 버는 과정이나 자금흐름에서 수상한 거래는 없는지 이 5가지만 살펴볼 것을 제시했다.

현금및현금성자산 계정과목으로 시작해 하나씩 내려가며 보다가 지치지 말고 체계적으로 방향을 잡아 분석해보자. 이 책이 기업을 확신하는 데 작은 보탬이 되기를 바라며 여기서 마무리하고자 한다.